国家社科基金
GUOJIA SHEKE JIJIN HOUQI ZIZHU XIANGMU
后期资助项目

美国立宪的思想基础与制度资源

The Thought and Institution Resources of the Constitutionalism of USA

宋玉波　著

中国社会科学出版社

图书在版编目（CIP）数据

美国立宪的思想基础与制度资源／宋玉波著．—北京：中国社会
科学出版社，2019.7
ISBN 978-7-5203-4705-1

Ⅰ.①美…　Ⅱ.①宋…　Ⅲ.①宪法-研究-美国　Ⅳ.①D971.21

中国版本图书馆 CIP 数据核字（2019）第 145502 号

出 版 人	赵剑英
责任编辑	梁剑琴
责任校对	刘　娟
责任印制	王　超

出　　版	中国社会科学出版社
社　　址	北京鼓楼西大街甲 158 号
邮　　编	100720
网　　址	http://www.csspw.cn
发 行 部	010-84083685
门 市 部	010-84029450
经　　销	新华书店及其他书店

印　　刷	北京君升印刷有限公司
装　　订	廊坊市广阳区广增装订厂
版　　次	2019 年 7 月第 1 版
印　　次	2019 年 7 月第 1 次印刷

开　　本	710×1000　1/16
印　　张	16.5
插　　页	2
字　　数	296 千字
定　　价	79.00 元

国家社科基金后期资助项目

出 版 说 明

后期资助项目是国家社科基金设立的一类重要项目，旨在鼓励广大社科研究者潜心治学，支持基础研究多出优秀成果。它是经过严格评审，从接近完成的科研成果中遴选立项的。为扩大后期资助项目的影响，更好地推动学术发展，促进成果转化，全国哲学社会科学工作办公室按照"统一设计、统一标识、统一版式、形成系列"的总体要求，组织出版国家社科基金后期资助项目成果。

全国哲学社会科学工作办公室

前　言

　　历史是过去的政治。历史也是现在的政治，因为它总是以某种形式存在于现实政治之中。研究美国的制宪史，特别是它得以成功的思想基础和制度资源，就是期望能对现实政治有所启示。

　　如同标题所示，本书主要是三个方面的内容：美国立宪及其思想基础和制度资源。为了突出这个主题做了以下准备工作：对美国学界在制宪史上的争论焦点的简单述评，对美国宪法的性质及其复杂的制定过程的简明叙述。在此基础上比较深入地探讨和分析美国立宪的思想基础和制度资源。

　　全书除了绪论和结语外，主体部分由三大板块组成：美国宪法的生成及性质（第一章至第三章）、美国立宪的政治思想基础（第四至七章）和美国立宪的制度资源（第八章至第十一章）。在简要述评美国学界在制宪史上的争论焦点和美国宪法的性质及其复杂的形成过程的基础上，比较深入地探讨和分析美国立宪的思想基础和制度资源，特别是欧洲和北美政制发展的历史经验和人文条件。

　　一　美国宪法的生成及性质，包括美国学界围绕制宪史的争论，宪法的性质及宪法所确认的共和政体的内涵。

　　美国宪法从孕育、出生到成长，一直伴随着诸如废"例"（《邦联条例》）制宪的合法性、制宪的主体、制宪的目的、影响制宪的因素等问题的争论。也正是在这众多的争论中，美国宪政不断暴露并克服其局限，从而逐渐走向成熟，延展其生命力。

　　就性质来说，美国宪法从以人民的名义制定到发展为人民普遍认可，经历了漫长的过程。美国宪法的形成，除了邦联时期各邦的立宪探索外，经过了拟定草案和批准两个明显有所区别的阶段。前一阶段的争论和斗争只限于不同的富人集团的代表者之间，并且是在密室进行的；后一阶段则是面向公众，也有部分公众中的精英参与其中。其中的利益之争和观念之争往往是交织在一起的，利益决定观念，观念本身也体现利益。从结果看是联邦派获胜，但反联邦派所扮演的角色也非常重要，反联邦派的一些主张、观念、要求最终也被吸收、融入了宪法。美国宪法的生命力在于它的妥协，拟定宪法草案是妥协，批准也是妥协。

二　美国立宪的政治思想基础主要是四个方面：古典共和主义、古典自由主义、欧洲启蒙思想和法治理念、基督教传统。其中的关键在善于对人类政治智慧的融会贯通和实际应用。古代政治哲学中最具影响力的自然是作为古典共和主义和自然法理念之源的柏拉图、亚里士多德和西塞罗等人的学说。其中的共和、限权和混合政体思想特别为美国建国时期的政治思想家津津乐道。马基雅维里以降的古典自由主义，也是美国立宪的重要思想渊源。欧洲启蒙运动以来的启蒙思想和法治理念，包括人权、自由和博爱，人生而平等之类的"天赋人权"观念，同样为美国宪法的制定提供了丰富的思想资源。基督教传统则使立宪者心怀敬畏，避免唯我独尊而易于妥协；其中的契约精神确保了宪法的"人民公约"性质。

三　美国立宪的制度资源，主要包括四个方面。古代希腊罗马的经验教训、英国宪制传统、殖民地的经验和易洛魁联盟的影响。从17世纪60年代中期开始，以约翰·亚当斯为代表的"国父"辈革命领袖和政治思想家，就特别注意研究欧洲历史上出现过的各种政体，比较其优劣，从中总结经验教训，并在北美大地上广为传播，使很多在今天看来很新鲜的思想观念成了"老生常谈"。这就为制定分权制衡、保障自由的共和宪法奠定了文化思想基础。在英国殖民地基础上发展演变而来的"美国"，其立宪自然难免受英国政制的影响。实际，美国宪法中的一些概念、基本原则、权力配置关系，等等，都近乎是照搬古罗马和英国的。殖民地时期的北美政制，在沿用英国政制的同时，也加入了一些新元素，基本形成了总督—政务委员会—议会（人民会议）外加相对独立的司法系统的政制格局。美国宣布独立后的各邦制宪，也是在殖民地经验的基础上进行的探索。易洛魁联盟的政制是美国立宪的又一重要的制度资源。首先，在国家政制的一些最基本的方面，如联盟国家形式、分权制衡的权力结构、会议民主制等都直接模仿自易洛魁联盟的实践。其次，美国的民主化，公民权利自由的全国化，也都受到易洛魁联盟的平等和民主实践的影响。最后，美国政界、学界对易洛魁联盟政治对美国立宪建国和民主化的影响由不承认到逐步承认并且日益认真对待，也表明美国社会趋于进步和开明。

本书试图有所突破之处如下：

一　关于美国宪法的政治哲学和思想基础，一般多从霍布斯、洛克、孟德斯鸠等去探寻渊源，本书则上溯至古典共和主义、自由主义，欧洲启蒙思想和西方基督教/清教信仰等对美国立宪的影响。同时还特别注意从美国建国一代开国领袖的政治哲学和理念去寻找其宪政的思想基础，认为美国立宪的成功在很大程度上取决于立宪者本身的政治人品、学识和政治哲学理念。近现代契约论的发展也从北美殖民地和原住民的契约建政的实践中获得了某种实证。

二　在制度资源的探究上，本书主要从古代希腊罗马的政制经验、英国宪制传统、殖民地政制发展实践和北美原住民尤其是易洛魁联盟的政治创举中去进行发掘，强调美国宪法主要基于经验而非某种单一的政治理想或哲学理念。

三　关于美国的宪政制度安排，一般都只是注重它的分权与制衡，而本书则突出它是集权与分权相结合的制度构建，强调它的集权趋势源于立宪者固有的建立强大联邦的理念，源于宪法本身；同时特别论证了分权不只是一种政体形式，更是一种国体形式，分权从形式上看关乎权力的合理配置，但其内在本质却体现的是权力分享与共享的共和精神。

四　美国宪法的成功，最根本的在于它不是由一种支配力量决定的，而是由当时美国社会的各种力量基本均衡参与制定的，没有重复"成王败寇"旧路。世界上只要有霸权存在，就不会有国际和平与正义；在一个国家，只要有绝对权威和政治垄断存在，就不会有能够保证自由和正义的政治秩序。

五　美国宪法是保守的，也是激进的，但更是渐进的。任何一种事物，没有"守旧"不能存续，没有"进取"会被时代抛弃。守进自如，且守且进，才是事物的生存演进之道。

美国制宪者基本上都是实用主义者，他们中虽不乏理论和思想大师，但作为一个领袖群体，他们更看重的是历史的、外国的和北美自己的经验。他们不但不追求理想的宪法，甚至牺牲某些原则，接受宪法中的一些明显瑕疵；对于难以达成一致的某些涉及宪政基本制度的难题，则模糊处理，或干脆留给了后人。美国人民作为崇尚经验的民族，他们也把符合社会发展需要的法院判决视为最有价值的宪法组织部分。这些因素，都有助于保证美国宪法的成功。托克维尔对美国的制度给予了热情和高度的赞扬，其中虽多溢美，但下述评价却是中肯的："美国的立法是极其适应它所治理的人民的天才和国家的性质的"，"英裔美国人的法制和民情是使他们强大起来的特殊原因和决定性因素"。① 研究美国宪法及其所确立的基本制度，能给我们的启示会很多，但只要明了这一点，就抓住了关键。

---

① ［法］托克维尔《论美国的民主》（上卷），董果良译，商务印书馆 1997 年版，第356 页。

目 录

第二篇　美国立宪的政治思想基础

第三篇　美国立宪的制度资源

绪　　论

如果说英国《自由大宪章》的签署开启了人类的宪政新纪元，那么美国宪法的颁布则揭开了世界成文宪法普及的帷幕。美国著名历史学家伯纳德·贝林（Bernard Bailyn）认为，美国宪法是美国革命意识形态的最终和顶峰的表达。美国政治学家，20世纪"新史学"的倡导者比尔德（Charles A. Beard）则断言美国宪法是一项经济文件。① 前者表明，美国宪法既是北美革命和宪政意识形态的集大成，也为宪政意识形态的继续发展提供了最权威的保障。后者尽管被认为偏狭极端，但也说明美国宪法的确为美国的资本主义经济发展提供了护符。

不可否认的是，美国宪法也是源于英国宪政的北美殖民地政治传统的自然演变和发展的结果，是水到渠成而非"人为"创造。这样说当然不是要否认"国父们"②"制宪"的功绩，恰恰相反，正是"国父们"依靠集体智慧，创造性地将古希腊、古罗马以降的政治智慧和经验、欧洲启蒙思想和革命激情，以及美洲的包括殖民地和原住民在内的政制创举相结合，才制定出了虽有瑕疵却经久耐用，为世界很多国家所折服、所效仿的宪法，为美国的安全、成长、繁荣甚至后来的扩张奠定了政治基础和制度保障。

美国宪法的制定，不是基于宏伟高远的理想，不是受革命激情所支配，而是基于保障人权——首先是富人的财产权——的现实需要，为了防

---

① 参见 Thomas R. Dye, *Politics in America*, Upper Saddle River, N. J.：Prentice-Hall, 2003, 5th ed, p. 68. 又见 Steffen W. Schmidt at al., *American Government and Politics Today*, 2001-2002 ed., Belmont, CA：Wadworth/Thomson Learning, 2001, p. 52.

② 美国"国父们"（founding fathers）现在一般泛指独立和建国时期的政治领袖，包括签署过《独立宣言》《邦联条例》和参与宪法制定和批准的主要政治领袖。也有学者区分founders——签署过《独立宣言》/《邦联条例》或者参加独立运动的主要领袖，framers——参与宪法制定者。在1916年共和党全国代表大会（芝加哥）上，时任参议员的Warren G. Harding首次将两者结合成"founding fathers"。

止占人口多数的贫民以"民主"的形式瓜分富人的财产，也防止无政府状态毁灭无数志士仁人用鲜血和生命换来的独立成果。所以，与其说美国宪法是"革命意识形态的最终和顶峰的表达"，毋宁说它是实用主义的杰作，是各种现实的、相互冲突的利益博弈、妥协的结果，也是理想与现实之间的妥协的结果。

美国宪法既有保守的一面，也有激进的一面。说它保守，是因为它基本上沿袭了殖民地以来的政治传统，维护的是源于英国的既存政治秩序、经济秩序、社会秩序和生活秩序；说它激进，是因为它否定了在当时世界上普遍盛行的君主制，建立了多数人都反对的联邦共和制的全国总体政府（并强制组成联邦的各邦实行共和制），在防止多数人暴政和腐败的名义下遏制了因革命和独立而激发起来的普遍的民主激情，使联邦共和制成了不可动摇的宪法原则，并有效地防止了暴力政治的轮回或"成王败寇"的宿命。

美国革命的动因，至少是它的直接的导火索，不是意识形态，而是现实利益——抗拒母国的贪婪的增税，维护殖民地人民——首先是富人——的既得利益，保障人民不可剥夺的诸如生命、财产和追求幸福等天赋人权。所以，美国"革命"更多地体现在与宗主国英国的决裂上，除了废除了大西洋彼岸的母国传承给它的王制外，在政治制度和社会生活方面并没有进行彻底的改造——最多也只能说是改良。

正如英国"光荣革命"没有将国王和贵族打翻在地一样，美国革命也没有将既有的具体制度推倒重来，另起炉灶，而只是将在殖民地时期的基本制度进行了修补、改良和整合。美国革命最大的变革是使北美居民实现了"从臣民到公民"的身份转变。① 准确地说应该是"从英国臣民到美国公民"的转变，从英国传统到美国化的转变。而且这一转变过程到制宪期间才真正进入实质性阶段；或者说，正是制宪会议及其成果确立了这种转变的大方向，并且从根本制度上为之提供了成功的保障。因此，用约翰·亚当斯的话说，美国革命"发生于人们的头脑和心灵之中"，具体表现在宗教责任和忠诚义务上，殖民地人民意识到作为母国的英国不再是仁慈的母亲，而是残酷的麦克白夫人，因而不再有为之祈祷和效忠的义务。"这场有关人们原则、观点、态度和情感的激进变革

---

① Gordon S. Wood, *The Radicalism of the American Revolution*, New York, NY: 1993, p. 169.

才是真正的美国革命。"① 这种转变也是源于北美人民的自由观念和深层文化意识。英裔美洲人自认为"人生而自由"——自由乃"造物主"所赐，而非人力可为。现实中的不平等、不自由乃是以英王为代表的母国的专横、贪婪、压迫所造成的。他们中相当一部分人背井离乡，远涉重洋，来到陌生而蛮陌的美洲大陆，既是对自由的追求，也是对自由的信仰。美国革命，与其说是创造自由，不如说是保卫和巩固原有的自由，或者说是从英王的暴政中，从旧世界的腐败中拯救他们的先辈曾经拥有，而在他们这一代正面临威胁的自由，以使自己及其子孙后代永享自由和福祉。

一般的革命是穷人造反，而美国革命则是富人发难；一般的革命是推翻自己的政府，而美国革命主要是依靠殖民地政府的领导来摆脱母国的控制而实现独立。这是因为革命的对象不一样，殖民地人民意识到英国当局的做法对他们及其子孙的自由构成了威胁；只有切断了与英国的臣属关系，才能续享与生俱来的免于专制的自由。英裔美洲人和英国人一样，从骨子里崇尚实实在在的经验而非可望而不可及的理想。"这使得美国革命拥有看得见目标的优势，而不像大多数革命一样，用狂热的革命激情代替了明确的目标，为了乌托邦的理想制造混乱。美国革命不是要破坏什么，而是把现实中好的方面永久确立下来。"②

然而，由于美国革命是富人领导的，所以在革命之后并没有废除选举权和被选举权的财产要求。③ 同样，革命后的制宪，也就是企图通过一个新的最高协约将以往的"好的方面"——保障人的自由特别是富人财产安全的制度——永久固定下来。在制宪过程中，联邦党人和反联邦党人上演的一出出精彩的攻防兼备的"对台戏"，不但没有使制宪半途而废，反而使所制定的宪法减少了它原有的不少瑕疵，更加体现了政治本来应该具有的妥协和均衡的原则，因而更加现实可行和更具有权威性。当然，双方也避免在一些敏感而不可能达成一致的问题上纠缠不休，将一些难题留给了子孙后代，特别是为联邦最高法院最终获得了"解释宪法"，甚至在一些原则问题上修正宪法的"司法审查权"提供了宪法规范上的可能。

① John Adams, *A Letter to H. Niles*, *February* 13, 1818, http：//www. constitution. org/primarysources/adamsniles. html.

② 参见 [美] 伯纳德·贝林《现实：美国宪法评论》（一），苏彦新译，http：//www2. zzu. edu. cn/lawc/Article_ Print. asp? ArticleID=187。

③ Gordon S. Wood, *The Radicalism of the American Revolution*, New York：Vintage, 1993, p. 84.

联邦党人和反联邦党人最终能够在立宪建国的问题上达成妥协，根本原因就在于他们都崇尚自由，希望新建立的国家能够最大限度地保障自由——尽管远非普遍的自由；他们的分歧只在于如何保障自由享有者的自由，如何维护有利于自由享有者的自由政体，如何防止国家权力被滥用和演变成为奴役人民的工具。因此，他们的辩论，除了利益之争外，就是使问题越辩越明，使某些缺陷得到及时的纠正，使所建立的政府制度能够有效、均衡地保障各种不同群体的利益。

美国宪法的最大权威在于它既不是在绝对权威支配下制定的——制宪会议的全过程中没有"一言九鼎"的伟大领袖发挥决定性作用，没有任何人可以说一不二，也不创设绝对的权威，甚至视绝对权威为暴政之源而千方百计地予以防范。这使得共和成为现实，使得民主成为可能，使得不同的利益最终能够受到大致均衡的保护。

对于美国宪法的成功，究竟"美德"更重要还是"自私"的作用更大，在立宪过程中就存在尖锐的争论。联邦党人多半认为人民的德性足以防止专制，恰如华盛顿在致拉法耶侯爵（the Marquis de LaFayette）的信中所说，权力分布于立法、行政和司法分支；基于人民同意而建立的总体政府决不会堕落为君主制、寡头制或贵族制，或其他任何形式的专制或压迫——只要人民还多少保有美德。① 而反联邦党人则普遍认为，只有权力方便弱者，才能防止腐败。不过，就整个民族来说，无论是出于美德和"公益"还是出于自私和"功利"，从统治者到普通民众普遍地尊重、敬畏和服从宪法，并且时刻保持着对权力腐败的警惕，才是宪法成功的关键。而这一切，都有赖科学合理的有利于制约平衡的权力结构。

"国父们"经过对有史以来的各种政府制度反复的比较和权衡，最终发现共和制可能是最好的保障自由的政体。共和不仅是一种国家政权的组织形式，更是一种国体形式——国家权力共享与分享、制约与平衡，并确保其公共性的制度形式。英国从政体上看，是典型的君主立宪制，但从国体上说，却被认为是共和制的杰出代表。在美国制宪过程中，国父中多数比较一致的看法就是英国的制度是最好的；只要把英国的制度和殖民地长期行之有效的制度加以改造利用，剔除它的弊端，发挥它的长处，便足以防止暴政、防止权力的腐败，便足以保障自由，为人民提供安宁的生活环境。

---

① George Washington, *Letter to Marquis de LaFayette*, February 7, 1788, http：//www. teach-ingamericanhistory. org/library/index. asp? document＝376.

　　基于这种理念制定的美国宪法，特别注意从制度设计上最大限度地保证联邦政府的权力由"我们人民"① 选举（当初设想主要依靠间接选举，后来才演变为以直接或者在实质上是直接选举）产生的代表（总统、副总统、众议员）和各邦选派的代表（参议员）共享，同时各邦及其人民分别享有管理本邦事务的权力；整个国家的权力由全体人民共享，而每一个个人的权力则可以独自分享；政府的权力源于个人的权利，政府权力的行使旨在保障个人的权利；每一个个人依法行使权力和权利既是政府得以组建和行使权力的前提，又是促使政府合法组建并正当行使权力的决定因素。

　　美国制宪实际上就是要签订一个建立国家——全国总体政府——的契约，在此基础上组建一个有足够权威的中央政府。这种前所未有的通过契约建立大国的尝试，只能依靠集中部分邦权、民权于总体政府（general government）的办法来实现。所以，美国立宪首先是"集权"，且这种集权的过程至今尚未结束。宪法本身为继续集权留有足够的空间，最高法院一直在促成联邦政府集权，行政首脑和国会也在利用宪法中的"必要和适当"条款和一切机会集权。与此密不可分的是，集权之后再分权。就联邦政府本身来说，最初的分权主要是功能区分，并借以实现政府三种主要权力之间的制衡。要说制衡，最初主要在国会两院之间，而不涉及分立三权之运作。② 国会内部制衡的本意是要利用州权制约民权，即非民选的参议院制约民选的众议院，以防止多数人的暴政。这同时也是诸小邦批准宪法加入联邦的重要筹码。

　　所谓纵向分权，其实在立宪之时并不存在，因为权力原本属于各邦，各邦在让渡一部分权力给联邦政府后，其余的全部保留：宪法第一条授予国会（全国政府）的权力是列举的，第十条修正案则明确规定：未授予联邦的权力保留给各州和人民。但就联邦政府与各组成单位的关系言，至少在形式上又的确存在权力分享。所以，"所谓纵向分权"之说只是在这个意义上才成立。集权是为了保证全国政府的权威和整个国家的秩序。分

①　在美国立宪建国期间，"国父们"的普遍的观念是"无财产即无自由"，"上等人"和"下等人"之别不在于"有没有品德"，而在于"有没有财产"（参见［美］凯瑟琳·德林克·鲍恩《民主的奇迹：美国宪法制定的127天》，郑明萱译，新星出版社2013年版，第69—71页），因此，美国宪法中"we the people"的概念基本上只限于白人男性有产者。

②　Richard C. Schroeder, *An Outline of American Government*（Nathan Glick, revised.）, Washington D. C.：United States Information Agency, 1989, p.39.

权是确保不同地域、不同社会集团的基本公正和有机会获得按照自己的意愿实现自身利益的机会。

集权与分权，也体现在武装力量的建构上：联邦政府组建、维持和掌控常备军，各州政府可以保有自己的民兵，即后来的国民警卫队。总统作为全国武装力量的总司令，必要时得征调民兵/国民警卫队。各州保留建立自卫的和控制境内秩序的武装力量的权力，一方面反映了当时各邦及其人民对联邦政府的不信任，另一方面也表明联邦对州的妥协。

正是宪法草案拟设立集权联邦政府，遭到了反联邦党人的坚决反对。他们不像联邦党人那样乐观，不相信凭一纸宪法就可以约束住猛兽般的权力；更担心强大的联邦集权政府会使各邦的主权和人民的自由荡然无存。所以，为了获得各邦的支持，联邦派也不得不控制联邦集权的节奏。为此，"国父们"设计出了"二元联邦制"（duarable federalism），承诺并强调联邦主权并不必然侵蚀各邦的主权。但在宪法通过、联邦政府建立之后的实践中，在最高法院的"帮助"下，联邦不断侵夺州的主权，联邦政府不断地扩大了行使权力的范围。到 20 世纪 30 年代，为应对大萧条而实行的"新政"终使"二元联邦制"难以为继，州主权亦不复存在。

美国宪法有着广泛的思想、经验和制度之源。美国宪法不是美利坚合众国的缔造者一夜之间的创造发明，而是西方人对自由、秩序和正义无尽追问和探索的产物。"美国宪法虽然起草于革命年代，却不是革命性而是渐进演变的文献。它吸收了产生于殖民地经历的试验和错误的思想及原则。英国的宪政发展演变、希腊罗马诸共和国的政治史也对"国父们"的思想产生了影响。"

总之，"国父们"从以往的错误中吸取教训，他们修正和应用的宪法概念都深深扎根于殖民地的过去、英国的历史和古代世界的编年史之中。①

美国的"制宪过程"其实不限于费城制宪会议和那之后的围绕宪法的批准所进行的对垒和交锋，它上可以追溯到邦联和独立战争期间在邦联政府"指导"和鼓励下各邦普遍的立宪运动，正是各邦的立宪实验为美国宪法的制定进行了探索，积累了经验；下可以延伸到现在，由于宪法修

---

① James McClellan, *Liberty, Order, and Justice: An Introduction to the Constitutional Principles of American Government* [1989], from The Online Library of Liberty, http://oll. libertyfund. org/? option = com _ staticxt&staticfile = show. php% 3Ftitle = 679&chapter = 68298& layout=html&Itemid=27.

正程序的特殊性，要正式修改宪法非常难，但最高法院"解释"宪法却相对容易，所以它被公认为美国"常设的制宪会议"，许多重要的宪法原则都由最高法院通过司法解释得以确立、废止或修正。不过，美国宪政的基本框架却是经过邦联时期各"邦"的探索后在制宪会议期间确立的，美国的政治发展乃至整个国家的发展的大方向，就是在那时定下来的。

　　正是在这个意义上，研究美国的立宪及其所依据的基本政治哲学、历史经验及与之关联的人文精神，具有十分重要的理论和现实意义，因为从根本上说，一国的长治久安，取决于它的制度安全；一国的兴旺发达，取决于它的制度优势。大国兴衰取决于制度，国脉的延续也取决于制度；制度文明，决定国家文明发展的方向。

第一篇
美国宪法的生成及性质

国内外研究美国宪法的论著，说是汗牛充栋，一点也不夸张。然而，关于美国宪法制定的思想基础和传统资源的成果，却相对有限。因此，选择这一课题，的确具有很大的挑战性，而这恰恰也是其价值所在。

国内研究这一问题的成果，为数不是很多。早年堪称经典的有王世杰、钱端升的《比较宪法》等，改革开放以后的要数龚祥瑞的《比较宪法与行政法》、李昌道《美国宪法史稿》和李道揆的《美国政府和美国政治》。新世纪以来为同道喝彩的有张千帆的《西方宪政体系》（上册·美国宪法）和任东来、陈伟、白雪峰的《美国宪政历程：影响美国的二十五个大案》。但这些著作主要是对美国宪法规范、框架、制度及其演变的描述和分析，而对美国宪法形成所依据的思想基础、制度资源和历史渊源，则着墨相对较少。旅美学者王希的《原则与妥协：美国宪法的精神与实践》虽是上乘之作，亦惜乎未能深究美国宪法的思想来源。他们著作的方向和旨趣皆不集中在这一领域，固不能强求。

美国国内的研究，自然丰富得多。自美国宪法诞生以来，有关美国宪法的研究与解释一直是美国学者关注的热点，无论是政治学家、法学家，还是历史学家、社会学家以及其他领域的学者都重视对美国制宪史的探索与阐释。19 世纪面世了一大批宪法学著作。最具代表性的有斯托里的《美国宪法评注》（*Commentaries on the Constitution of the United States*，1833）[1]，其对美国宪法的起源、影响与解释长期被奉为经典。布朗森在《美利坚共和国：宪法、趋势与神圣使命》（*The American Republic：Its Constitution，Tendencies，and Destiny*，New York，NY：1866）[2] 中竭尽所能地探讨了美利坚共和国的自然、必然性、起源、地况、疆域范围、权

---

① 斯托里（Joseph Story，1779—1845）是美国极负盛名的法学家，在联邦最高法院任职达 34 年（1811—1845）之久。他代表最高法院为 *Martin v. Hunter's Lessee*，14 U. S. 304（1816）一案所写的判决意见强化了最高法院在宪法解释和司法管辖中的至上地位；其在 *United States v. Libellants and Claimants of the Schooner Amistad* 40 U. S. 518（1841）一案中所做的有利于被绑架贩运到北美的非洲黑人判决意见被认为有助于美国奴隶解放运动。其《美国宪法评注》被视为美国法学上的里程碑，在整个 19 世纪支配了美国宪法学。斯托里对美国宪法的起源、影响及解释一直影响着宪法学的发展。

② 新英格兰学者布朗森（Orestes Augustus Brownson，1803-1876）曾经是社会活动家、工会组织者和宇宙神传教士，在皈依天主教后成了多产的天主教作家。作为超验主义运动（the Transcendentalist movement，在波士顿一元神教——相对三位一体的另一基督教派——社区影响很大）的代表人物之一，其对美国宪法的超验解释对神祇派有着重要的影响。

力、宪法、趋势、命运及因分离和重建而产生政府制度问题。布朗森敦促他的同胞认真思考其没有先例的联邦共和国政府的政治宗教及本来使命对世界历史的作用和影响。布朗森书中所涉及的观点和问题，在后来者的论著中反复被提及或讨论，其在美国内战后的影响，有如麦逊、汉密尔顿和杰伊联邦党人文集在美国建国后的影响。

乔治·班克罗夫特两卷本的《美国宪法形成史》 (*History of the Formation of the Constitution of the United States of America*, New York, NY: D. Appleton & Co. , 1882)① 开创了美国宪法史研究的"神祇派"。他强调美国宪法产生过程中"神力的活动"，并反过来证明超人力量——"神祇"的存在。班克罗夫特从四个方面来解释美国的"无与伦比的价值"：神意 (providence) ——天命或命运更多决定于神意而非人的意志；进步 (progress) ——通过不断的改良就能建设更加美好的社会；爱国 (patria) ——美国值得爱，通过扩大美国的影响能够使整个世界更加自由；普遍民主 (pan-democracy) ——即民族国家，而不是个别英雄或者恶棍应当居于政治舞台的中心。② 他坚信："人当成为自己的主人。历史反复证明，专制和错误的领导必亡；自由和权利——为之奋斗无论多么艰难——不可抗拒。"③

20 世纪以来，随着美国史学的繁荣与进步，对制宪史的研究也更加兴旺发达。其中最负盛名的著作有马克斯·法兰的《联邦会议记录》和《设计合众国宪法》。④ 前者 1911 年初版时为三卷，1937 年扩展为四卷再

① 乔治·班克罗夫特（George Bancroft, 1800—1891）是著名的美国早期史学家和政客，曾官拜海军部长，因多卷本的《美国史》(*History of the United States, from the Discovery of the American Continent*) 而被称为"美国史之父"（fathtor of American History）和美国第一位民族史学家。班克罗夫特迷信自由民主，认为美国宪法是神来之笔，对参与制宪的"国父"们顶礼膜拜，半神视之，其在美国宪法史研究中创立的所谓"班克罗夫特派"因而被称为"神祇派"。这一派视美国宪法"是由于一个在上帝领导下的民族所具有的特殊的精神禀赋的产物"。

② George Athan Billias, "George Bancroft: Master Historian", *Proceedings of the American Antiquarian Society*, Oct. 2001 (111#2), pp. 507-528.

③ George Bancroft, *The History of the Formation of the Constitution of the United States of America*, Vol. I, New York, NY: D. Appleton and Company, 1882, p. 6.

④ 马克斯·法兰（Max Farrand, 1869—1945）的这两部著作 *the Records of Federal Convention of 1787*（1911 初版时为三卷，1937 再版时增加了第四卷，1966 年再次出了修订版，1987 年纪念美国宪法 200 周年时再版了全本）和 *The Framing of the Constitution of the United States* 被奉为美国立宪史研究的经典。法兰和班克罗夫特一样，都曾担任过美国历史学会会长。

版。他将所能找到的制宪会议参加者的记录全部汇集起来，根据既有的研究和他自己的理解尽可能地修正其中的错误和不确之处。他在前言中说明这项工作的首要目的是向读者和研究人员"呈现联邦制宪会议的最真实可信的记录"。① 在《设计合众国宪法》一书中，法兰生动地介绍了制宪会议的主要参加者的观点和主张，各种方案的比较和各种大大小小妥协，尤其是妥协的提出和为了妥协而进行的激烈辩论，着重分析了当时"国父们"所面临的至今仍然十分重要的各种问题。法兰视美国宪法为"国父们""设计"出来的而非当时美国政治、经济和社会及特殊的历史时期的产物，这与历史法则不太相符。

比尔德《美国宪法的经济解释》（*An Economic Interpretation of the Constitution of the United States*，New York，NY：Macmilan Company，1913）② 揭开了"国父们"神秘的面纱，将其积极推动立宪的动机与其经济利益相联系可以说前无古人，既有的来者则难望其项背。比尔德也因此而备受争议。比尔德这部初次发表于1913年论文，后来经过增补和拓展反复再版的著作，高调声称，国父们的经济利益是美国宪法建构的首要动机。这一小撮"抱团的"（cohesive）精英参加"制宪会议"和起草宪法，目的在于保护他们自己的财产，特别是债券的安全。譬如，华盛顿是这个国家最富有的地主，他为革命提供了大把的资金。保证新建立的国家偿还其债务，是华盛顿一干人的首要现实利益。比尔德总结了宪法所保护的四大富有阶级的利益：有现钱人、投机并持有债券的人、产业资本家、从事商贸船运资本投机家。③ 不但宪法的制定为少数精英所垄断，而且宪法的批准也将3/4的合法选民排斥在外，而实际为宪法投赞成票的只有1/6的合法选民。④ 比尔德指出，尽管这些数字只是大概的推测，但可以肯定的是，"宪法既不是全体人民意愿的审慎的清晰表达，也不是多数成年男性意愿

---

① Max Farrand, *the Records of Federal Convention of* 1787, New Haven, CT: Yale University Press, 1937, p. ix.

② 查尔斯·A. 比尔德（Charles A. Beard, 1874—1948）属于美国进步史学派代表之一，也是美国20世纪上半叶最有影响力的史学家和政治学家。他试图破除对"国父们"的英雄崇拜，将他们从神坛上拉下来，并揭开了其"逐利者"的本来面目。

③ Charles A. Beard, *An Economic Interpretation of the Constitution of the United States*, New York, NY: Free Press, 1935, pp. 324-325.

④ Ibid. , pp. 239-252. 这一章详细介绍了各邦选举邦制宪会议代表的合法选民比例和实际参选的比例，大体上，当时有选举权的选民只占男性人口1/6—1/5。

的表达——最多不过是其中的 1/5 的人的意愿罢了"①。

卡尔波恩的《经验之灯：辉格史与美国革命的思想起源》（*The Lamp of Experience：Whig History and the Intellectual Origins of the American Revolution*，1965)② 通过展示约翰·亚当斯和托马斯·杰斐逊的阅读及为他人推荐的书目追寻美国革命者思想中的辉格传统，着重强调了他们的思想的历史影响和作用。卡尔波恩非常有力地展示了革命领袖们对于"历史教训"（the lessons of history）的共识。殖民地人民反抗英国苛税暴政所依据的主要是始于撒克逊时代的英国宪法中的"自然权利"及对权力的限制。殖民地人民确信，只有他们自己的代表机构而不是英国议会有权向他们征税。领导反英暴政的北美革命领袖确信从历史中吸取的教训型塑了其法律观、哲学观和历史观。卡尔波恩的研究在美国早期史和革命史研究中也算自成一派。

伯纳德·贝林以《美国革命的意识形态起源》（*The Ideological Origins of the American Revolution*，Cambridge，MT：Harvard University Press，1967)③ 确立了他在美国革命史和早期史研究中的学术地位。该书是在他为 John Harvard Library 编辑的《美国革命的小册子：1750—1776》（*Pamphlets of the American Revolution：1750—1776*）第一卷所写的导言的基础上扩展而来的，一出版便引起轰动，并获得了 1968 年普利策大奖。他从美国革命期间非常流行的数以百计的"小册子"——其显而易见和简单明了往往被人忽略——中发掘出了通向英属北美殖民地"广阔的信仰腹地"的路径。贝林一反美国史学界的传统，将"保守的革命领袖"和"保守的美国革命"论证为"激进的革命领袖"和"激进的美国革命"。贝林追溯了革命意识形态的背景，尤其是英国十七八世纪共和反对派和激进自由主义者的文献。特别值得注意的是，贝林颠覆了传统的过分强调洛克影响的解释。他不否认洛克自然权利哲学的重要影响，但他更强调阿尔杰农·悉尼（Algernon Sidney）、约翰·密尔顿（John Milton）、约翰·特伦查

---

① Charles A. Beard，*An Economic Interpretation of the Constitution of the United States*，New York，NY：Free Press，1935，pp. 250–251.

② 卡尔波恩（Trevor Colbourn，1927—　）是澳大利亚史学家，曾是中佛罗里达大学（原佛罗里达理工大学）第二任校长。《经验之灯》揭示了美国革命家的思想史之源，特别强调历史在他们——尤其是亚当斯和杰斐逊——的思想形成中的作用。

③ 伯纳德·贝林（Bernard Berlyn，1922—　）是著名的美国殖民地和革命史专家，曾担任过美国史学会会长（1981），两度荣获普利策奖（1968，1987）和美国人文奖（2010），除了在哈佛任教外，还是多所欧美大学的荣誉、兼职教授。

(John Trenchard)、托马斯·戈登（Thomas Gordon）和博林布鲁克勋爵（Lord Bolingbroke）以及其他一大批学者的极端重要性。他所见的革命背后的基本哲学是："权力是自由的永恒敌人。"权力必受监督和严格限制，否则，它就会超越其界限，终结自由，开启奴役。贝林通过比较发现，革命领袖的论点和话语与罗马共和国末期的激进派小凯托（Cato the Younger or Cato Minor）和英国激进的辉格党人如威尔克斯（John Wilkes）等人的非常相似。贝林与许多学者不同，他坚持认为，宪法不是否定革命，而是确认并完成革命。当然，所谓"激进"也不是要矫正阶级或收入的不平等，亦不是要重建社会等级秩序，而是要净化腐败的制度，消除日益膨胀的特权。在贝林笔下，革命领袖为了修缮和改良破败的制度，竭力从传统政治社会思想中吸取养料，不仅研究英国保守哲学，也研究欧洲大陆启蒙思想，不仅向后看获取古希腊罗马的经验，也向前看探究当今北美人的思想。贝林因此发现了不为绝大多数美国历史学家所知的美国革命一代的一套思想体系。贝林的学生戈登·S. 伍德在评价这一著作时指出，在许多历史学者看来，贝林对革命的解释是很有说服力的。

汉密尔顿·A. 龙的《1776 年的美国理想：十二条基本的美国原则》（Hamilton Abert Long, *The American Ideal of 1776: The Twelve Basic American Principles*, 1976）由三部分组成：简述"十二条基本的美国原则"，阐释美国立宪建国的思想基础，为国父的立宪活动及坚持的自由精神辩护（反驳国父政变说）。其中最核心的原则是"精神至上"，宗教自由（美国是宗教天堂），有限政府（政府也不可"以暴行善"），个人独立和尊严，权利义务的整体性，等等。龙之所论，不乏"超前"意识，许多后来发展起来的原则，都被他认定为革命和建国时期的东西。

戈登·S. 伍德的《美利坚共和国的创建：1776—1787》（*The Creation of the American Republic, 1776—1787*, 1969）和《美国革命的激进主义》（*the Radicalism of American Revolution*, 1991）① 皆为美国革命和早期史的力作。《美国革命的激进主义》深入探讨那一时期的美国思想，在某些方面与贝林的《美国革命的意识形态起源》具有相同的基础。但是，戈登·S. 伍德对当时社会转型——从封建君主制转向共和制、民主制和市场资本主义——的讨论更细致、更缜密、更引人入胜。伍德竭力论证美国

---

① 戈登·S. 伍德（Gorden S. Wood, 1933— ），布朗大学历史学终身教授和 "Alva O Way 大学教授"，因《美国革命的激进主义》获得 1993 年度普利策历史学奖，1970 年因《美利坚共和国的创建》获得班克罗夫特奖，2010 年获得美国人文奖章。

革命是世界史上一场真正的激进革命。他如是评说这场"共和革命是美国历史上最伟大的乌托邦运动，他们希望打碎维系君主制社会的各种羁绊——君主制、父权制和分赃制，重建以友爱、尊重和共识为要素的新社会纽带。他们寻求建立一个基于美德和无私领导的社会和政府，并动议建立一个全世界最终会感觉到的德治政府（moral government）"。他们鼓吹将保证平等作为当时社会的首要任务，伍德将这称为"整个美国社会最有力、最激进的意识形态力量"。伍德指出，所有美国人都拥护平等观念，"也许在 19 世纪早期，没有什么比劳动观和平等意识更能够将美国人与欧洲人区别开来"。他因此得出结论："毫无疑问，美国革命的激进主义及为民主付出的代价是高昂的——它的粗俗、它的物质主义、它的漂忽无根、它的反智主义，尽皆一扫而光。但是，不可否认革命的奇迹——它为长期被忽视、被轻蔑的普通劳动群众带来了实实在在的好处。美国革命创建的民主制度，我们至今仍受其惠。"①

戈登·S. 伍德新近出版的文集《美国思想：合众国诞生映像》（*The Idea of America*：*Reflections on the Birth of the United States*，ed. By David Hackett Fischer，2011），比较全面地反映了他的源于贝林但有很大发展的早期美国史观。他认为北美革命和美国本身皆始于一种理念，而非比尔德所强调的经济利益。在美国思想这本文集中，伍德发掘出源于古罗马共和及欧洲启蒙的革命意识形态，以及国父们试图构建的共和主义意识形态。如他所说，国父们本想建立一个自耕农和无私领袖结合的道德共和国，却催生了一个杂乱无章、放荡不羁、物欲横流的大众民主国。伍德还追溯了美国例外论的起源，揭示了革命的一代为何相信偏居新大陆、人烟稀少的北美人民是地球上最进步、最开明的人民。革命使美国人民产生了"救世主情怀"，以至于至今美国人民还热衷于在全世界推销民主和美国价值观。18 世纪的共和主义的确是一种激进的意识形态，如同激发了世界范围的革命的 19 世纪的马克思主义。《合众国诞生时期的美国思想》有助于认识美国革命一代对阴谋、暴政、君主制的恐惧和对民主共和的期盼，以及美国冒险进行伟大实验的思想动力来源。

斯坦福大学历史学教授雷科夫在《原意：美国宪法制定的政治与理念》（Jack N. Rakove，*Original Meanings*：*Politics and Ideas in the Making of the Constitution*，1997）中，从宪法的开始制定到批准逐年探讨了其中复

---

① Gorden S. Wood，*the Radicalism of American Revolution*，New York，NY：Alfred A. Knopf，1991，pp. 229，234，269，286.

杂的意识形态和利益交织，以竭力论证其在不同的年代，不同的人群中的不同内涵。在他看来，美国的建立和美国宪政的走势，与其说主要依靠国父及其宪法语言，不如说主要依靠美国人民的行动。该书以 18 世纪的政治理论为基础，重点研究联邦党人及其对手的思想，特别是围绕宪法中模棱两可的条款的解释所产生的分歧。他的精细分析表明，正是宪法的某些不确定性保证了它的灵活性和生命力；任何僵硬的"确定的"解释以图理解宪法的原意，都注定会失败，甚至于自欺欺人。

　　此外，欧洲学者的两部巨著不能不提，一是法国学者托克维尔的《论美国的民主》（*Democracy in America*），另一是英国学者布赖斯的《美利坚共和国》（James Bryce, *The American Commonwealth*, 1888）。托克维尔的经典分析涉及早期美国的人民、文化、史地、政治、法制和经济。据他在该书第一卷的导言中说到，"我承认我在美国的见闻超出了美国所有，我探究民主本身的形象，它的倾向、它的特点、它的偏见，它的激情，以便从它的演进中知所畏惧和希望"。① 布赖斯的著作在美国尽人皆知，堪与联邦党人文集和托克维尔的著作媲美，其对美国宪法起源和发展的描述和分析确很精到。

　　这些堪称经典的大家之作，基本反映了 200 多年来美国制宪史及其主要根据的研究成就。这些学者因其所处的时代和历史背景不同，研究的视角和切入点各异，用以解释历史的理论自成体系，从而形成了诸如"浪漫学派""帝国学派""进步史学""和谐论""修正共和学派"和"意识学派"等众多流派。他们在探讨美国宪法的形成及其思想基础和传统资源时，提出了各不相同的观点，既有"英雄所见略同"，也有相互抵牾的结论，集中展示了美国人好争论的传统。

---

① ［法］托克维尔：《论美国的民主》（上卷），董果良译，商务印书馆 1997 年版，第 16 页。

第一章　围绕美国制宪史争论的焦点

美国宪法史学家围绕制宪史的争论集中在宪法制定者（the framers）的制宪动机、共和与民主的对立与协调、保守与激进、宗教与非宗教等问题。既涉及对当年史事的分歧，也涉及论者的主观认识。这里围绕他们争论的焦点而不是年代顺序进行述评，以便突出其论争的内容。

第一节　立宪动机：道德导向还是利益驱动

"1776年因追求自由的革命而受到纪念。1787年会因为促进有效统治的革命而渴望得到同样欢快的庆祝。"① 这是发表在1787年9月5日《宾夕法尼亚报》上的评论，离制宪会议代表在宪法文本上签字（1787年9月12日）不到两个星期。虽然当时的制宪是严格保密的，但从这个评论中可见媒体对会议的目的还是猜了个八九不离十。

人生而不平等的残酷现实催生了"人生而平等"口号的提出。美国革命的思想先驱和运动领袖通过"人生而平等"之类的口号和纲领激发了庶民的争取平等和自由的革命激情。北美独立的目标成功实现以后，平民百姓满心指望享有平等的权利，北美各邦却陷入了财政危机、社会动荡和防务脆弱的困境中，而当时的邦联国会不但根本无力应对任何一个方面的困局，甚至连它自身的运转——开会讨论问题——都成了问题。正是在这样的背景下，如何建国，即人们后来所谓的"立宪建国"的任务摆在了国父们的面前。由于人们普遍担心拟新建的各邦之上的政府（国家级政府）会重蹈英王"暴政"的覆辙，所谓"立宪建国"也只能假借"修

① *Pennsylvania Gazette*, Sept. 5, 1787. 原文为："The year 1776 is celebrated for a revolution in favor of Liberty. The year 1787, it is expected, will be celebrated with equal joy, for a revolution in favor of Government."

改《邦联条例》" 的名义偷偷摸摸地进行。立宪的正当的、表面的、无可争议的目的自然是 "自由、秩序和正义"，即在 "建国" 的前提下，在新的宪政秩序下追求和保障自由和正义。

然而，"自由" 是什么，"秩序" 意味着什么，"正义" 又意味着什么，在自由、秩序和正义背后的潜在目的到底是什么？这些问题当时令人困惑，后来也一直是宪法史家争论不休的焦点。在一些宪法史家看来，国父们坚持了 "自由、秩序和正义" 的原则，体现爱国爱民的高尚情操；而另一些学者则认为，这些国父们不过是在 "自由、秩序和正义" 的名义下，将保护少数富人的财产权利置于公民平等权利之上，以获取更多的现实利益，或者说建立和维持 "秩序" 的归根到底的目的是自己及其所代表的少数人的更多的 "自由" 和 "正义"；也就是说，要重建或者维护 "自由" 和 "正义" 皆取决于财产、与财产的多少成正比的秩序。

国父们制宪的动机到底是因美德引导还是受利益驱使，至今仍然是争论不休的问题。

一　国父们是英雄，心系全体人民

参与美国制宪会议的代表，在美国一直被称为国父（the founders or founding fathers），但近年来也学者称其为 "制定者"（the framers）以区别于未参与制宪的 "国父"。有些史学家在解释国父们的制宪动机时，总是倾向于将他们理想化、超人化、神化，借用杰斐逊的说法，把他们视为半个上帝（semi-God），称赞他们抛弃私利，运用其超人的知识和智慧制定出了完美的宪法，从而在关键时期拯救了处于危急、动乱和前景暗淡中的国家。1787 年的 "费城制宪"，在其中主持的华盛顿和扮演主角的麦迪逊都称为 "奇迹"。[1] 参与其事的所有成员被称为 "国父"（founding fathers）和英雄。

在 20 世纪前的一百余年间，"神祇派""浪漫主义史学""帝国学派"相继支配着制宪史的研究。

---

[1]　Catherine Drinker Bowen, *Miracle at Philadelphia: The Story of the Constitutional Convention May-September 1787* 一书的序言。此书初版于 1966 年，新星出版社 2013 年中文版（郑明萱译）文笔很好，唯书名译为《民主的奇迹》与原意相差甚远，也不符合 "费城制宪" 的实情。"因为，无论从哪个方面讲，1787 年宪法绝对都是不民主的，甚至可以说是反民主的。" 不如直译为《费城奇迹》，可包含更丰富的内容，如果一定要意译，也当译为 "共和的奇迹" 为宜。

最早研究美国宪法创制史的学者是虔诚的联邦党人拉姆塞（David Ramsay），他于 1789 年出版了两卷本的《美国革命史》。拉姆塞认为，联邦党人之所以于 1787 年云集费城，"构建政府，解决联盟危机"，也是出于"自我保护的本能原则"，因为"热爱自由和独立的人们开始不再钟情于来自革命的希望，开始担心他们建立的政府不切实际"。在这样的背景下，一小群爱国领袖采取非常行动，创建了一个能够平衡自由与秩序的政府架构，挽救日渐失序的国家。拉姆塞虽然对宪法本身的评价并不高，却对它的未来充满信心："理论上，宪法看起来精巧地将自由与安全融于一身，为国家昌盛奠定了根基，与此同时，宪法并没有减损州和人民的任何权利。"①

早期联邦党人总是把颂扬宪法与赞美开国领袖相结合。继圣公会牧师威姆斯在 1800 年出版了《华盛顿生平》之后，马约翰·马歇尔又于 1805—1807 年在首席大法官任上出版了五卷本的《华盛顿生平》。前者称赞华盛顿在关键时刻挺身而出，领导制定宪法，为"让我们子子孙孙永享自由的福荫"成为可能，② 后者断言"只有华盛顿能够凝聚起人民的无限信任：在他的庇护下，政府的拥护者希望新政府无比坚强，能够抵御其众多对手的明枪暗箭"，是华盛顿的威望保证了宪法的权威。③

约瑟夫·斯托里盛赞宪法的制定和通过是北美革命后的又一个更加伟大而辉煌的胜利；借助值得依赖的宪法美国的共和制度将成长，将更加成熟、更加强大有力，美国人作为一个民族、美利坚作为一个联盟国家的独立将更加有保障。④ 从班克罗夫特（George Bankroft）、约翰·费斯克（John Fiske）到克林顿·罗西特（Clinton Rossiter）等学者更是对国父们崇拜得五体投地。

"浪漫主义史学"大师班克罗夫特以其《美利坚合众国宪法形成史》（1882）而在制宪史研究领域扬名立万。在书中他称赞联邦宪法"超越了以前所知道的任何一部，它为各种需要的改革提供了一种方法"，据以建

---

① David Ramsay, *The History of the American Revolution*, Vol. Ⅱ, Trenton, NJ: James j. Wilson, 1811, pp. 432-433, 436.

② Mason Locke Weems, *The Life of Washington*, *A New Edition with Primary Documents and Introduction by Peter Onuf*, Armonk, NY: R. E. Sharpe, Inc. , 1966, p. 180.

③ John Marshall, *The Life of George Washington*, Vol. Ⅱ, Philadelphia, PN: Crissy and Markley, 1840, p. 128.

④ Joseph L. Story, *Commentaries on the Consittution of the United States* (1833), Book Ⅲ, chapter 1, sec. 280, http://www.lonang.com/exlibris/story/sto-301.htm.

立的共和国也是世界上最完美的政府形式。① "班克罗夫特把美国宪法的创制描绘为'日耳曼人'平等主义文化传统的产物。这一传统源自德国森林，后进入英国，最终在英属北美殖民地开花结果。"② 班克罗夫特没有把"国父们"描绘成道德高尚、见识高远的英雄，而是认为开国元勋们因经历战争洗礼在政治上保守，虽因受制于人性的局限，却很好地把握了历史。他们不受抽象教条的束缚，善于运用其自身的创造性力量来设计政府；他们不在乎好高骛远的理想，却善于吸取经验和众所周知的原则。这样制定出来的宪法，既是美国革命斗争的产物，也是邦联时期混乱的结果。因此，宪法展示了美国独一无二的文化贡献：个人主义，而"没有任何地方有违平等和个性；它决不认同因为祖先、观念、优越阶层、法定宗教和财产衍生的政治权力这些因素所造成的种种差别"③。

担任过国会议员的传记作家乔治·柯蒂斯将宪法的成功与开国元勋的斗争历程相联系。他欢呼"最幸运的是美国革命时期的艰难困苦、考验磨炼、失误挫折造就了一批能够制定持久宪法的政治家团体"；"开国元勋的高超能力，远大无私的目标，免于狭隘与盲从的胸襟，对祖国命运热切和不可征服的信念，使他们能够建立起一个能够支撑和保护整个联盟中各州的自由的政府"。④

约翰·菲斯克则在其《美国历史上的关键时期：1783—1789》中将邦联政府称为美国历史上最危险的政府，将独立战争结束到制定宪法的这几年称为美国历史上最危急的时期，并认为这期间"需要所有的政治智慧和人民所有的好品性，以使尚未完工的国家之舟免于迎头撞上内斗之岩而粉身碎骨"。在他看来，制宪不仅仅是尝试解决早期国家的经济和建设更加强大的中央政府，它还是一场为创建一个更加强大的新美利坚民族而开展的斗争，是在任由众多小邦混战、道德败坏与建立强大和平的联邦国

---

① George Bankroft, *History of the Formation of the Constitution of the United States of America*, Vol. 1, New York, NY: D. Appleton, 1882, pp. 366-367.

② ［美］托马斯·H. 考克斯：《美国宪法创制史观的演变》，张庆熠译，《南京大学学报》2011 年第 4 期。

③ George Bancroft, *History of the Formation of the Constitution of the United States*, Vol. Ⅱ, New York, NY: D. Appleton and Co., 1885, pp. 322-331.

④ George Tickner Curtis, *Constitutional History of the United States From Their Declaration of Independence to the Close of Their Civil War*, Vol. Ⅰ, New York, NY: Harper and Brothers, 1895, p. 262.

家之间的明智选择。① 费斯克对国父们的高尚道德情操及其所制定的宪法
倍加赞赏。他写道：国父们排除万难，制定了堪比"有政治家远见的伊
利亚特史诗"般的宪法，建立了强大的政府，最好地解决了这一危机。
因此，"花点时间好好考察一下世界上曾经有过的最难忘的制宪会议的构
成是很有意义的。格拉斯通（Gladstone）先生［英国首相］说过，'……
美国宪法是在特定时刻人的大脑和意图所能制作出来的最奇妙的杰
作'"②。

　　七八十年后的布朗、鲍文、罗西特等也发表了同样的观点。罗伯
特·E.布朗详察了比尔德所用的证据和推论，严厉指责比乐德对宪法的
解释失于客观，不仅驳斥了他关于国父们制宪的动机主要是追逐经济利益
的说法，而且声称，宪法同任何由人民建立的政府一样，也是由全体人民
制定的。制宪过程中的妥协——宪法成立的关键——都是为了全国的整体
利益。宪法是在一个民主的社会而不是非民主的社会颁行的，批准宪法的
是中产阶级，特别是拥有土地的农民，而不是除了"人格"之外一无所
有者。③

　　鲍文（Catherine Drinker Bowen）在《费城奇迹》一书中借助当时的
媒体资料、国父们的日记通信，特别是麦迪逊、雅茨等人的记录来还原费
城制宪会议的情景，不仅盛赞"费城奇迹"，而且高度赞扬参会者的无私
（他们在辩论中所争的并非个人私利，至少也是其所代表的那部分人或所
在邦的利益）与远见。鲍文如数家珍般地介绍了制宪代表中的学术型革
命精英之后指出，他们背景不同、志趣不同、利益不同，却能为了建国大
局而牺牲某些权益，放弃自己的某些主张，作出"伟大的妥协"，足可以
为后世楷模。罗西特在《1787：伟大的制宪会议》一书中，分别描述了
制宪背景、制宪代表、重要事件和会议结果。他将制宪代表分为八档，其
中前四档为"主角、有重大影响者、非常有用者和有用者"，并盛赞"国
父们为了美国免受国内外的威胁""甘冒失去财产乃至性命的危险"。在
评价制宪代表时他以无比崇敬的笔调写道：我称这些人为英雄……干脆点
说，他们既是过去的责任心强的监护人，又是未来的创造性的开拓者，他

---

①　John Fiske, *The Critical Period of American History, 1783-1789*, Boston, MA: Little Brown
　　& Co., 1888, pp. vi-vii.

②　Ibid., pp. 75, 223.

③　Robert E. Brown, *Charles Beard and the Constitution: A Critical Analysis*, 1955, http://
　　www. digitalhistory2. uh. edu/teachers/lesson_ plans/pdfs/unit2_ 14. pdf.

们虽受制于所处时代的政治、经济、社会和文化环境，却非常清楚如何将有限选择中的好运发挥到极致。①

著名史学家理查德·莫里斯对国父们制宪的高尚动机深信不疑。他在1987年出版的《创建联盟》一书中称赞国父们是"稳健的现实主义者"，是一群富有创造热情和献身精神的精英，他们利用联邦制宪会议提供的论坛和随后的批准会议的机会就所面对的核心问题进行了充分的书面辩论和口头交锋。他们把大胆的创新与一系列的必要妥协结合起来，解决了看起来相互关联的问题，从而打造出了一个既能维护邦的利益，又能保障人民自由的联盟。②

一些史学家在批驳比尔德的"经济决定论"的同时，还力图为国父们在制宪中的经济考虑正名。本杰明·F. 赖特在《一致性和连续性：1776—1787》一书中首先强调了美国宪法的政治性而非经济性。他认为制宪者就代议制、分权制衡和选举制等关键问题达成的一致本身就是创举，相对而言他们所争论的具体问题则不过是细枝末节。他的结论是，联邦宪法不是阶级斗争妥协的产物，而是美国革命的延续，是美国革命及其成果的确认和巩固。③

罗伯特·E. 布朗在《比尔德与美国宪法》一书中，对比尔德著作的每一个脚注进行了追踪研究，用比尔德的方法考察了制宪代表们的财务状况，发现他们的不动产远远多于动产，从而否定了比尔德下述说法：费城制宪者分属货币、公债、制造业和贸易船运利益集团，他们制宪的主要目的之一便是保护他们的动产利益不至受到侵犯。至于宪法的性质，布朗认为它体现了那个时代美国"中产阶级的民主制"。④ 他指出："如果制宪会议的成员对其制宪的结果有直接的兴趣，或者指望从建立新制度中获得利益，那么全国人民的绝大多数都是如此……""一部宪法如果不保护财产权，它无疑会遭到抵制。美国人民革命的目的不就是生命、自由和财产有

---

① Clinton Rossiter, *1787: The Grand Convention*, New York, NY: Macmillan Co., 1966, pp. 18-20.

② Richard B. Morris, *the Forging of the Union* (*1781-1789*), New York, NY: Harper and Row Publishers, 1987, pp. Vii-Viii.

③ Benjamin F. Wright, *Consensus and Continuity* (*1776-1787*), Boston, MA: Boston University Press, 1958, p.36.

④ 丁则民：《关于美国宪法的史学评价》，《史学集刊》1987年第4期。

保障吗？"①

著名法国学者托克维尔也对美国制宪代表的高尚人格赞赏有加："当他们第一部邦联宪法有缺点时，昔日鼓舞他们起来革命的那股政治激情只是部分地消沉下去，而且制定宪法的所有伟大人物仍然健在。这对美国来说是两件幸事。负责起草第二部宪法的制宪会议虽然人数很少，但是荟萃了新大陆当时的最精明、最高尚人物，而乔治·华盛顿就是它的主席。"②这与当年托马斯·杰斐逊（Thomas Jefferson，1743—1826）看到制宪会议代表的名单时的评价如出一辙。

在一些历史著作中，制宪也被视为一群高贵无私的爱国者的杰作，他们力挽狂澜，拯救了初生而放纵的美利坚。③

针对美国史学中的这种"歌功颂德"的现象，美国历史学家葛罗布（Gerald N. Grob）和比利亚斯（George Athan Billias）在《美国历史的解释》中做了如是评价："在帝国学派史家眼里，立国者们都是伟人，他们基于'权力'和'正义'的信念与原则，关注民族的公共事业。美国人民也团结一致，致力于同样原则的民主社会的建设事业，美国宪法是这样的民族梦想的体现。那些反对宪法的人被看作是缺乏信心的人，缺少立国者那样的远见。"④

"颂圣"学者们歌颂宪法、歌颂参与制定宪法的国父，自然也不忘歌颂对宪法制定有着重大影响的革命领袖及其业绩。譬如《独立宣言》中最有名的箴言就被刻于碑石："人人生而平等，他们都从他们的'造物主'那里被赋予了某些不可转让的权利，其中包括生命权、自由权和追求幸福的权利。"最引人注目的是大厅拱顶下方一圈以特大字体刻下的铿锵誓言："我在全能的上帝面前起誓，我将永远反对以任何形式对人类思

① Robert E. Brown, *Charles Beard and the Constitution*: *A Critical Analysis*, 1955, http://www.digitalhistory2.uh.edu/teachers/lesson_plans/pdfs/unit2_14.pdf.

② ［法］托克维尔：《论美的民主》（上卷），董果良译，商务印书馆1997年版，第120页。

③ Andrew Burstein, *The Original Knickerbocker*: *The Life of Washington Irving*, New York, NY: Basic Books, 2007; Brian Jay Jones, *Washington Irving*: *An American Original*, New York, NY: Arcade Publishing, 2008; Barbara Babcock Millhouse, *American Wilderness*: *The Story of the Hudson River School of Painting*, Hensonvill, NY: Black Dome Press Corp., 2007.

④ Gerald N. Grob and George Athan Billias, *Interpretations of American History*, Sixth Edition, Vol. 2: Since 1877 (Interpretations of American History: Patterns and Perspectives), New York, NY: Free Press, 1991, p.148.

想自由实行压制与迫害。"

正是美国史学中的"神祇派""浪漫学派""帝国学派"前赴后继地将美国宪法神化，将参加制宪的国父们圣化，不断引起了"进步史学派""经济学派"挺身而出，力图"还原"美国宪法的真相，"还原"美国国父们的真相。

二　国父们是凡人，不免重利轻义

伴随宪法的批准，赞歌不绝于耳，但也未能完全压住批评反对之声。梅茜·奥蒂斯·沃伦曾通过撰写戏剧等活动支持美国革命和独立，却于1788年发表小册子《审视新宪法》，坚决反对批准宪法，后来在三卷本《美国革命沉浮录》（1805）中虽不情愿地接受了宪法，却谴责费城制宪会议代表们"与世隔绝，谋于密室，甚至有人建议把会议日志付之一炬，唯恐自由民族的人民详细审查他们的磋商和辩论记录"[1]。沃伦批评联邦党人野心勃勃，穷兵黩武，反对公众自由。她指出，1787年9月出台的宪法草案，不仅在制宪会议参加者之间分歧严重，而且没有得到多数州无条件赞成。对于反联邦党人，沃伦则赞赏有加，褒扬他们"对宪法的增订与改进，团结了各方人士，给予宪法有力的支持"。当然，沃伦也赞扬华盛顿功勋卓著，深受爱戴，无出其右。[2]

进入19世纪后，宪法研究日趋成为一项严肃学术事业。[3] 20世纪初，一场新的知识和文化运动席卷欧美。"受到马克思主义、社会福音运动、19世纪末民粹主义和工会运动影响，进步主义很快发展成一股需要认真对待的力量。新一代进步主义史学家也开始打破长久萦绕在开国元勋身上的神秘光环。"[4] 一批著名学者带头改变了对于国父们的"浪漫主义"的看法，并试图将国父们请下神坛。

以查尔斯·比尔德为领军人物的进步主义史学家声称找到了新的证

---

①　Mercy Otis Warren, *The History of the Rise*, *Progress*, *and Termination of the American Revolution*, Vol. Ⅲ, Boston, MA: Manning and Loring, 1805, p. 357.

②　Ibid., p. 366.

③　Joshua Kendall, *The Forgotten Founding Father*: *Noah Webster's Obsession and the Creation of an American Culture*, New York, NY: Putnam Adult, 2011, pp. 3-67; Michael Kammen, *A Machine that Would Go of Itself*: *The Constitution in American Culture*, New York, NY: Alfred A. Knopf, 1987, pp. 127-184.

④　[美] 托马斯·H. 考克斯：《美国宪法创制史观的演变》，张庆熠译，《南京大学学报》2011年第4期。

据，足以证明国父们并非充满理想的、爱国的和无自利之心的英雄。比尔德在首次发表于 1913 年的《美国宪法的经济解释》中以相当不屑的笔调描述国父们制宪的真正动机是从根据宪法建立的政府中获得"即时的、直接的个人经济利益"，制宪支持者们在制定和批准宪法的过程中如何为了自身的经济利益而争论不休。

比尔德作为"进步史学"（progressive historigraphy）的开拓者，一反保守主义史学的传统，从塞利格曼《历史的经济解释》① 中受到启发，对美国宪法制定进行全新的"经济解释"。在《美国宪法的经济解释》一书中，他以"社会进步是社会中利益争夺的结果"为立论根据，从"1787年的利益概述""制宪运动""代表选举中的所有权保护""制宪成员的经济利益""作为经济文献的宪法"等十三个方面对美国宪法的制定和批准进行了"经济解释"。

在他看来，立宪运动是由特殊利益集团驱动的，一小部分拥有动产的既得利益者对宪法实施的结果感兴趣，而一大群没有所有权的人则完全被排斥在了制宪过程之外。奴隶、债务奴隶和大量的没有财产的男人与依据普通法受到歧视的女人在制宪会议中根本没有代表。② 制宪会议上起主导作用的活跃分子和在批准过程中支持宪法的人都渴望从宪法运作中获得即时的和直接的经济利益。而担心利益受到进一步损害的小农和债务人却没有机会表示反对宪法。比尔德考察了制宪会议代表的职业、通过纳税和统计资料发现他们的财务状况，以证明他们将从各项宪法规定中受益。譬如他指出，乔治·华盛顿是最富有的地主，为革命捐献了可观的资金。宪法通过可确保他及类似人等对合众国的债权。所以，美国宪法从根本上说只是一个"经济文献"，它既不是"我们人民"全体的创制，也不由邦产生，而是出自一个联合起来的，其利益超越了邦界需要在民族国家范围发展的有产者集团。③

关于这一点，美国学者考克斯也有恰当的评价："与业余学派认定美国宪法的创制是阻止分裂的高尚行为不同，比尔德宣称：'美国宪法运动主要是由四个在《邦联条例》下受到损害的利益团体发起和推动的，它

① Edwin Seligman，"The Economic Interpretation of History"，*Political Science Quarterly*，1901-2，Vol. 16，pp. 612-640；Vol. 17，pp. 71-79，284-312.

② Charles A. Beard，*An Economic Interpretation of the Constitution of the United States*，New York，NY：Macmillan Co.，1956，p. 24.

③ Ibid.，pp. 324-325.

们是有关货币、公债、制造业、贸易和航运的利益团体.' 与帝国学派史学家视宪法为美国民族主义之基石不同，比尔德针锋相对地指出 '宪法基本上是一项经济文件，它的基本观念是基本的私人财产权先于政府而存在，在道德上超越了民众多数的干涉'。实际上，宪法远不是由 '我们人民 '创造的，它' 只是一个牢固集团的杰作，这些人的利益没有什么州界，就其范围而言，完全是全国性的'。"①

比尔德的贡献不只在于揭开了费城会议代表为民谋利的"圣人"面纱，而且更在于开辟了一种历史研究的新领域、新视野、新方法。他本人在该书的前言中将自己研究的目的归结为"希望历史学从无聊的 '政治'史学转向研究限制伟大政治运动的实际经济力量"。

新保守主义史学家麦克唐纳批评比尔德的研究过于简单，但他也承认比尔德确乎想证明"无聊的政治史学"的确无聊，政治事件除非被看作是其潜在的社会和经济事实的内容，是没法说明的。②

国父们革命、立宪建国都是无私的，是为了理想和公益。这种标准的评价已经习以为常，却受到比尔德的更为尖锐、更为现实的评价的挑战。比尔德的评价被认为是给国父们的动机贴上了"反民主"的标签；比尔德本人也因此被贴上了"马克思主义者"的标签。

然而，在将近40年内，尽管受到各种批评甚至责难，比尔德的经济解释的基本方面却几乎无人能够撼动；尤其是国父们起草宪法并竭力推动其批准是出于自私的阶级利益这种看法，获得了广泛的认可，其"阶级冲突论"左右美国宪法研究长达20余年。其"经济决定论"也在相当长时期内被当作解释宪法的一个基调和政治史研究的参照模式。③ 其后的历史著作和教科书鲜有不引用、介绍其观点者。

詹妮弗·内德尔斯基非常赞同比尔德的观点，她也认为："制宪者们对财产权的保护问题的专注，是他们的某些最深刻的见解的渊源，也是宪

---

① ［美］托马斯·H. 考克斯：《美国宪法创制史观的演变》，张庆熠译，《南京大学学报》2011 年第 4 期。又见 Charles Beard, *An Economic Interpretation of the Constitution of the United States*, pp. 324-325.

② Forrest McDonald, "A New Introduction", In Charles A. Beard ed., *An Economic Interpretation of the Constitution of the United States*, New York, NY: Free Press, 1986, p. vii.

③ 侯学华：《历史解释与美国宪法史学流派》，《西安交通大学学报》（社科版）2005 年第 4 期。

法的主要力量和最严重的弱点的渊源。"① 此外，佛农·帕灵顿的《美国
思想的主流》（Vernon L. Parrington, *Main Currents in American Thought*,
Vols. I—III, New York: Harcourt Brace And Co., 1927），路易斯·L. 黑克
尔的《美国资本主义的胜利》（Louis M. Hacker, *The Triumph of American
Capitalism: The Development of Forces in American History to the End of the
Nineteenth Century*, New York: Simon & Schuster, 1940）等都对比尔德的
观点有所继承和发展。

与此同时，来自经济学界和史学界的非议也不少，特别是在 1935 年
修订版出版之后，批判之声更是不绝于耳。除了前面提到过的戈登·S.
伍德、罗伯特·E. 布朗等之外，还有麦克唐纳（Forrest McDonald）、斯
洛宁（Shlomo Slonim）等。麦克唐纳在与克尔克（Kirk）合作的《我们
人民：宪法的经济起源》（*We The People: The Economic Origins of the Con-
stitution*, Transaction Publishers, 1958, 1991）中批评比尔德误解了宪法
起草中的经济利益。他在书中详尽地分析和比较了 55 名制宪代表和 1750
名参加各邦宪法批准会议的代表的经济状况及其制宪前后的变化，以此证
明当时不是只有地主和商业资本家两大利益的冲突，而是至少有 30 余种
确定无疑的利益迫使制宪代表们相互争论、讨价还价。他从不否认制宪参
与者、批准者的经济动机，但也绝对不忽视殖民地丰富的文化和独特的政
治传统的重要影响。他强调影响、制约宪法制定和批准的因素多种多样，
相互交织，极端复杂，而不是只有经济才是决定因素。

出生于澳大利亚的犹太学者，希伯来大学美国研究部主任斯洛宁教授
在他的文集《国父们的建构与比尔德的解构：1787 年的宪法设计散论》
（*Framers' Construction/Beardian Deconstruction: Essays on the Constitutional
Design of 1787*, Peter Lang International Academic Publishers, 2001）中根
本否定美国宪法制定中的"经济决定论"，否定"比尔德主义者"和"新
比尔德主义者"对美国宪法文献的经济解释，坚信国父们都是睿智的政
治学家，而非唯利是图的宵小之辈。

虽然比尔德的"经济解释"日益受到怀疑，但仍然不乏赞赏者。在
纪念美国宪法 200 周年期间，美国最高法院的首位非洲裔大法官瑟伍德·
马歇尔（Thurgood Marshall）仍然对制宪者们"为了保有自己的社会地位
而牺牲奴隶、妇女、债务人和无土地者的利益"而耿耿于怀："我可没发

---

① ［美］詹妮弗·内德尔斯基：《美国宪政与私有财产权的悖论》，载［美］路易斯·亨
　金编《宪政与民主》，邓正来译，生活·读书·新知三联书店 1997 年版，第 241 页。

现宪法设计者们的智慧、远见和特别强烈的正义感。相反，他们设计的政府一开始就有缺陷，要求几处修正，内战，不时的社会转型以维持宪制政府，尊重个人自由和人权——而这些都是我们今天最基本的。"有一个叫威廉·P. 迈尔斯的小人物也说过，"如果帕特里克·亨利的，或者乔治·华盛顿的，或者托马斯·杰斐逊的奴隶之一说，'不给我自由，就让我去死'，那一定会是一个响彻几个世纪的更加激昂的呐喊"①。

麦奎尔（Robert McGuire）则以"新经济解释"来支持和超越比尔德。他在《建立更完善的联盟：美国宪法的新经济解释》（*To Form a More Perfect Union: a New Economic Interpretation of United States constitution*, NY：Oxford University Press，2003）中综合运用经济模型、经济史的实证技术、政治科学和现代统计分析来审视了宪法的起草和批准。他的研究证成了比尔德的推论：私利不仅影响政府设计，而且影响具体的宪法条文；假如制宪代表都有同样数量的奴隶，美国的宪法可能完全是另外一副样子。

第二节　民主制与共和制：从对立到融合

"立宪建国"的目标确定之后，接下来的问题便是建立什么样的国家。国父们对民主不只是没兴趣，而且是深恶痛绝。因而他们几乎没有经过任何争论就达成了否定民主制、建立共和政府的共识。制宪精英们在设计宪法条款，谋划建立强大的"全国总体政府"时，除了避免局势进一步恶化外，把防止腐败和"多数人暴政"（民主）作为首要目标。为了前者，他们借鉴古今的经验，设计出了多重"三足鼎立"的政府/权力结构模式②；为了后者，他们排除了民主制而选择共和制。如果做个简单的区分，当时人们对民主的理解就是人民不分财产多寡平等地进行统治，是所谓纯粹民主（pure democracy），即容易沦为"多数人暴政"的民主；"共

---

① William P. Meyers, *Democracy or Republic: Ron Paul Taken Apart*, http://www. iiipublishing.com/blog/2007/10/blog_ 10_ 04_ 2007. html.

② 美国宪法基于历史经验建构的政治权力结构模式，除了总体上的立法、行政和司法三种国家权力相互制约与平衡外，在立法机构内部存在参议院、众议院与总统"三足鼎立"，总统领导的行政当局也存在总统、内阁部长与独立机构"三足鼎立"，联邦政府、州政府和人民之间也是"三足鼎立"。

和"则是一小部分富人与普通穷人按照财产的多寡分享权力的统治——实际上是富人统治。古罗马共和国就是这样的典型,在那里只有极少数的贵族可以选举元老院(Senate,既是立法机构又是最高法院)的成员。宪法史家对此称赞者有之、理解者有之,批评者亦有之。

霍夫斯塔特在其名著《美国政治传统及其创造者》(1948 年初版)中,对制宪者的动机和心态非常理解,并为制宪者遏制人民的民主热情进行了辩护。他认为在当时情况下"民主就是没有约束的民众统治,势必引起财产的随意重新分配,从而摧毁自由的根基"。因此,"约束与限制1776 年以来不断高涨的民众情绪对决定制宪的目的具有根本性的意义"①。霍夫斯塔特也承认关于财产权的争论,特别是涉及有产阶层(possessing class)和较低阶层(the lower class)在有组织的或任意的财产再分配问题上争论,是制宪会议的焦点之一。但是,他确信"探寻能促使各种利益群体相互牵制的宪法手段"正是召开制宪会议的根本目的;② 正是费城制宪会议代表"对人类的罪恶和无可救药怀有一种鲜明的加尔文意识,并且同霍布斯一样相信人类自私好斗",他们才能够创造出这样一个划时代的文件,"用利益约束利益,用阶级约束阶级,用派系约束派系,用政府的一个部门约束另一个部门,形成一种尽管没有一方非常满意,但却总体和谐的制度"③。而制宪的成功又保证了美国历史的顺利发展。国父们虽然同声谴责民主(即纯粹民主、多数人的暴政),但共和政体还是为民主留有发展的空间;《独立宣言》和联邦宪法分别为美国的民主化提供了思想源泉和制度保障。

在这百余年间,美国史家对美国制宪依旧是竭尽赞美夸耀之辞。保守主义史学家亨利·S. 康马杰在美国建国百年后写成的《美国精神》中不无自傲地评价道,"他们从不困惑,从不气馁,从不怀疑法律、国家、宪法可以明确地加以解释和描绘";"认为法律、理性和公道是可以互换的名词";他们从不怀疑宪法是美国"全民"的杰作和天才的"创造"。④ 这种对美国宪法史的充满乐观和浪漫情调的描述和"解释",正好与"美

---

① Richard Hofstadter, *the American Political Tradition and the Men Who Made It*, New York, NY: Vantage Books, 1989, pp. 15, 4.

② Ibid., p. 10.

③ Ibid., pp. 3-4.

④ Henry Steele Commager, *The American Mind: an Interpretation of American Thought and Character Since the* 1880's, New Haven, CT: Yale University Press, 1959, p. 419.

利坚帝国"蒸蒸日上的大背景相吻合，是百年美利坚帝国政治、经济、文化全面发展繁荣在史学界的反映。

在大洋彼岸的欧洲，托克维尔和布赖斯分别于 19 世纪的前后半叶发表了《论美国的民主》和《美利坚共和国》，以外国人的眼光评价了美国的制宪及其运作。托克维尔对美国立宪给予了由衷的赞叹："看到一个伟大的民族在立法者通知他们政府的车轮已经停止运转后，仍能稳稳当当、不慌不忙进行自省，深入检查故障的原因，足足用了两年时间去寻找医治办法，而在找到医治办法时又能不流一滴泪、不流一滴血地自愿服从它，倒使人觉得这是社会历史上的一件新事。"① 他在这里只字未提"民主"，但无疑他认为这立宪是一件"民主"的盛事。布赖斯一方面充分肯定了美国宪法深深扎根于过去，"宪法中几乎没有什么东西是全新的，倒是有许多如同《自由大宪章》一样古老的内容"；另一方面又对分权的制度设计大加褒扬，称赞英国普通法原理的应用"既使建立联邦政府成为可能，又给州政府留有自由施展的空间；同样，联邦政府中不同机构和人员之间的分权避免了专制或越权"② 美国著名宪法学者爱德华·考文（Edward Corwin）对此也深以为然。他在《美国宪法的"高级法"背景》中追溯了美国宪法和宪政的思想渊源，认为它来源于自亚里士多德以降的西方文明中自然法的观念和英国悠久的普通法传统。③

但是，对制宪者，特别是联邦派的反民主倾向持批判态度的也不在少数。除了比尔德等经济决定论的冲突论者外，梅因（Jackson Turner Main）的观点也非常引人注目。他在仔细研究过反联邦派之后得出了如下结论：反联邦派更在乎民主，而反对集权和国父们的"寡头倾向"。反联邦派担心授予全国政府的权力被上等阶级所摄取。避免这种情况的最简单的办法就是不要给它授权；但如果不得不授予某些权力，那么就应该尽可能少授予，以防止少数人压迫多数人。

他们坚持认为费城会议走得太远。威廉·芬德利（William Findley）就说过，'权力的自然属性（natural course）就是使多数人成为少数人

① ［法］托克维尔：《论美国的民主》（上卷），董果良译，商务印书馆 1997 年版，第 120 页。

② V. James Bryce, The American Commonwealth, vol. 1, Indianapolis, IN: Liberty Fund, Inc., 1888, pp. 14-15.

③ 参见刘军宁《法律不是意志——读〈美国宪法的高级法背景〉》，http://www.comment-cn.net/data/2006/0220/article_ 969. html。

的奴隶'。查士（Samuel Chase）在致兰博（John Lamb）的信中写道，他反对宪法主要是因为'人民的大多数对它无话可说；政府并非人民政府'。在马里兰批准宪法的会议上他说（或者准备说），只有出身富贵之家才可当选入国会。大多数反联邦派对此深信不疑，对拟议中的制度建立后会发生什么也相当清楚。'寡头暴政'势将兴起，在其中（如Timothy Bloodworth 写道）'大人物争夺权力、荣誉和财富，穷人沦为贪婪、傲慢和压迫的受害者'。约翰·昆西·亚当斯也在日记中写道，宪法'蓄意让已经有权、有势、有钱者扩大权力、增强影响、更加富有'。"①

　　具有民主倾向的"反联邦派"自诩"真正的联邦派"——维护联邦主体的主权而不是扩大联邦政府的主权，在宪法的制定和批准过程中却没有多少表达的机会和自由，没有组织，不掌握媒体，根本没有进行有效的动员。"反联邦派"并不是字面上所表示的反对建立联邦，而是反对赋予联邦政府太大、太多的权力，惧怕这样的强有力政府会吞噬邦（州）权，颠覆民权，剥夺人民自由。由于反联邦派未能阻止宪法的批准，其召开第二次制宪会议的诉求也没有得到满足，他们便长期被历史学家、宪法和政治学者遗忘。直到 1955 年，肯尼恩（Cecelia Kenyon）在《威廉和玛丽季刊》上发表了《没有信仰的人：反联邦党人论代议政府的本质》[Cecelia Kenyon, "Men of Little Faith: The Anti-Federalists on the Nature of Representative Government", *The William and Mary Quarterly*, 1955 (1)]，才激活了学界对反联邦党人的兴趣。作为最早关注反联邦党人的学术论文，该文虽然认定反联邦党人为"没有信仰的人"，并低估了他们作为一方就政府原则在美国历史上最伟大的辩论中的作用，但是揭开了发掘、研究和评价反联邦党人在美国政制奠基和发展中的作用与影响的序幕。

　　此后的十来年中，著名历史学家梅因（1961）、麦克唐纳（1963）为重新发现反联邦党人的遗产作出了重要贡献，美国早期史大家伯纳德·拜林、戈登·S.伍德等有关建国史的振聋发聩的著作，都对肯尼恩有所借鉴。与此同时，反联邦党人的论著也得以首次面世，并出现了

---

① Jackson Turner Main, "The Anti-Federalists: Critics of the Constitution", Quadrangle Chicago, 1964, Chapel hill, NC: University of Noth Carolina Press, 2004, 2nd ed., pp. 132-133.

持续 40 年的编辑出版反联邦党人文集的热潮，① 史学界对联邦党人和反联邦党人在评价上长期一边倒的状况有所改变；反联邦党人从最初受到关注时的"没有信仰的人"一跃而被称赞为具有"伟大信仰和包容精神的人"（men of great faith and forbearance）；他们作为忠诚的反对派，为美国政制的奠基，为在美国政治中确创立"唱对台戏"及异见表达机制的传统，所作的独特贡献，在美国政治学界和历史学界获得了越来广泛的认同。

反联邦党人不但对宪法否定民主制，而且对宪法的制定和批准不民主也很不满意。人民通过代表参与制宪基本上是被阻止的。有权并且实际参加了选举批准宪法会议的代表大约只有 15 万人，不到当时北美 400 万名居民的 4%。制宪精英在"防止多数人暴政"的同时，也在很多方面剥夺了多数人的政治权利。

对此，戈登·S. 伍德另有说法，他在《美国革命的激进主义》一书中，从思想意识影响社会变革的角度出发对美国革命的性质和结果提出了新的见解：共和主义的普及帮助埋葬了君主制，但共和主义革命所激发起来的人民力量却最终推动美国实现了民主化。② 在他看来，民主的胚胎正是从共和精神中孕育而出，共和主义的核心概念平等既是砸碎君主等级制度的思想武器，也是美国社会民主化的最强大思想力量。共和与民主最终实现了融合，其主要表现便是代议制逐步完善。应该说，美国在建立了共和制政府之后的两百年中一直存在民主化的趋势，因而它又被称为民主共和国。

---

① 影响较大的反联邦党人文集和相关专著：Morton Borden ed. , *The Antifederalist Papers*：with an Introduction（Michigan State University Press, 1965）；Steven R. Boyd, *The Politics of Opposition*：*Antifederalist and the Acceptance of the Constitution*（Millwood, NY：KTO Press, 1979）；Herbert Storing and Murray Dry, *The Complete Anti-Federalist*（a Seven Volume Collection of Representative Antifederalist Writings with a Companion Monograph：*What the Antifederalists Were For*）（University of Chicago Press, 1982）；Robert Allen Rutland, *The Birth of The Bill of Rights* 1776-1791（Northeastern University Press, 1983）；Bernard Bailyn ed. , *The Debate on the Constitution*：*Federalist and Antifederalist Speeches*, *Articles and Letters During the Struggle over Ratification*, *Part Two*：*January to August 1788*, New York, NY：Library of America, 1993）.

② 参见苏籣垒《共和理想的破产与民主社会的诞生——兼评〈美国革命的激进主义〉》，《学术界》2001 年第 3 期。

第三节 保守主义与激进主义：传统观点面临挑战

美国革命是保守的，美国宪法也没有什么创新之处。长期以来，"不善于达成一致"的美国史学家在这一点上似乎没有明显的分歧。然而，伯纳德·贝林的《美国革命的意识形态起源》的出版，恰似在相对平静的湖面荡起层层波澜。

早期美国史研究领域最有代表性的学派如浪漫史学派［乔治·班克罗夫特（George Bancroft）］、帝国学派［查尔斯·安德鲁斯（Charles M. Andrews）］、进步学派［卡尔·贝克（Carl Becker）、查尔斯·比尔德（Charles Beard）和小施莱辛格（Arthur M. Schlesinger, Jr.）］、新保守主义学派［丹尼尔·布尔斯廷（Daniel J. Boorstin）和罗伯特·E. 布朗（Robert E. Brown）］，等等，都曾围绕"美国革命的革命性到底有几分"形成了保守主义和激进主义两大营垒。这里所说的保守或激进，都是指对革命、宪法本身保守或激进的认识和判断，而非指涉论者的个人倾向。

大陆会议作为革命的领导机构，在独立战争期间还勉强能够发挥点组织动员作用，在1783年巴黎和约签署之后便几乎不能做出任何重要决策。它处理事情总是缩手缩脚，讨论协商没完没了，难有当机立断，更不要说专横武断；议事启动难，做出决定更难，决定的执行更是难上加难。历次会议的主要特点是争论、犹豫和拖延。这大大限制了美国革命的"革命性"。

美国革命缘于殖民地人民不堪忍受英王的暴政而欲脱离母国自立门户。保守主义史学家克尔克认为："美国革命根本不是天翻地覆的变革，只不过是殖民地人民天赋特权的保守的恢复。殖民地人民一开始就习惯于自治，认为他们拥有和英国人一样的与生俱来的特权。当遥远的国王和议会要向他们征税，对他们行使从未行使过的行政管辖权时，殖民地便起来宣称它们的既定自由。当妥协的机会丧失后，他们才犹犹豫豫、惊慌失措地宣布了独立。

然而，即使在宣布独立后，除了极少数领袖，普通民众和多数精英对'维护'独立既不热情，也不期待。当那些基本上保守的领袖们发现他们的反叛成功了之后，却感觉到很难使传统的观念与未曾预见的独立的必要性相调和。以杰斐逊为首的共和党人竭力主张用一套先在的概念来解决问题，并赞同法国的平均主义理论；与之相对的联邦派则主张吸取历史的经验，继承英国的自由遗产，依赖既定宪法的保障。"①

按照贝林的说法，"这使得美国革命拥有看得见目标的优势，而不像大多数革命那样，用狂热的革命激情代替了明确的目标，为了乌托邦的理想制造混乱。美国革命不是要破坏什么，而是要把现实中好的方面永久确立下来"②。新保守主义史学家布尔斯廷在《禀赋天成的美国政治》（1953）中声称："美国民主的特性不是源于美国人民的任何特殊品质，而是来自这块大陆前所未有的机会与历史条件的独特组合。""美国革命是立宪主义的胜利，革命的主要问题是拟定一部真正的英帝国宪法，由于革命领袖以此为对英国古老制度信念的肯定"，所以不必对"殖民地的制度做根本的变动"。③

戈登·S. 伍德也认为，由于美国革命是富人领导的，所以在革命之后并没有废除选举权和被选举权的财产要求。④ 因此，作为一次保守的运动，"革命"后的制度在很多方面基本照旧，没有急剧改变殖民者的生活方式，也没有要求彻底改变原有的社会、经济和政治。⑤ 革命后的制宪，不过是想用一个新的最高协约将以往的"好的方面"——保障人的自由特别是富人财产安全的制度——永久固定下来。这种观点，至今还常见于美国政治学教科书。

激进派基本上属于"意识派"，其源头可以追溯到帕特里克·亨利（Patrick Henry）和约翰·亚当斯（John Adams）。亨利谴责制宪本身是一场"激进的革命"。亚当斯的名言是，革命存在于人的头脑和心灵，态度和情感的剧烈变化才是真正的革命。路易斯·哈茨（《美国自由主义传统》）、卡尔波恩（《经验之灯》）、伯纳德·贝林（《美国革命的意识形态起源》）、汉密尔顿·A. 龙（《1776 年的美国理想：十二条基本的美国

---

① Russell Kirk, *The Conservative Mind*, *from Burke to Eliot*, 7th ed., Washington D. C.: Regnery Publishing, Inc., 2001, p. 72.

② 参见伯纳德·贝林《现实：美国宪法评论》（一），苏彦新译，http://www2.zzu.edu.cn/lawc/Article_ Print.asp? ArticleID＝187。

③ Daniel J. Boorstin, *The Genius of American Politics*, Chicago, IL: University of Chicago Press, 1953, p. 1.

④ Gordon. S. Wood, *The Radicalism of the American Revolution*. New York, NY: Vintage-Random, 1991, p. 84.

⑤ George C. Edwards III., Martin P. Wattenberg, and Robert L. Lineberry, *Government in America: people*, *politics and policy*, 9th ed., New York, NY: Longman, 2000, p. 37.

原则》)、戈登·S. 伍德(《美国革命的激进主义》)和雷科夫(《原意：美国宪法制定的政治与理念》)等，大抵都可以归入"意识派"。其中对美国革命和制宪解释得最"激进"的要数贝林和伍德师徒。

　　路易斯·哈茨在《美国的自由传统》(1955)一书中，从欧洲封建主义向自由主义的演变着手进行分析，认为"封建势力的消失意味着自由主义的自由发展"①。他因此也肯定了"洛克自由主义"在美国自由主义的发展和宪政意识的确立中的核心地位。贝林同卡尔波恩一样，在其名作《美国革命的思想渊源》中也从辉格党人诸如公民美德、人的权利自由及对独裁统治的恐惧等思想意识和政治观念着手去探寻北美殖民地共和主义的思想意识之源。他从革命期间的众多小册子中发现，美国革命相对于其他颠覆性的革命似乎波澜不惊，但在思想意识、宪法政府等方面却发生了激进的转变，其成果表现为独立战争的胜利，邦联时期各邦普遍的立宪运动，合众国宪法的起草、争论、批准和修正。总之。在他看来，美国革命不是一场简单的战争，是一场思想革命，是人民观念的转变最终导致了战争。这种转变因于一代代人的高水平教育及其所激发的自治和殖民地统一的欲求。② 由此他得出了一个重要的结论："美国宪法是美国革命意识形态的最终和顶峰的表达。"③

　　《美国革命的意识形态起源》被公认为美国早期史研究的现代经典，深远地改变了人们对美国革命及其性质的看法。它的问世不但奠定了贝林在美国早期史研究领域中独树一帜的一代宗师地位，而且标志着"思想意识派"(或"共和修正派")的形成。按照这部著作的分析框架，美国革命意识形态经历了三个阶段的发展演变：反英斗争期(1776 年前后)，革命观念建设性试用期(各邦立宪运动期)和联邦宪法的起草、辩论、批准和修订期(1787—1788 年)。前期的思想既是当时的需要，又为后期的运动做精神准备；联邦宪法的成功制定是革命意识形态发展演变的必然结果。④

---

① Louis Hartz, *The Liberal Tradition in America：An Interpretation of American Political Thought since Revolution*, New York, NY：Harcourt, Brace, Jovanovich, 1955, p. 21. http：//www. questia. com/library/book/the - liberal - tradition - in - america - an - interpretation - of - american-political-thought-since-the-revolution-by-louis-hartz. jsp.

② 参见：http：//www. megaessays. com/viewpaper/84262. html (2009-01-01)。

③ 参见伯纳德·贝林《现实：美国宪法评论》(一)，苏彦新译，http：//www2. zzu. edu. cn/lawc/Article_ Print. asp？ArticleID=187。

④ 参见李剑鸣《伯纳德·贝林的史学初论》，《史学理论研究》1999 年第 1 期。

贝林的高足戈登·S. 伍德紧步后尘，勤勉治史，成绩斐然，大有青胜于蓝之势。他的成名著《美利坚共和国的建立：1776—1787》（The Creation of the American Republic，*1776—1787*，New York，1969）几令洛阳纸贵。22 年后的《美国革命的激进主义》，更是轰动美国史坛。他在这部难得一见的经典中考察了美洲殖民者何以在革命爆发前的四分之三个世纪里抛弃了上千年的社会模式而成为世界上最民主的民族。在他的笔下，英语世界的君主制社会等级森严，人生而不平等，穷人辛勤劳作，却常受贫穷困扰；富者不劳而获，骄侈淫逸。皇家官僚在美洲一样可以作威作福。① 面对这种社会现实，人们很容易接受来自欧洲特别是英国激进辉格党的自由思想，"权力与自由、美德与腐败"的新兴思想也因此成长起来，日渐形成了革命的"思想意识"。他在书中强调，如果仅以社会苦难或经济贫困的程度，或者拼杀破坏的后果来衡量是否激进，那么，历来强调的美国革命保守的说法就不无道理。但是，如果用社会实际发生的变化的大小，人们相互关系改变的多少来衡量，那么美国革命非但不保守，而且和历史上任何革命一样激进。美国革命的激进性和社会性毫不逊色于世界历史上任何一场伟大的革命。正是美国革命改变了美国，使之成为"世界上最自由、最民主及最现代化的国家"。②

贝林研究了北美殖民地革命的思想渊源，发现了美国革命激进的一面。但他排斥政治经济因素，强调革命"不是一场社会革命，社会变动是后果而非革命本身"，却不为同侪认同。伍德在更加庞大的社会凝聚力的框架内探讨革命意识形态的动因，颇得同行的美辞厚赞，但亦因叙事框架过于宏大，难免对浩瀚的史料"取舍随意"（take-it-or-leave-it），甚至他"在整个行文中都倾向于暗示而非解释，提议而非论证"。③ 总之，给人这样一种印象：缺乏严谨治史的态度和方法。

贝林和伍德等史家的美国革命激进说虽然对保守论构成了挑战，但要取得对保守论的优势，实属不易；甚至在已经发掘的史料和研究水平上根本不可能。

---

① Gordon S. Wood，*The Radicalism of the American Revolution Study Guide*，http://www. bookrags. com/studyguide-radicalism-of-the-american-revolution/plotsummary. html.

② Ibid.

③ Joyce Appleby，"The Radical Creation of American Republic"，*William and Mary Quaterly*，3rd series，Vol. LI，No. 4，October，1994. http：//www. jstor. org/pss/2946925.

第四节　宗教与非宗教：争论未有穷期

自古以来，将法律圣化或神化都是使其威力大增的有效手段。摩西为犹太人创设十戒，却非要上帝将其写在石碑上。吕枯耳戈斯（Lycurgus）将他设计的政制（constitution）作为圣物（divine gift）赐给斯巴达。……万事若无神佑，便会受到怀疑，没有权威。美国尽管没有"君权神授"的观念，但宪法产生的"神力说"，将制宪者及其宪法"神化"或"圣化"，也颇有市场。班克罗夫特在《美国宪法形成史》中提出了美国宪法制定的"神力说"，他认为《联邦宪法》是世界上最伟大的设计，体现了上帝赋予美利坚民族的特殊禀赋。① 美国宪法史学中的"神祇派"（班克罗夫特派）由此诞生。这一"学派"将美国制宪神化，不但把美国宪法视为上帝庇佑下的美利坚民族"特殊精神禀赋的产物"，而且对制宪参与者也由衷敬佩，"半神"（semi-God）视之。他们确信，美国宪法的产生证明了一条"神祇"：暴政与不义必亡，万国之救主不死。还有一个学派被称为"条顿派"。他们认为条顿民族文韬武略，禀赋天成，在历史上曾经征服英格兰，摧毁旧罗马，踏破不列颠，树立了政治自由的世界典范；其后嗣更光宗耀祖，殖民美洲，传播文明，制定宪法，建立共和，发展民主，愣是在蛮荒大陆打造出了令世人臣服仰慕的超级帝国。

这两派多非严谨史家，却不泛大腕名流。"神祇派"大师班克罗夫特很幸运，前有古人如首席大法官马歇尔，后有来者如亦官亦学的布尔斯廷。他们多以赞美诗般颂辞状叙夸耀美国宪法及其制定者。如马歇尔有关宪法的讲演总是充满虔诚——虽然他也承认那实乃世俗斗争的产物。他们（以班克罗夫特为代表）高看盎格鲁—撒克逊人热爱独立自由的民族特性，视之为美利坚人自由精神之源；具有平民特点的清教主义更坚定了美国对自由的追求和信仰。这种自由精神不仅使美国内部趋于一致，而且具有普世价值；其独创的民主制度更是世界文明国家的范例。②

不过，这些响当当的名宿如布尔斯廷者，其《造物主》（*The Creators*，

---

① George Bankroft, *History of the Formation of the Constitution of the United States of America*, Vol. 1, New York, NY: D. Appleton, 1882, pp. 366-367.

② George Bancroft, *History of the United States: From the Discovery of the American Continent*, Vol. I., Boston: Little, Brown and Co., 1855, p. vii.

1992）也被人尖锐地批评为"肤浅"（superficial），"公然制造神话"（blatant myth-making），对非西方文明抱持严重偏见，"事实出入，研究蹩脚，文字疏忽，结论谬误"比比皆是。①

　　关于联邦宪法性质和内容的僧俗之争，在立宪之时就存在。在制宪代表中不乏学界精英，政治里手。他们虽然多非虔诚教徒，②却深知给宪法套上神秘的宗教光环会事半功倍。但他们同样也了解不信耶稣或异教者，民间政教分离呼声甚高，再用摩西等所使用的老办法不灵。因此，他们制定宪法是在极端保密的情况下进行的，并且在签字工作完成后要求代表们交出所有的记录统一处理。这就为制宪平添了几分神秘色彩。至于宪法是基督教的还是非基督教的，争论更加持久和激烈。进步史学等学派通常是"神祇派"、宗教决定论者的对立面。这一点，在后面还会有比较详细的述评。

---

① Daniel J. Boorstin, *The Creators*, From Wikipedia. http：//en. wikipedia. org/wiki/The_ Creators.

② 譬如宪法方案的主要制定者麦迪逊就没有明显的基督教倾向，而最有可能是自然神信仰者。见 James H. Hutson, *Forgotten Features of the Founding：The Recovery of Religious Themes in the Early American Republic*, Lanham, MD：Lexington Books, 2003, p. 156；Michael & Mitchell Corbett, *Politics and Religion in the United States*, New York, NY：Routledge, 2013, p. 78；Bruce Miroff, *et al.*, *Debating Democracy：A Reader in American Politics*, Stamford, CT：Cengage Learning, 2011, p. 149。

第二章　作为"人民公约"的美国宪法

　　研究美国政治，必从美国宪法开始。作为"社会契约"的美国宪法亦被称为"人民公约"，即全体人民与每一个公民，公民相互并与全体人民订立的公约。所有人为了公益须服从一定的法律。因此，构建政府制度，保证建立科学制定、严格执行、公正解释法律的有效机制，也是人民的责任；人民的权利自由、安全保障，全赖于这套契约和制度。美国宪法是以"我们人民"的名义在特定的历史条件下制定的，其制度框架——既是以往经验的总结，也是精心的设计——为美国宪政的发展确立了原则和方向。深受休谟人性假设的美国立宪精英，其制定宪法的最初的、简朴的目的，也是美国人基于英国传统对宪政的理解，就是限制政府权力，防止政府蜕变成奴役人民的工具，以保证人民的与生俱来的权利和自由不受侵犯。美国人立宪，并不是追求理想的政府——他们认为那是不可能的——而是防止最坏的政府。要做到这一点，就必须将拟建立的政府认定为不可避免的恶。美国立宪的过程，虽然不乏理论方面的探讨，但主要还是一个学习和运用历史经验的过程，因为他们从历史中知道什么是坏政府。国父们相信休谟"经验乃良师"的信条，恰如帕特里克·亨利在他那篇著名的"不自由，毋宁死！"的演讲中所说，"指引我前进的只有一盏灯，那就是经验之灯。除了过去之外我不知道还有别的什么能够判断未来"。①

　　美国宪法的制定与批准成立，颇具有戏剧性。制宪的过程在小范围内是民主的，当时所能想得到的不同意见都获得了充分的表达，在经过激烈的辩论之后实现了"伟大的妥协"。但是，在全部新独立的十三个邦②和

---

① Patrick Henry：*The War Inevitable*，http：//www.campaignforliberty.com/blog.php？view＝11563.

② 北美各殖民地（colony）在1776年发布《独立宣言》时被正式称为国家或邦（state），以期与英国地位等同。但在美国宪法成立后，各邦事实上逐步演变成了合众（转下页）

多数自由人来说(暂且不提黑奴和契约奴等非自由人)却是不民主的,更不要说普遍参与的讨论。少数男性白人有产者精英在很小的范围内、在极端保密的情况下敲定了宪法文本,然后由其中的联邦派〔federalists,实为国权派或国家主义派(nationalist)〕在全国范围内推动少数有财产的男性白人选民选出少数代表聚集各邦首府分别批准了宪法。这个在当时没有多少群众基础的宪法文本,却以"人民约法"的面貌示人而被赋予了最高的法律地位。它的成功之处在于既能保持基本精神,又能与时俱进,由一部防范专制同时也防范民主("多数人暴政")的宪法逐步演变成了一部既能增强政府的权力地位、扩大政府的职能范围,又能拓展民众基础、较好地保障人民的自由和民主权利的宪法——至少是越来越多的人相信它能做到这一点,或者承认在美国不可能有比它更好的宪法。时至今日,仍然会有美国人批评宪法,甚至从内心蔑视它,却没有人敢于公然违抗它。这不得不说是一个奇迹。这也正是美国政治令人兴趣盎然的原因所在。

第一节 制宪的现实目的:从"联合独立"到"联合建国"

北美殖民地与其母国英国闹翻,实现了"联合独立",由殖民地(conoly)升格为邦(state)。但这其实也很尴尬:殖民地联合是为了独立,独立了的各邦却不想联合;结果是形式上既联合又独立,实际上各邦彼此既不联合,也不独立;联而不合,独而不立。为了彻底改变这种困境,国父们意识到,虽是"联合独立",但独立了就应该联合,否则生存成了问题,独立也就没了保障,所以全力推动了"联合建国"。

一 殖民地"联合独立"建立"革命政府"

美洲大陆一经哥伦布"发现",便激发了欧洲海洋国家蜂拥而至追逐商业利益、统治权力和地盘。经过两个半世纪的角逐,英国取得了在北美的主导地位。英裔美洲人自从17世纪初开始移居北美,在英国分而治之的策略下,散居大西洋沿岸的殖民者逐步形成了13个殖民地。这些自视为英王臣民的殖民地人民,原本没有自己独立的民族和国家意识,虽曾有

(接上页)国的下属政权组织,故而将state译为州虽然不是很准确,但也无不可。本书中分别以殖民地、邦、州称呼相应时期的美国的成员单位。

精英设想过"联合"并有过几次尝试，或者英国强制建立过"统一"的
政府，但不是因殖民地人民反对无疾而终，便是被人民推翻。① 只是到了

---

①　殖民地第一次联合是 1643 年 5 月成立的新英格兰联盟。为了共同防御法国人、荷兰人
和印第安人的侵犯以及解决入盟殖民地之间的边界争端，新英格兰地区的马萨诸塞、普
利茅斯、康涅狄格和纽黑文 4 个殖民地代表在波士顿召开会议，通过了 12 条联盟条例
以建立一个松散的政治联合体。联盟设立 8 人委员会作为最高机构；其职权是：在遇有
战争时确定各成员派出兵员和提供经费的数额；解决与外国或其他殖民地发生的纠纷；
相互引渡逃亡的奴仆、囚犯及其他逃亡者；处理印第安人事务等（参见 James Smith and
Paul Marphy ed.，*Liberty and Justice：A History Record of American Constitution Development*，
New York，NY：Alfred A. Knopf，1958，pp. 15—17）。联盟成立的前十来年尚能按约举
行年会，以后只是偶尔召开，1675 年菲利普王战争结束后基本上停止了活动。1684 年
马萨诸塞被英国政府撤销特许状变成皇家殖民地之后，联盟彻底解体。殖民地第二个政
治联合体是新英格兰自治领。1686 年刚登上王位的詹姆士二世决定派一名将军出任总
督，以阻止新英格兰自治运动，加强对该地区的控制。1687 年新任总督爱德华·安德
罗斯强制解散了马萨诸塞、普利茅斯、新罕布什尔、缅因、罗德岛和康涅狄格的议会，
建立了统一的新英格兰自治领，由总督集行政、立法、司法和军事权力于一身，实行专
制统治。1688 年他又将自治领管辖范围强行扩展到纽约和新泽西（参见 Alfred，Killy，
WinfredHarbison and Herman Belz，*The American Constitution：Its Origins and Development*，
New York，NY：W. W. Norton & Co.，1983，p. 22）。1689 年 3 月英国"光荣革命"的
消息传到波士顿，马萨诸塞爆发了武装起义，推翻了安德罗斯的专制统治，新英格兰自
治领政府垮台，各殖民地恢复了原先的政府形式。第三次殖民地联合的尝试是 1754 年
6 月的奥尔巴尼会议（Albany Congress），目的是加强北美各殖民地的团结，应付对法国
人和印第安人的战争危机，讨论与易洛魁人建立同盟。出席会议的有马萨诸塞、新泽
西、罗德岛、康涅狄格、纽约、宾夕法尼亚和马里兰 7 个殖民地派出的 25 名代表。会
议最后通过了由本杰明·富兰克林（Benjamin Franklin）和托马斯·哈钦森（Thomas
hutchinson）两人起草的关于建立殖民地联盟的提案——《奥尔巴尼联盟计划》（*The Al-
bany Plan of Union*）。该项计划共 25 条，确定了联盟的组成及其权力。它规定，联盟权
力机构是总主席（President General 由国王任命）和大会议（Grand Council 由各殖民地
议会选派）；大会议代表名额根据各殖民地在战争经费总额中所占比例分配，最少 2 人，
最多 7 人，共 48 人；大会议三年改选一次，每年集会一次，总主席有权在紧急状态时
召集大会议。"总主席须同意大会议通过的所有法案"，并有责任予以贯彻执行；"总主
席经大会议建议"，可与印第安人缔结条约、宣战及媾和。总主席与大会议全权管理与
印第安人的贸易，管理在各殖民地以外所购买的土地；向殖民地人民分配土地；管理西
部领地，直到英王在新领地上组成新的殖民地政府；有权"招募和维持军队，为各殖
民地的防御建立要塞，为维护海岸安全和保护海上贸易装备舰队"；有权为上述目的进
行课税，税款交存总财库和设在每个殖民地上的分财库。如遇总主席亡故，"大会议议
长继任，并被授予同样的权力和权威"。大会议的法律可被英王否决［参见 James Smith
and Paul Marphyed.，*Liberty and Justice：A History Record of American Constitution*（转下页）

18 世纪中叶，殖民地与其宗主国的矛盾日益尖锐，殖民地人民长期只有臣民义务而没有"参与"组建政府和决策的权力（在威斯敏斯特没有代表权），并且苛税日益严重，才感到有必要"联合"起来进行反抗。而且，这种反抗最初也只是想争取到与英国人同等的权利而不是要建立自己独立的国家。所以，要"联合"到什么程度，谁也心中无数。不过在客观上这的确是后来的联合建国创造条件的第一步。

母国一系列的未经殖民地人民同意加征赋税的举措，终于激发了曾经的英国臣民揭竿而起，开始了向"合众国公民"转变的历程，于 1776 年 7 月 4 日宣布"联合起来的诸邦"（united states）独立，并经过五年的战争，迫使英国签署城下之盟，承认其独立。在独立前后（1774—1789），北美先后成立了两个全国性政府——"革命政府"（1774—1781）和"邦联政府"（1781—1789）。在与英国的战争一触即发之际的 1774 年，罗德岛、宾夕法尼亚和纽约建议举行殖民地大会；马萨诸塞人民议院（the Massachusetts House of Representatives）则建议各殖民地选派代表到费城举行此等会议，以商讨各殖民地面临的共同事务和局势。同年 9 月 5 日，各殖民地（佐治亚除外）议会的平民院委任或由人民会议选举的代表［自称为"该等殖民地善良人民所委任之代表"（the delegates appointed by the good people of theses colonies）］于费城集会商议上述紧迫问题，是为"第一次大陆会议"。代表们在这次会上选举了官员，制定了会议议程的基本规则，决定向英王乔治三世递交请愿书，决议继续抵制英国货并要求各殖民地建立自己的武装力量（民兵）。这个得到人民认同，由人民主办并直接行使主权权力的北美第一个总体政府或全国政府（general/national government），被授予了在全部殖民地范围内政府的常规权力。因为它的起源和发展完全是基于革命的原则，所以被称为"革命政府"（revolutionary government）。这个政府行使着事实上（de facto）的和法律上（de jure）的主权权力，且这种权力不是来自诸殖民地的授权，而是直接来源于人民固有的权力。正是这个革命政府采取了一系列的与母国决裂

（接上页）*Development*，pp. 19—21］。这个试图"为了防务和共同的重要目的而建立单一政府"［Benjamin Franklin（ed. by Leonard W. Labaree，Ralph L. Ketcham，Helen C. Boatfield），*The Autobiography of Benjamin Franklin*，Second Edition，New Haven，CT：Yale University Press，1964，pp. 209-210］的计划，同时遭到殖民地议会和英国代表（the British Board of Trade in London）的反对而胎死腹中。虽然如此，奥尔巴尼计划对后来建立联盟还是有着重要的影响，1774 年 10 月 27 日第一次大陆会议上遭到否决的加洛威计划（Galloway Plan）就是前者的翻版，再后来的《邦联及永久联盟条例》也从中获得了启示。

的政治、法律和军事行动，宣布了美国的独立（1776 年 7 月 4 日），并领导了与英国进行的五年战争。与此同时，建立"永久联盟"的努力也没有停止，直到 1781 年《邦联条例》通过，并据以建立邦联政府取代革命政府。①

在这个会议形式的政府的存续期间，它坚持的"革命原则"和采取的主要行动包括：会议代表由各殖民地（宣布独立后的邦）议会或人民会议委任；各殖民地/邦有一个投票权；大会行使全部立法权、财政权、军事权、对外主权和司法终审权（大体上限于涉外案件、海事案件和跨殖民地/邦的案件）；对于各殖民地/邦的政府形式及其内部基本政策有建议权；指导各殖民地建立"最有利于实现其选民幸福和安全的政府"。②

这个政府在 1776 年采取了大胆而具有决定性的行动——宣布独立。大陆会议自己也因此被授予了凌驾于殖民地之上的主权权力以保障全民的共同权利和自由。大陆会议行使的权力包括：授权与所有英国臣民及其财产对立；发展与外国的关系；行使主权者的特权解除所有殖民地与英国王室的臣服关系。这些政治举措，从未受到人民的怀疑或者拒绝，相反，它成了美国自由与独立这些上层建筑赖以确立的基础。在宣布独立之前，这些殖民地在任何意义上都不是主权国家；独立的宣布也未使之成为主权国家③——虽然《独立宣言》宣称"我等联合起来的殖民地从此成为，并且名正言顺地应该成为自由独立之邦……它们拥有全权宣战、媾和、通商，以及凡独立国家有权从事的其他任何行动和事宜"④。然而，事实上，"这些独立自由之邦"在脱离英国之时，便被置于了一个更高的全国政府的统治之下；这个全国政府的权力经所有各邦人民的同意被授予全国国会

---

①　Joseph Story, *Commentaries on the Constitution of the United States*：*With a Preliminary Review the Constitutional History of the Colonies and the States*, *Before the Adoption of the Constitution* (1833), book Ⅱ, Chapter 1, section 198 - 201. http：//www. lonang. com/exlibris/story/sto-201. htm#fn3d.

②　Edward Sidlow and Beth Henschen, *America at Odds*, Belmont, CA：West/Wadsworth, 1998, p. 35.

③　Joseph Story, *Commentaries on the Constitution of the United States With a Preliminary Review the Constitutional History of the Colonies and the States*, *Before the Adoption of the Constitution* (1833), book Ⅱ, Chapter 1, section 214. http：//www. lonang. com/exlibris/story/sto - 201. htm#fn3d.

④　Edward Sidlow and Beth Henschen ed., *America at Odds*, Appendix B："The Declaration of Indepenence", 1198, p. 544.

(general congress) 并由它直接行使。① 这种"集体独立"也成为后来的联邦派用以对抗反联邦派的主要法理依据。

在《邦联条例》通过之前大陆会议所行使的权力,战时几乎没有引起司法上的讨论;炮声隆隆,法律失声(inter arma silent leges),人们无暇详察细审、通盘权衡这类问题。人民信赖大陆会议的智慧和爱国情怀,默许了它所声称的任何权力。但是,在联邦政府组建之后不久,最高法院在审查彭哈劳诉道恩(Penhallow v. Doane)一案中就详细讨论了此等问题。② 其结果是法院确认了在《邦联条例》批准之前大陆会议经由联合诸邦人民的同意拥有为了全国性目的的主权和最高权力,包括媾和与开战权及附带的受理有关捕获案件的上诉终审权,即使行使这种权力与各邦立法相抵触[也属合法]。"大陆会议为了实现国家目标所实际行使的权力,最好不过地显示了它的宪法权威,因为它们源于人民代表,并且得到了人民的默许。"③ 总之,独立一经宣布,联合起来的诸殖民地便必须被视为一个事实上(de facto)的民族国家(nation),拥有一个全国性的政府在

---

① Joseph Story, *Commentaries on the Constitution of the United States* (1833), book Ⅱ, Chapter 1, section 214. http://www. lonang. com/exlibris/story/sto‐201. htm # fn3d(2009‐01‐04. Joseph Story 认为,把邦联视为人民之间的结盟,是非常大胆的。在邦联时代,没有任何人怀疑邦联是邦与邦之间的结盟。

② Penhallow v. Doane, 3 Dall. 54(1795), 80, 83, 90, 91, 94, 109, 110, 111, 112, 117;Journals of Congress, March, 1797, pp. 86‐88;1 Kent. Comm. 198, 199. 大法官 Patterson 在此案的裁决中全面肯定了大陆会议在《邦联条例》批准之前作为全国政府所行使的权力的合法性:"大陆会议的权力在性质上是革命的,产生于危及全国的事件,并且完全符合所要达成的目的之需要。大陆会议是国家总体的、最高的和支配性机构;是联盟的中心,权力的中心,政治系统的太阳。大陆会议招募陆军、组建海军,为政府制定法规,等等。大陆会议所采取的这些有关主权的高级举措得到了美洲人民的服从、默认和批准。等等。危险正在迫近并且司空见惯;为了避开危险,或者粉碎可怕的正在集结的暴力风暴,无论是人民还是殖民地都有必要联合起来,同心协力。他们因此结成联盟,组建了伟大的政治机构,而大陆会议正是其中的直接原则和灵魂。事实上,单独的各邦无论在过去还是现在都不为外国所知,更不被承认为主权者;诸邦联合在大陆会议——总的联结点或首脑——之下,尤其是在认同所有大国都关心的主权概念这一点上,在各国更为关心的主权的行使上,才被外国列强承认为主权者。"这也是宪法批准过程中支持宪法者所坚持的观点。参见 Joseph Story, *Commentaries on the Constitution of the United States* (1833), book Ⅱ, Chapter 1, section 216. http://www. lonang. com/exlibris/story/sto‐201. htm#fn3d。

③ Joseph Story, *Commentaries on the Constitution of the United States* (1833), book Ⅱ, Chapter 1, section 217. http://www. lonang. com/exlibris/story/sto‐201. htm#fn3d.

各殖民地人民一致同意之下行使权力——虽然它的权力没有也不可能很好地界定。

二 "邦联政府" 失败推动 "联合建国"

最早定居的殖民者在 17 世纪早期就一直坚持自治并且用基本法的形式加以确认，譬如，1639 年的《康涅狄格基本法》(*The Fundamental Orders of Connecticut*, 1639)，1641 年的《马萨诸塞自由典则》(*Massachusetts Body of Liberties*，全称为 *The Liberties of The Massachusetts Collonie in New England*，1641)，1677 年《西新泽西基本法》(*West New Jersey's Fundamental Laws of 1677*)，还有在当时被否决了的《奥尔巴尼联盟计划》(*The Albany Plan of Union in 1754*)，以及革命时期的许多决议、指示、声明、条例、规章，等等。所有这些都从古代的、当代的历史和哲学中吸取经验和智慧。但是，这个会议形式的政府毕竟没有有效的执行权力机构，难以对全美实行有效的管辖和统治。

为了结束"联合独立"后的各邦"独"而难"立"的险状，建立维系永久联盟的总体政府——邦联——的努力几乎与宣布独立同时开始。1776 年 6 月 11 日，大陆会议在任命《独立宣言》起草委员会的同时，决定成立邦联筹备委员会 (由各殖民地委派一名代表组成)，汇集相关资料，探讨在殖民地之间建立邦联政府的可能形式。[①] 1776 年 7 月 12 日，邦联筹委会向大陆会议提交了由宾夕法尼亚代表狄金生 (Dickenson) 起草的邦联条例草案。此后断断续续地几经辩论和修改，直到 1777 年 11 月 15 日，大陆会议才最终通过了《邦联条例》，并决定任命一个委员会起草一份通告涵，要求各殖民地授权其代表签署并批准该条例。1778 年 6 月 26 日，大陆会议拒绝考虑各邦的异见和各种修改建议，为将条例提交各邦批准誊写了正式文本；7 月 9 日正式开始了批准程序。但直到 1781 年 3 月马里兰最后批准，《邦联条例》才生效。"邦联政府"也随之建立 (实际上只是将大陆会议更名为邦联国会)，与宪法生效后成立的联邦政府不可同日而语。

---

① 在此前的 1774 年 10 月第一次大陆会议否决了 Galloway Plan，1775 年 7 月 21 日富兰克林再次向大陆会议提交了一个类似的邦联条例框架，核心是主张建立一个联盟与英国和解，若不能实现和解则成为殖民地的永久联盟，但这个方案当时仍然没有引起任何反响。参见 Joseph Story, *Commentaries on the Constitution of the United States* (1833), book II, Chapter 2, section 222. http: //www. lonang. com/exlibris/story/sto-201. htm#fn3d。

　　这个酝酿和成立于危难之际的邦联政府，从性质上看它不是一个具有完全国际法主体资格的政府，而只是一个松散的联盟国家间的协调机构；从目的上说，它只是应对眼前的危险，赢得各殖民地的独立勉强团结一致；从运作上看，它除了开会通过决议、宣言之类的文件外，并无任何执行机制或手段。所以说，这个具有应急性的邦联政府"是一种独立各邦的自愿结合，各成员邦在其中只同意接受对其行动自由的非常有限的限制。其结果是邦联几乎没有有效的行政权威"。这使得它一开始就处处受制，运转不灵。① 特别是在 1883 年巴黎和约签署，联合诸邦的独立目标实现之后，邦联国会在议事和决策方面甚至还不及《邦联条例》批准之前的大陆会议，因为"革命"——脱离英国——的目的已经实现，新独立的各邦不需要，也不愿意一个有权威、可以统一征税的政府凌驾其上。

　　在《邦联条例》批准生效之前，由于各殖民地面临着现实的危险和尚未实现独立的目标，在一些重大问题上还比较容易达成一致。但是，在各殖民地"联合独立"之后，按照独立过程中形成的"大陆会议"的模式建立的非常松散的"邦联"，其"政府机构"只有基于各邦一致的"邦联国会"而没有统一的立法（邦联国会之决议不能直接适用于各邦人民，只有在得到邦议会批准/承认后才能在本邦生效，因此它最多只能算是半立法机构），没有行政和司法机构。而且更严重的是，"邦联国会"本身的运转在财政上也只能依靠各邦的自愿捐赠。人民因为最近所遭受的英国政府的暴政统治，普遍害怕建立强大的中央政府，坚决反对建立任何类似于君主制的政府。

　　这个没有多少权力，没有固定财源的邦联政府，当然也就没有足够的权威履行其职责，对外防务形同虚设；对内平定"叛乱"不得不依赖私人武装（如面对谢斯暴动，邦联国会几乎做不出实质的反应，只好募集私人武装镇压）。正如美国著名宪法史学家马克斯·法兰所说，战时尚能维持联盟，战争一结束，各邦的自私自利便暴露无遗，联盟也面临解体的危险。② 苏格兰政治家和外交家布赖斯也说："邦联国会在战时就运转不

①　Steffen W. Schmidt, at al. ed., *American Government and Politics Today*, *2001-2002*, Belmont, CA: Wadworth/Thomson Learning, 2001, p. 39. Steffen W. Schmidt 等人的看法显然大不同于 Joseph Story 的观点。实际上邦联国会作为全美政府，既不像 Joseph Story 所说的那样能够全面地履行政府的职能，也不像 Steffen W. Schmidt 等人所认为的那样几乎不起作用。至少在"革命"期间它与战争一道维持了各邦及其人民的团结。

②　Max Farrand, *The Framing of the Constitution of the United States*, New Haven, CT: Yale University Press, 1913, p. 1.

灵，1783 年和平实现，来自英国的直接威胁解除后，情况更糟，实际上——如华盛顿所说——处于无政府状态。诸邦并不在意'国会'及其共同关切，以至于每每确定了开会的日期但是数周甚至数月之后都凑不齐开会的法定人数。国会不起作用，其受到的尊重如同它得到的服从一样少。"①

"联合独立"的各邦虽然可以"主权独立"，各自为政，却几乎个个内外交困。首先，各邦经济凋敝，新发行的纸币有如废纸，穷人饥寒交迫，因债务而失去土地的农民更是流离失所；富人因财产权没有保障而惶恐不安——在平民控制立法机构的一些邦，陆续通过立法使富人的债权失去了价值，出借的金币如今可收回的只有纸币。其次，境外强敌虎视眈眈，不但原宗主国英国不甘心失去北美殖民地，陈兵美国西北边境，而且西班牙人也在南部和西部边境威胁脆弱的美国。最后，也更为危险的是，战后国内阶级矛盾激化，农民起义此起彼伏，风起云涌，其中 1786 年爆发的威震全国的谢斯暴动深深地震撼了大资产阶级和大种植园主们的头脑。

美国 19 世纪的著名学者布朗森（Orestes Augustus Brownson，1803—1876）1866 年在回忆这这段历史时写道，刚宣布脱离英国"联合独立"的北美诸邦具有独特性，既不是一个完全独立的国家，也不是一个完全依附的国家。"美利坚诸邦是联合起来的主权国家，但是，分开来便不是国家。诸邦的权利和权力不是源于合众国，合众国的权利和权力也非来自诸邦。""事实再明显不过，政治的或主权的合众国人民存在于联合起来的国家之中……联盟存在于诸邦的每一个成员，每一个成员存在于联盟之中。"② 当时美国的上层精英也都认识到了，如果不尽快从"联合独立"走向"联合建国"，不但已经取得的独立将化为乌有，《独立宣言》所允诺和追求的目标也将遥遥无期，而且连恢复独立战争前的地位也未必可得。

正是这些深刻的危机，为建立统一的国家提供了难得而唯一的历史机

---

① James Bryce, *The American Commonwealth*, Vol. 1, 1888, chapter 3, http: //oll. liberty-fund. org/index. php? option = com _ staticxt&staticfile = show. php% 3Ftitle = 809&Itemid = 99999999；又见海南出版社 2001 年影印版，第 7—8 页。

② Orestes Augustus Brownson, *The American Republic*: *Constitution*, *Tendencies*, *and Destiny*, New York, NY: P. O'Shea, 1866, Ch. X, p. 218, http: //terrenceberres. com/broame15. html.

遇。许多上层精英意识到,新独立的各邦如果要维持绝对主权和独立,各邦议会的议员继续将局部利益、特殊利益置于全局利益之上,而不能形成共同纽带,或建立有足够权威的统一政府,其共同安全与和平将面临最紧迫的危险。① 不但很可能再度被英国征服——事实上除了大西洋沿岸,"联合独立"的各邦都被英国控制的领土包围着,被其他敌国所利用,而且面临内战和内乱的现实危险。为了捍卫革命成果,就必须建立真正的、更好的永久联盟;正如为了独立必须联合起来一样。"国父们"经过惊心动魄的激辩、斗争和妥协,巧妙地抓住了这一机遇,制定出了《美利坚合众国宪法》这一庄严的约法,并以此为基础建立起了在当时就被认为有很多瑕疵却不可能更好的联盟国家。

第二节　制宪的主体:谁是"我们人民"?

美国宪法开篇讲:"我们合众国人民(We the people of the United States),为了建立更完善的联盟,树立正义,确保国内和平,提供共同防务,促进普遍福利,保障我们自己及子孙后代得享自由幸福,特为美利坚合众国制定本宪法。"这不仅规定了制宪的主体,也明确了制定宪法的目的,决定了宪法的性质。

一　"我们人民"——宪法的制定和拥护者

时至今日,很多美国人仍然习惯性地认为美国宪法是民主产生的,也是由人民代表的多数同意批准的。然而真正的事实是,宪法的起草是由极少数人在极端保密的情况下进行的,宪法的审议批准过程也只有少数"上帝的选民"参与。整个制宪过程,人民的大多数都是被排斥的。总之,宪法既不由人民制定,也不由人民批准。显然,不是极少数人冒用了人民的名义,就是绝大多数人被排斥在了"人民"的范围之外。

首先,制宪会议的代表不由人民选举产生,不具有普遍的代表性。

20世纪初,美国宪法史学家查尔斯·A.比尔德(Charles A. Beard)在《美国宪法的经济解释》中就曾指出,18世纪80年代不仅对整个美国,更是对美国商人来说是一个关键的时期。在他看来,宪法在本质上不

---

① 参见 Gordon Wood, *The Idea of America: Reflections on the birth of the United States*, London, UK: Penguin Publishing Group, 2011, p.183.

过是制宪会议成员起草的一份经济文件，建立新的联邦政府的主要目的就是在经济领域保护他们的优势地位和获取更多的利益。比尔德通过统计分析和比较研究发现，参加制宪会议的 55 名代表分属五大利益集团：

1. 公共债券利益集团 37 人，他们都拥有美国独立战争时期的债券。确立国会的征税权就是确保这些债券能够得到偿还。

2. 商人和制造业者 11 人，都涉足船运和贸易，是他们促成了州际商务、自由贸易和共同市场之条款入宪。

3. 银行家和投资家 24 人，有关授权国会制定银行破产法、铸币及决定币值、统一度量衡、惩罚走私、建立邮政，通过版权、专利法等条款皆出自这批人。

4. 西部土地投机者 14 人，他们在阿拉巴契亚山脉以西购置了大片土地，建立联邦军队——最初几乎都用来对付印第安人、向西部扩张的宪法空间的设置皆出自这些人。

5. 奴隶主 15 人，联邦宪法第四条第二款使奴隶主们可以继续自由拥有奴隶，直到第十三条宪法修正案通过。[1]

美国著名史学家和社会批评家克里斯朵夫·拉什（Christopher Lasch）也得出了类似的结论。他指出，参加费城制宪的"都是政治家、商人、律师、种植园主、土地投机商和投资人"。[2]

当然，这些人也属于人民的范围，但他们只是人民中的少数——而且按照当时的标准"人民"本身也只是北美居民中的少数。

总之，制宪会议的代表"大多数受过良好的教育，来自富有阶层。其中 33 人是律师或者曾经从事过律师职业，接近一半受过高等教育，3 名医生，7 人是前殖民地行政长官（总督），6 人拥有大种植园，至少 9 人（比尔德认为应该是 15 人——参见前引）拥有奴隶，8 人是重量级的商人，21 人参加过革命战争。换句话说，这些制宪会议的代表属于精英集团。没有普通农民、工人、妇女，更没有非洲裔或者土著人出席会议"。[3]

持平而论，国父们不但有足够的理论修养和丰富的政治经验，而且非

---

[1] 参见 Thomas R. Dye, *Politics in America*, 5th ed., Upper Saddle River, NJ: Prentice-Hall, 2003, p. 68.

[2] Christopher Lasch, *Forward to The American Political Tradition and Men Who Made It*, ed. by Richard Hofstadter, New York, NY: Alfred Knopt, Inc., 1989, pp. 5-6.

[3] Edward Sidlow and Beth Henschen, *America at Odds*, Belmont, CA: West/Wadsworth, 1998, p. 39.

常务实。他们既为各自及其所属阶级的利益而争,也为美国的前途而搏。偏激者只看到他们自私的一面,"颂圣者"只看到他们"高尚"的一面。其实,要说这些人在制宪过程中只考虑自己的私利,确有失公允;但要说他们时时处处都把所有各邦的利益、全民族利益、人民利益、被统治者的利益放在首位,放在他们自己及所属集团的私利之上,同样也言过其实。事实上他们也有代表性;他们所关心的首先是他们自己,他们所属的阶层、领域和地区的利益。更重要的是,这些代表们分属不同的利益派别,政治倾向也因此各有不同,其中也不乏为理想、为新生共和国的长治久安而竭心尽力者。

55 名制宪代表中,大多是国家主义者;他们想建立一个有实权的能够对全美进行有效治理的总体政府(general government)。其中华盛顿和富兰克林倾向于建立一个权力有限的分权制的全国政府,同时他们也愿意接受代表们赞同的任何形式的中央政府。另有一帮人以宾夕法尼亚的古文诺·莫里斯(Gouverneur Morris)、南卡罗来纳的约翰·卢特里奇为首,不相信平民百姓有能力自治,因而极力主张建立一个强大的中央政府。在国家主义者当中还有几个君主主义者,为首的是汉密尔顿。他在 6 月 18 日的长篇发言中亮出了他自己的观点:"我可以直言不讳地说……英国的政府制度是最好的,我高度怀疑除此之外还有什么制度在美国能行得通。"虽然不能因此认定他主张在美国实行君主制,但确实反映了他对英国君主制的仰慕之情。在国家主义者中也有几个民主派,领头的是弗吉尼亚的詹姆斯·麦迪逊和宾夕法尼亚的詹姆斯·威尔逊(James Wilson)。这些民主派国家主义者希望建立一个得到人民支持的中央政府,但同时也不认同"多数人统治"的民主政府。另有少数几个坚决反对民主,希望建立一个严格界定的共和制政府。他们是弗吉尼亚的埃德蒙·伦道夫(Edmond Randolph)和乔治·梅森(George Mason),马萨诸塞的埃尔布里奇·格里(Elbridge Gerry),马里兰的路德·马丁(Luther Martin)和约翰·F. 麦瑟(John Francis Mercer)。此外,来自马里兰、新罕布什尔、康涅狄格、新泽西和德拉华的代表(土地投机商)大多只关心一件事——只要西部土地能成为各邦的共同财产以便他们自由买卖,不管建立什么样的政府他们都可以接受。最后是少数几个代表坚决反对建立任何形式的中央政府。①

---

① Steffen W. Schmidt et al. ed., *American Government and Politics Today: 2001 - 2002*, Belmont, CA: Wadsworth/Thompson Learning, 2001, pp. 42-43.

在所有这些派别中，没有任何一派具有绝对的优势，没有赢家，没有输家，都有所得，都有所失。所谓"伟大的妥协"，就是得失平衡。少数坚持原则，不想牺牲理想，或不愿放弃利益者，不是中道退出，就是拒绝在宪法文本上签字，但影响不了大局。经过复杂的争斗和妥协，最终制定出来的宪法，不是改朝换代之后在一种支配力量的控制下对胜利者现状的确认——没有落入"成王败寇"的旧律，而是一项各方面利益、各种理念都得到兼顾的平衡的契约。

制宪者们作为精英，都熟悉亚里士多德所崇尚的中庸之道，当然也知道其中妥协的重要。他们在制宪时固然是要为自己、为富人谋利益，但他们也明白一个简单的道理，本邦本派要得利，也不能让其他邦其他派尽吃亏；富人要活得舒坦，就必须也要让穷人活得下去。好的政治就是均衡博弈和善于妥协，就是能够保证尽可能多的人各得其所，各安其位。只有专制才依靠强权和暴力或绝对的权威决定一切；而这样做只会使社会对立，穷人受罪，统治者也不得安宁，于是暴政便恶性循环。由于有这种比较清醒的认识，所以他们才能够制定出一部穷人也可以从中寻求保护的宪法。正是由于存在利益差别和派别竞争，由于没有绝对的支配力量，由于妥协和中庸，才避免了恶宪法的出现。

尽管当时的"制宪代表"没有也不能代表人民（或者说只代表当时严格限制范围的"人民"——男性白人有产者），但他们的确是来自不同地区、不同领域、不同利益集团；他们能够从大局出发且善于妥协，都倾向于建立一个有效的总体政府（general government）以应对当时所面临的危机。

其次，各邦"批准宪法会议"（Ratifying Convention）同样排斥人民的参与。

虽然各邦举行了批准宪法会议，但是各邦出席会议的代表无一例外都是由拥有财产的男性白人选举出来的，而且就是在这些拥有合法选举权的人当中，也只有 1/6 参加了投票。在当时北美的 400 万名居民中，仅有 15 万人参加了投票选举邦"批准宪法会议"的代表。[①] 由此可知，如果"我们人民"能够做主，美国宪法肯定通不过。对于这一点，联邦派的著名人物，亚当斯政府的国务卿和后来的首席大法官马歇尔也不

---

① Edward Sidlow and Beth Henschen, *America at Odds*, Belmont, CA: West/Wadsworth, 1998, p.45.

得不承认。① 为了使宪法获得足够的邦的批准,"国父们"中宪法草案的支持者可以说是无所不用其极。他们擅自废除了《邦联条例》中的全体一致原则,② 规定只需要九个邦同意宪法即可生效。他们规定各邦召开"宪法批准会议"而不是由各邦的立法机构批准宪法;因为宪法摄取了很多属于邦的权力,很可能遭到各邦立法机构的抵制。他们在支持者占多数的邦采取了速战速决的策略,敦促他们大造声势,迅速召开批准宪法会议,使反对派没有时间组织起来;在他们控制的各邦,多是在当年冬天开会,使边远地区和农村的反对者没有机会参加投票。③ 他们在那些反联邦派占优势的邦如纽约,则采取拖延战术,但当有十个邦已经批准宪法,纽约感到了压力时,他们就加快了批准的进程,并且,纽约市的联邦派还以纽约市脱离纽约邦相威胁,迫使反联邦派就范。为了确保宪法的批准,一些联邦派甚至使用下三烂的策略,包括至少贿赂了一家新闻媒体以阻止其刊登反联邦派的文章。④ 最终在部分反联邦派弃权的情况下纽约邦以 30∶27 的微弱优势批准了宪法。美国学者鲍威尔(Jim Powell)指出,如果当时有盖洛普民意测验,反联邦派的支持者很可能会大大超过联邦派的支持者。⑤ 由上述可知,宪法的制定不民主,宪法的批准不民主;在相当长的历史时期内,以这样的宪法为基础的政府建立和运作当然也是不民主的。如果一定要说美国宪法的制定和批准是民主的,那也是严格局限在少数白人有产者,少数有产者中的精英。譬如,在参与费城制宪会议的 55 名代表之间即使以今天的标准来衡量,也是有充分讨论的,因而它能够有效地避免了"华盛顿宪法"之类的个人色彩、专制特色的宪法。

---

① Charles A. Beard, *An Economic Interpretation of the Constitution of the United states* (reissued edition), New York, NY: Free Press, 1956, p. 299.

② 《邦联条例》规定,任何法案都需要所有邦中的 9 个赞成才能通过生效,修改《邦联条例》则需要全体一致同意才能生效。

③ Thomas R. Dye, *Politics in America*, 5ᵗʰ ed., Upper Saddle River, NJ: Prentice - Hall, 2003, pp. 76-77.

④ Steffen W. Schmidt at al. ed., *American Government and Politics Today: 2001-2002*, Belmont, CA: Wadworth/Thomson Learning, 2001, p. 52.

⑤ Jim Powell, *James Madison - Checks and Balances to Limit Government Power*, New York, NY: Freeman & Co., 1996, p. 178.

二 "我们人民"——宪法的合法性来源

《邦联条例》和宪法的序言都只有一句话，前者宣布十三个邦在国会的代表同意于基督纪元一千七百七十七年十一月十五日成立邦联和永久联盟并且决定各邦根据地理位置从北到南排序；后者却明确"我们人民"为了形成一个更加完善的联盟（union，既没有用联邦 federation，也没有用邦联 confederation），建立国内和平秩序，确保人民及子孙的自由和安全而制定美利坚合众国宪法。制宪者们在制宪过程中根本排斥人民，为什么又要借用人民的名义呢？这就要涉及制宪的合法性问题，即人民的意愿仍然是立宪建国的重要的合法性来源，当然也涉及国体，即建立一个什么样的国家的问题。因此，制宪者也就当仁不让地当上了人民的"代表"并且为民做主。

首先是合法性问题。从当时的具体情形看，无论是邦联国会还是各邦议会，都没有授权废除《邦联条例》而重修宪法；开会之前也没有宣称要开"制宪会议"，所设议题只是讨论《邦联条例》的修改问题，即"制宪会议"的代表获得的授权是"修例"而非"制宪"；"制宪会议代表"这个身份本身也是有问题的，不合法的，当然不能名正言顺地写进宪法。如果沿用《邦联条例》中"合众国……代表于某年某月某日同意建立十三个（或者十二个）邦之间的永久联盟"的措辞，那么这些代表们回去以后，各邦当局追究起来，他们将无言以对。此其一。其二，"制宪会议"召开的时间虽然一拖再拖，最终还是有一个邦（罗德岛）始终拒绝派代表与会。在这种情况下，无论将罗德岛列入还是排除，都会遭到非议。列入有越俎代庖之嫌，排除则有孤立小邦之虞。总之会有不良后果。任何一个邦被排除在外——何况可能不止一个——都会使新组建的联盟不完整，更不要说"更加完美"（more perfect）；同时还会使入盟的邦很容易脱离联盟而自立。用"我们人民"则避免这许多的麻烦。即使哪个"人民"有不同意见，他也没法追究——其实人民在这种场合什么都不是，或者说根本就是缺位的。此外，利用"人民"还可以避开各邦的障碍，悄悄将松散的邦联（confederation）替换成了紧密的联邦（federation）——宪法文本的措辞是联盟（union），也就是将若干个邦之间的联盟偷换成了"全体人民"间的联盟。且"联盟"（union）的含义模糊，可以自由理解。如果你们各邦不同意建立新的联盟国家，那"我们人民"自己建立好了。这也使即将建立的最高政府/全国政府/总体政府（supreme/national/general/government）的授权不是来自各邦，而是直接来自人民，为建立强大的联邦政府提供了法理上的依据。同时也意味着将在人民、邦、联邦之间确立一种全新的三角制衡关系，并且将决定美国未来的政治发展方向，从而也决定全体美国人民的命运。

其次是人民主权观念的普及。从观念上看，主权在民的思想在当时的北美已经相当普及；任何政治统治都必须以人民同意为前提这一原则已经深入人心。如前所述，在殖民地时代，在宣布独立后的过渡时期，各殖民地/邦都在某种程度上以民意为基础建立政府或政府的部分机构。制宪者们有意建立的是一个全国政府或最高政府。用帕特里克·亨利的话说，这是一场非常激进的革命，堪比脱离英国的革命，因而也是他本人坚决反对的革命。[1] 这样一场革命，虽然不必像独立战争那样发动人民来参与，但也不能把人民绝对排除在外。然而，人民中的大多数并没有意识到需要建立全国性的总体政府，需要一场这样的革命。如果要征求人民的意见，得到的回答只能是一个字："不"。在这危难时刻，制宪者们从易洛魁联盟的《和平大法》中得到启发，借用"我们人民"[2] 的名义制宪，不但可以安抚民主派，抵消某些制宪的阻力，而且巧妙地解决了制宪的合法性问题——"我们人民"自己做事，哪里还用得着征求"我们人民"的意见！至于"你们人民"，那就只有听"我们人民"的好了。"制宪会议"在许多棘手的问题上争论不休，反反复复，有些问题争论到最后也没个结果，只好用模棱两可、模糊不清的表述，甚至干脆回避之，如关于总统权力的规定就不像对国会的那样一一列举得非常具体。唯独在"我们人民"这个关键的涉及联盟性质、政府间关系、国家方向的问题上却很快取得了一致（当然只是提法而非内涵）。

实际上，制宪会议的多数代表在到达费城之前或以后都不清楚他们想要建立一个什么样的国家、能够建立一个什么样的国家以及怎样实现"建国"的目的——大致上都是"摸着石头过河"，走一步看一步。而正是这种复杂的局面，考验着"国父们"的智慧。"我们人民"虽然在制宪会议上轻易过关，却在宪法的批准过程中遭到了来自各方面的猛烈抨击和

---

[1] Patrick Henry, "Virginia Ratifying Convention", *The Founders' Constitution*, Volume 1, Chapter 8, Document 38, http://press-pubs.uchicago.edu/founders/documents/v1ch8 s38.html.

[2] 由约翰·亚当斯主导制定的1780年麻省宪法就使用了"我们人民"的措辞（we, therefore, the people of Massachusetts……），而亚当斯本人对易洛魁联盟的《和平大法》是很熟悉的。

谴责。其中最具有理论深度、最具有挑战性和杀伤性的批评来自著名革命领袖、坚定的独立派、自由卫士帕特里克·亨利。他本是弗吉尼亚选派的"修例"代表，但他嗅到了"制宪"的"猫腻"（smelt a rat）而拒绝赴会。[1] 亨利从订立契约的常识、一般理论和契约的性质等方面严厉批驳了宪法文本中"我们人民"的提法。他指出，"他们哪有权利说'我们人民'……谁赋予他们权利说'我们人民'而不是说'我们各邦'（we the states）？邦才是邦联的特征，也是邦联的灵魂"。他在反复强调了各邦派到费城的代表无权用宪法取代《邦联条例》，无权决定建立强大的最高政府之后进一步指出："建立联邦政府无须人民集体同意。人民也无权加入联盟、同盟或邦联。人民不是结盟的合适机构，只有国家和主权权力［的行使者］才是建立这种政府的适当机构。"[2]

　　宪法文本中最容易取得一致的"我们人民"这个概念最模糊，可以进行最自由的解释和发挥。但从另一个角度讲，它也是一个最能够"与时俱进"的概念。虽然最初"我们人民"的范围非常狭小，在当时的400万人口中，有权选举代表参加邦批准宪法会议的只有约90万人，实际参加投票的只有15万人，各邦"批准宪法会议"的代表投赞成票的勉强超过一半。这样算起来，赞成宪法的不到四百万分之十。然而，就是这样一部宪法，却如此经久耐用，历230年而弥新。不得不承认它是一个奇迹！追根溯源，就在于"我们人民"白纸黑字写在了宪法文本上，为所有美国人，包括无钱无权未受教育者争取权利、寻求法律保护提供了宪法上的空间和依据。[3] 但最初的人权法案在宪法意义上有了着落，而且后来的民权运动、权利法案以及众多涉及民权保护的最高法院司法判决，都源自宪

---

[1]　参见 Max Farrand, *The Framing of the Constitution of the United States*, New Haven, CT: Yale University Press, 1913, pp. 15-16.

[2]　Patrick Henry, "Virginia Ratifying Convention", *The Founders' Constitution*, Volume 1, Chapter 8, Document 38, http://press-pubs.uchicago.edu/founders/documents/v1ch8s38.html.

[3]　以吉迪恩案为例：佛罗里达51岁的白人流浪汉克拉伦斯·吉迪恩（Clarence Earl Gideon）涉嫌偷盗于1961年被捕，在出庭受审时，没钱、没权、没有法律知识的他要求法院为他提供免费的律师辩护。主审法官依佛州法律予以驳回。他被判有罪服刑期间，利用监狱图书馆刻苦自学法律，现炒现卖给联邦最高法院大法官写了一份《赤贫人申诉书》，陈述他因无钱请律师而被剥夺了宪法第六、第十四修正案所赋予的公民诉讼权利。最高法院不仅受理了他的申诉，而且最终为他翻了案。参见 Clarence Earl Gideon Trials: 1961 & 1963-Gideon Appeals, http://law.jrank.org/pages/3097/Clarence-Earl-Gideon-Trials-1961-1963.html.

法上的"我们人民"。

如果说当初的"国父们"没有怎么考虑人民的意愿，甚至根本违背了人民的大多数的意愿，他们顶多只是利用"我们人民"的名义在为人民的长远利益——实际上更为他们自己及其所代表的那部分人的利益的最大化——设计宪法，那么随着时代的变迁，人民日益觉醒，人民也就能够名正言顺地利用"我们人民"为自己争取权利和更多的自由。正如英国《自由大宪章》的本意只是保护贵族免于国王的擅断，到后来全国人民也深受其赐。所以，虽然美国立宪时不讲民主，甚至敌视民主，但宪法的成立也为民主提供了潜在的机会。美国能够民主化，在很大程度上就是因为美国宪法是以"我们人民"的名义制定的。

宪法的瑕疵显而易见，但宪法确实坚持了公民在法律之下的平等理想，允诺建立一个更好的联盟以保障人民的自由和正义。这一点虽然至今尚未完全兑现，但从美国历史的经验来看，从总的趋势来看，人民的权利和自由的保障还是不断改善的。

第三节　制宪的价值追求：自由、秩序和正义

美国宪法的序言讲得很清楚，制宪的宗旨就是要建立一个更好的、更完美的联盟国家（a more perfect union），以树立正义，保障国内安宁，提供共同防务，促进公共福利，并保证国人世世代代得享自由幸福。可见，无论是当时的精英，还是普通民众，在经过独立战争的洗礼之后，都没有忘记建立政府（秩序维护者）的根本目的是保护"我们人民"——尽管其实"我们人民"的范围非常狭窄——的自由和社会正义。

一　好的秩序是自由和正义的保障

在"自由、秩序和正义"三者之间，秩序居中，一头担着自由，另一头挑着正义。它的好坏直接决定着自由和正义的有无，决定着"我们人民"能不能真正享有"生命、自由和追求自由的权利"。所以，立宪者坚持建立一个权力有限的、受到严格制约的政府，把防止政府侵犯"我们人民"的权利自由、促进正义放在首位——至少是这样公开宣传和辩护的。宪法的这个基调何以能够确立并垂200多年而不朽，原因很多，首先是立宪者们意识到拥有广泛权力的政府具有压迫人民的危险；坏秩序和无秩序一样，都是自由和正义的天然敌人，是"我们人民"的梦魇。

美国宪法虽然是在"美国革命"后制定的，但不能简单说成是革命的产物，毋宁说它是经过长期演变水到渠成的一项约法——制宪者们只不过发挥了"临门一脚"之功。所谓"美国革命"，不过是一场脱离英国的战争，就整个美国社会来说，无论在制度上、观念上还是在文化传统与生活习惯等方面，都没有发生根本的变化，更不要说"革命"。就政权组织和政府性质来说，也没有根本的变化。原来的殖民地（colony）更名成了邦（state），殖民地的长官叫 governor（总督），由英王委派，邦的长官也叫 governor（州长），由民选或者民选的议会选举产生，此外，议会（assembly/general court）还叫议会，法院（court of justice）还叫法院。而且，所有这些机构虽然都脱离了与英王的关系，而只与本邦的人民直接或间接发生关系，但是，其运行的规则，适用的法律，却主要还是以前的。在根据宪法草案拟建立的新的"更加完善的联盟"中，除了新定一个国号——由合众国共和政府取代英国国王成为其最高政府，并要求所有联盟成员实行共和制外，根本不涉及对旧的法律模式、政治制度、文化传统和生活习惯的改变或重塑。之所以如此，是因为在排除了既有秩序的英国王权专制的一面之后，还可以利用它有利于保障"革命"的领导阶级的既得利益的一面。

宪法作为最重要的政治法，其所包含的重要政治概念——共和制原则、政治德性和权力制约与平衡——都不是出自国父们的空想或创造，而是源自古希腊、古罗马以降的先贤圣哲的智慧和政制实践与经验。"国父们"从过去的经验和教训中获得启示，他们所使用并加以修正的宪法概念都源于古代世界的共和的经验和民主模式的教训，源于英国的历史和殖民地的经验，源自他们的邻居易洛魁人政制的经验。国父们特别善于从古典共和制与民主制中吸取经验教训，尽可能避免导致希腊民主制衰败和罗马共和国灭亡的因素在美国政府制度中再现。

美国宪法制定者们从柏拉图、亚里士多德关于政制的研究中，从古代史和英国史的演变中得知，任何政府形式都可能蜕化腐败，共和制、民主制和君主制一样都可能腐败；立法机构和法庭同大权在握的国王一样会成为自由的威胁。由于洛克、孟德斯鸠学说的流行，由于亚当斯辈思想家的不遗余力的阐释，权力分离、制约与平衡的理念、人生而平等自由的理念、主权在民的理念，在北美社会已经成为老生常谈。"我们人民"签订契约建立国家，不是要出卖自己的权利自由，而是要更好地保障权利自由。这种社会民意也要求制宪者避免将权力赋予任何单一的机构或个人，而是将权力按照性质和功能分别授予不同的机构，并在实践上发挥了权力相互制约的效果，以最大限度地防止公共权力被滥用。从社会贤达到立宪精英都清楚，只有公共权力得到有效的控制，才能建立保证人民自由的公正的秩序。即使仅从维护统治阶级自身利益和长远统治的需要来说，防止公权力的滥用也是绝对必要的；分权制衡不仅是要以权力制约权力，而且也要防止任何单一的集团或个人独占权力，确保统治阶级内部不同集团的权力和利益大致平衡，在确保统治阶级利益的前提下也适当照顾被统治阶级的利益——事实上适当保护被统治阶级的利益，增进被统治阶级的福利，对于维护统治秩序是非常重要的。恰恰是不同利益集团之间具体利益的不一致性，保证了彼此的监督，防止了个别集团的利益凌驾于所有集团的利益之上，从而也能够有效地维护所有集团的整体利益，实现最大限度的利益一致。

二 德性和功利都有助于促进自由和正义

宪法（constitution）其实首先是一个政治术语，就是广义政制的意思，是规定国家基本制度——政体和国体——之法。亚里士多德的《政治学》就是围绕政体（constitution）及其内涵展开的。宪法乃是关于政治制度的、旨在维持稳定秩序的基本法律体系。而"政治具有两个面相。一是权力的面相，二是正义的面相"。政治不仅关涉谁得到什么、何时和怎样得到——如拉斯韦尔所说，而且还关涉谁应该得到什么、何时、怎样和为什么应该得到。"权力是人们得以组织起来过有秩序的生活之工具，正义则告诉人们怎样运用权力以便过美好的生活。"[1] 公共治理其实就是运用公共权力来促进正义。实现这一目标有赖于法治：人民服从法不是因为强制，而是因为功利或"德性"，因为服从正当的法律有利于自己和他人都受到公正的对待、实现权利和享有自由。对此，人们既可以从自利的或者经济的角度来理解，但也可能从"德性"或者公共的眼光去看待；但如果从德性的角度看，那么"德性"本身也具有功利性。[2] 事实上每一个社会、每一个国家都会有一套"宪法"——政府制度及其与人民的关系的总体规范。因为，若是没有一套这样的法律来规范人民的行为，人民

---

[1] Daniel J. Elazar, *The Covenant Tradition in Politics*, Volume 2, Introduction, http://www.gongfa.com/elazaryueyugongheguo.htm.

[2] 关于这一点，可参看柏拉图《理想国》关于正义的讨论，参与讨论的大多数都认为，躬行正义、行善积德都是有目的的，不是为名，便是为利。另见马克斯·韦伯的《新教伦理与资本主义精神》第二章"资本主义精神"所引用的富兰克林的语录。

就不可能过上和平安宁的生活；没有一套这样的法律来赋予政府权力和责任、规范政府权力的行使，政府就会不知所措或者滥用权力，侵犯人民的自由。

当今世界，几乎所有国家都把自由、秩序和正义作为制定宪法、建立政府的目的。美国宪法如此，其他许多国家的宪法也如此。譬如，韩国宪法序言强调巩固国家的统一，促进公正，"消除一切社会邪恶和非正义"，"保证机会均等"，"强化基本自由和秩序"。① 葡萄牙宪法明确"保障公民基本权利"，"确保法治的至上性"，建立一个"更加自由、更加公正和更加博爱的国家"。② 阿根廷 1994 年宪法保留了其 1853 年第一部宪法序言的基本内容："保障正义，确保国内和平、提供共同防务、促进普遍福利，确保吾人及子孙后代之自由……"③ 然而，不要说真正做到，就是做得较好的也为数不多。

这是因为，好的宪法只是为好的秩序提供了法律基础，使自由、正义成为可能。但宪法不过是纸质防火墙（parchment barrier）；如果没有人民的支持，它便是一纸空文；如果统治者中的少数或个别人沦为专制寡头，为所欲为，滥权无度，它也不起任何作用，即使另一拨精英借人民的力量推翻了这样的统治另建一个政权，也只是墙头变换"大王旗"而已，人民从一种专制的苦难中"解放"出来了，等待他们的可能是更大更深重的苦难。所以美国的制宪者们把"有德性的"公民作为宪政的重要条件，把防止个人、少数人、多数人暴政作为设计宪法的首要考量。毫无疑问，一部宪法如果被忽视，如果公民及其所选出的领袖对它没有共识，对它没有敬畏之心，不清楚实现自由、秩序和正义需要些什么，那么这部宪法就注定不会有实际效果，不会有生命力，或者虽存犹废。

三　牺牲一部分人的自由、正义也是为了自由、正义

那么，什么是自由、秩序和正义呢？美国的建国者们心目中的自由、秩序和正义又是什么？

---

① Constitution of the Republic of Korea (1987), http：//olc. pku. cn/filebase/show. aspx? id=61&cid=18.

② Portugal Constitution (1976), http：//www. helplinelaw. com/law/portugal/constitution/constitution01. php.

③ National Constitution of Argintine Republic (1994), http：//pdba. georgetown. edu/Constitutions/Argentina/argen94_ e. html.

首先，所谓自由，就是没有正当的法律之外的压迫和暴力强制，或者自主的个人可以按自己的意愿行事而不必服从他人的任意意志。自由与法治秩序密不可分。没有秩序，没有法律的保障和限制，便不会有自由。

正义意味着保障个人的正当所得、所有、所需、所欲。机会均等和法律面前人人平等是公认的自由社会的正义体现，它不同于结果平等和条件平等——这种平等只能通过强制才能实现；但即使实现了也只能是暂时的，因为持续的强制最终会引起反抗，会导致更严重的不平等。

秩序则是社会中权利与义务的合理安排以便人们能够和谐安宁地生活。所谓有序的自由，就是个人自由不是绝对的，不是可以为所欲为，可以不顾他人同样的自由，不顾社会的一般公义，而是要受到一定的限制。没有法律限制和秩序，便不会有真正的自由；真正的个人自由须以普遍的自由为条件。正如绝对的权力导致绝对的腐败，绝对的自由也会毁灭自由。在专制下无自由，无政府也无自由，这也是美国开国领袖的一种共识。

然而，在国父们心中，除了上述一般意义上的自由、秩序和正义外，自由还意味着拥有特权的精英阶层可以继续自由享有特权，正义意味着有产者的财产权得到有效的保护，秩序首先确保这种特权和财产权不受侵犯。与此同时，为了实现这些自由、秩序和正义，必要时牺牲一部分人的自由，或者让某些社会群体受点委曲，其权利自由受到更多的限制，也是不得已的选择。这就是为什么被美国政治宪法学界，早期史学界公认的北美殖民地独立后最完善的成文宪法——1780年马萨诸塞宪法——要依据财产和税收来分配权利和议席，[①] 这就是为什么奴隶制能被美国宪法容忍，[②] 以及很多原有的不合理、不公正的制度得以延续的原因所在。当

①　马萨诸塞州1780年宪法一颁布便为其他一些邦所模仿，其中关于政府的组成及相互关系，两院制立法机构及相互否决权，等等，为绝大多数邦宪和联邦宪法采纳或借鉴。然而，就是这样一部公认的北美"最好宪法"，除了依旧不给妇女和非自由人选举权外，其对行使选举权的财产要求比革命前还要高，诸如选举众、参议员者必须年收入不少于3镑或拥有60镑的财产，竞选众议员不得少于100镑财产或价值200镑的土地，竞选参议员不得少于300镑财产或600镑地产，竞选Governor不得少于1000镑财产。下议院席位按人口分配，参议院则按照纳税量分配。如此，富裕地区便在参议院有更多的代表权。

②　在当时的历史背景下，若要废除奴隶制，蓄奴邦必定不会接受宪法；宪法通不过，联合建国实现不了，立宪者及其所代表的那部分人所要追求的自由、秩序和正义便肯定实现不了。

然，国父们也可以把这归因于人不可能完美无缺，人类社会不可能尽善尽美，理想国不可能成为现实，任何国家都不能保证所有人都满意的自由、秩序和正义；任何自由、秩序和正义都不可能是绝对的，而只能是相对的。在当时的历史条件下，能够废除君主制，能够废除官职终身制，能够实行定期选举制，能够在法律上保障所有自由人的自由，也的确是具有革命意义的，甚至可以说是引领政制发展方向的。

自由、秩序、正义的反面便是奴役、无序、非正义。但是，追求自由、正义从根本上说仍然是因为一些人没有或很少自由，另一些人则享有太多的自由。太多的自由和不自由并存，一部分人（无论多数还是少数）享有自由，另一部分人不自由，就是非正义。专制统治不正义，最根本的就是少数掌握大权者享有无限的自由，而多数民众根本没有自由；为了维持这种局面，统治者会将自由视为异端，自由理论视为邪说。尽管迄今为止的任何秩序，都不能保证所有人的自由和正义，但是好的秩序——基于宪政的秩序——可以为尽可能多的人提供实现自由和正义的机会。美国宪法被称为活的宪法，其生命力源于它的"伟大妥协"。"妥协"而且"伟大"在于制宪的主体中没有任何一种势力处于绝对的优势或支配地位，没有任何一种势力可以借助武力强制实行损人利己的，或只为某一派或几派势力谋利的政制安排。在宪法颁布生效后，即使未被代表的"我们人民"之外的那部分人民，那些自由和正义曾经被牺牲掉的人民，譬如无产者、妇女、奴隶、有色人种，等等，也可以逐步利用宪法来争取自由和正义。而人民能够利用它来实现自由和正义，利用它来保护自己的自由和正义，正是它能够"活"下来并且继续活下去的社会基础。

美国宪法之源非常广泛，它不仅凝聚了国父们的智慧，而且是西方历代精英们对自由、秩序和正义无尽追问和考究的智识积淀的产物。美国宪法虽然形成于革命之后，形势未稳之时，却不是"国父们"突发奇想或心血来潮的发明。美国立宪，虽然从形式和表象上看，事出偶然，但实为必然。"国父们"最重要、最关键的贡献就是通过正确认识和准确把握过去的经验和教训来避免以后重复重大的错误；能够通过妥协寻求各种不同利益的平衡点，为建立能够保障自由和正义的秩序定出了最高的法律框架和基调。然而，国父们更伟大的贡献还在于自华盛顿以降，不但没有一个想要黄袍加身，被人山呼万岁，而且不恋官位权势，不仅没有形成官职的终身制，而且杜绝了官员身份的终身制。这一点，即使在现代世界，也是难能可贵的。

第四节 宪法的制定、批准与权利法案

宪法制定的方式有很多种，如君主钦定宪法；征服者和暴君颁布宪法；宗教教父或先知发布宪法，如摩西十诫；贤明圣哲立宪，如梭伦（Solon）公元前6世纪为雅典制定的法律；还有源于法官裁决、政府惯例和民众习惯而成的"宪法"，如英国普通法。现在世界200来个国家几乎都有宪法，但大多都是第二次世界大战结束以后制定颁布的。欧洲大陆国家第二次世界大战前制定的宪法，生命力不过一二十年。世界上最古老、最受尊崇的宪法当数英国宪法；作为其源头的《自由大宪章》至今已有超过800年的历史。美国宪法是由一个后来被称作"制宪会议"（constitutional convention）的机构制定的，虽然最初人民并不看好它，反对的也大有人在，但最终还是获得了民众的接受和支持而具有经久的生命力。一部在诞生时不被看好的宪法能够成为经典和样板，这本身就值得深入研究。

一 "第一部成文宪法"在对抗和妥协中诞生

美国宪法文本是在1787年制定出来并在随后的两年中得到了批准，且在批准之后增加了十条修正案——权利法案（这是习惯的说法，从其内容和地位看应该称为"权利宪章"），形成了一个完整的法典。其实，在这之前，北美大地上已经出现了一个立宪的高潮。"美国联邦宪法是世界上第一部成文宪法"几乎成了通说，而事实却是，早在大陆会议宣布独立前后，北美各殖民地/邦就纷纷制定（或修订）和颁布成文宪法。①即使以全国作为范围来衡量，排在"第一"的也不是美国宪法而是《邦联条例》。制定《邦联条例》，可以用百米冲刺来形容；而批准《邦联条

---

① 北美成文宪法的出现甚至可以追溯到殖民地时期。1639年康涅狄格基本法（Fundamental Orders of Connecticut）就被认为是北美殖民地时期最早的成文宪法。到1732年，所有北美十三个殖民地都有某种形式的宪法（包括成文宪法）并建立了宪制政府——当然都须英国议会批准。真正的立宪高潮则发生在北美独立和美国建国期间；在这期间正式制定自己的宪法或宪法性法律的邦有：特拉华（1776）、马里兰（1776）、北卡罗来纳（1776）、新泽西（1776）、宾夕法尼亚权利宣言（1776，1790）、纽约（1777）、佛蒙特（1777）、南卡罗来纳（1778）、马萨诸塞（1780）、新罕布什尔（1784）。

例》，却因为刚获得独立的各邦很不情愿将权力让渡给"合众国"而经历了漫长的马拉松。1778 年邦联国会通过的《邦联条例》，直到 1781 年才获得足够的邦批准生效。到了 1787 年，全美很多人都意识到了《邦联条例》的实施效果令人失望，有必要做实质性的修正；更有极少数精英认为需要彻底推倒重来，否则难以摆脱危急局势。由于在 1787 年"费城会议"的代表中间后一种意见占了上风，致使费城"修例会议"很快演变成了"制宪会议"。

批准宪法过程中的冲突，是从制宪会议内部开始的。制宪会议的代表74 名，实际到会 55 名，坚持到最后宪法文本敲定的只有 42 人（中途陆续退会的 13 人中，反对废例制宪的 4 人，因病退席的 1 人，因故退出的 8人），在宪法文本上签字的只有 39 人，刚过合法代表人数的一半。会议结束前敲定的宪法文本是一个妥协的产物，但在一些重要问题上仍然悬而未决。其中尤为要命的是梅森所提的加入民权保护条款的动议遭到了有表决权的 11 个邦中 10 个的反对。制宪态度非常积极的格里（Elbridge Gerry）、梅森（George Mason）和伦道夫（Edmund J. Randolph）三名代表因此拒绝签字，并声明要阻止宪法的批准。

如前所述，制宪会议的代表 80% 以上是国家主义者，邦权派、民权派的势力很小，平民百姓更无人代言。制宪会议上的矛盾冲突主要存在于大邦与小邦、南方与北方、工商业邦与农业邦之间，实际上是存在于不同行业、不同地域、不同理念的富人之间。"制宪"被富人所垄断，因此在制宪会议上不存在穷人和富人之间的冲突。在国家主义者的主导下，宪法集中在规定联邦政府结构、权力范围、产生方式和相互关系，至于民权则不在制宪者多数的视野之内。由于参与制宪者及其所代表的那部分人的权利没有受到侵犯，以后受到侵犯的可能性也很小，当然不急于需要宪法规定保护民权之类的条款，所以梅森关于增加民权保护条款的动议、伦道夫关于将宪法草案提交各邦公开辩论后再次举行制宪会议审议通过的动议，都未经讨论就被否决了。以当时的标准来看，"我们人民"授予联邦政府权力非常广泛而强大，邦的主权不复存在。这样一个宪法文本，在进入各邦批准程序之后，必然要面对反国家主义者、邦权派、民权派的严峻挑战。如果说制宪会议上的矛盾冲突还属于"我们人民"——富人——内部矛盾，那么在宪法批准过程中的矛盾斗争则不仅包括富人与富人，而且还有富人与穷人、穷人与穷人之间的矛盾。如果说制宪会议上的斗争跌宕起伏，硝烟弥漫，几度濒临散伙，那么在宪法批准过程中的冲突就更加剑拔弩张，惊心动魄，在几个关键邦都是联邦派采取了特殊措施，甚至卑鄙的手段，才以微弱多数勉强通过（马萨诸塞 187：168，弗吉尼亚 89：79，纽约 30：27）。

宪法最终得到批准，不是因为人民支持，而是因为人民中的多数——穷人——被排除在了"我们人民"之外，没有表达意见的机会，更没有表决权。反联邦派虽然发出了尖锐的反对之声，却不掌握舆论工具，没有组织，提不出替代方案；而权利法案入宪，也算是联邦派的妥协，反联邦派民权因而也算有所收获。

反对批准宪法的理由主要有三点：一是"制宪会议"本身非法，废"例"制"宪"越权；二是缺少保护民权和制衡政府的权利法案；三是强大的联邦政府必然危及邦的主权乃至生存。当然，并非所有的反对派都持上述观点。譬如格里、伦道夫、梅森三个拒绝在宪法文本上签字的制宪代表都是制宪的积极推动者；他们反对的不是制宪，而是制定出来的宪法与他们的理念和原则相违背，拟建立的强大的总体政府必然危及邦权，侵犯民权，超出了他们能够容忍的限度。

二 邦权派的基本观点

邦权派一般只强调维护邦的主权，认为"美利坚"从来就不是一个国家，"美利坚合众国"只不过是一个"国家间的联盟"（a union of states），而不是一个单一的国家；更重要的是，美利坚各邦并不需要一个国上之国；只有各邦才是各自的祖国。真正的"我们人民"的大多数早已习惯于小国寡民，优哉游哉的生活。制宪者欲擅自将邦联改造成"完美的联盟"（a perfect union），也就是人民后来习以为常的联邦，并且意在建立一个权力广泛且至高无上的总体政府（a general government），这势必对邦权甚至邦的生存构成威胁。邦权派的代表人物，除了中途退会的五名代表——纽约的兰欣（John Lansing, Jr.）、雅茨（Robert Yates），马里兰的麦瑟（John F. Mercer）和路德·马丁（Luther Martin），康涅狄格的罗杰·谢尔曼（Roger Sherman）——之外，还有纽约邦的行政长官乔治·克林顿（George Klinton），宾夕法尼亚的约翰·斯米列（John Smilie），等等。

乔治·克林顿特别在意宪法第一条第八款，即所谓"适当和必要"条款（general clause），没有确定的内容，边界非常宽泛，直接或间接地授予国会进行任何立法的权力，邦政府因此成了总体政府的分支或下属；或者邦政府不得不依附于总体政府。"显而易见，总体政府不是以联盟原则为基础建立，其运作必然导致邦的解体。"①

斯米列在宾夕法尼亚批准宪法会议的发言中一再强调，必须认清宪法制度背离 "政治幸福"（political happiness）有多远，这个宪法不是在防范专制，而是在导向专制。宪法虽然没有明确宣布由总体政府接管各邦的主权和权力，终止其管辖和独立，但总体政府一旦建立，"各邦政府的最终毁灭便是一种必然的结局"。②

威廉姆斯·芬德利（Williams Findley）在宾尼法尼亚批准宪法的会议上的发言中说："我们的目的是改善联邦政府。难道我们有义务通过任何的会毁灭人民自由的制度吗?" 接着他从以下六个方面讲了有待批准的宪法为什么会毁灭人民的自由：第一，宪法序言说 "我们人民" 而不是说 "我们各邦"，这就意味着它是一个个人加入共同体的契约，而不是各邦享有自由权力同时为了共同的利益又让渡一部分权力的契约。第二，新政府在立法机构中每人一票，但邦联立法机构是每邦一票；就事物的自然本性来说，一个邦只能有一个声音，因此每个邦只能有一个投票权。第三，赋予联邦政府征税权必然毁灭邦的主权；因为在一个社会里不可同时有两个征税的权威，如果有的话，强的必然消灭弱的。第四，由联邦政府规范和裁决选举，同样破坏了邦的相应权力。第五，赋予联邦司法权也是建立强大政府的举措。第六，常设联邦政府行使权力必然与邦行使权力发生冲突。③

当然，邦权派和民权派也有一致之处，那就是他们都认为强大的中央政府必然导致腐败、专制和暴政；既会侵夺邦的权力，也会妨碍民的自由。反对派所反对的当然不只是强大的中央政府，他们还反对这个强大的中央政府由一小撮寡头所控制。制宪者们处心积虑防范多数人暴政，却对寡头政治听之任之。对此，梅森忧心忡忡地写道："这个政府始于温和的寡头制，但眼下还无法预言它是否会演变为君主制，或者腐败的、压迫性

---

① George Clinton, "New York Ratifying Convention", *the Founding Fathers*, Volume 1, Chapter 8, Document 36, 11 July, Storing, 1788, pp. 6, 13, 25-27, http://press-pubs. uchicago. edu/founders/documents/v1ch8s38. html.

② John Smilie, "Pennsylvania Ratifying Convention", Volume 1, Chapter 8, Document 16, 28 Nov. 1787, Mcaster, pp. 267-271, http://press-pubs. uchicago. edu/founders/documents/v1ch8s38. html.

③ Williams Findley, *Pennsylvania Ratifying Convention*, Volume 1, Chapter 8, Document 17, 1 Dec. 1787, Mcaster, 300-301, http://press-pubs. uchicago. edu/founders/documents/v1ch8s38. html.

的寡头制。"署名康奈刘斯（Cornelius）的反联邦派主义者也说，联邦政府的一切权力都将掌握在商人和地主利益集团之手；这个国家的最大利益就是欺骗不被代表的、凄惨无助的和绝望的人。另一位反联邦派也指出："这些律师、学者、有钱人……指望自己进入国会……这样他们就可以将一切权力，一切金钱控制在自己手里。"① 的确，制宪会议的代表中除了少数人土地投机失败、经商不顺、从政遇挫、经济拮据（如 Fitzsimons，Gorham，Luther Martin，Mifflin，Robert Morris，Pierce，and Wilson）外，大多数继续他们制宪会议之前的营生——从事公务，特别是他们帮助建立的新的政府机构中供职，有的甚至身居高位（如华盛顿、麦迪逊、汉密尔顿等）并取得了巨大成功。但是，并没有出现联邦政府或其要害部门全部由他们控制，更不要说长期垄断的局面，他们也没有能够掌握美国的经济命脉。尽管如此，上述担心并非没有道理。从长远看，这些意见都是有先见之明的，后来宪法也是朝着堵塞这些漏洞、防止政治专制、扩大民权的方向发展的。

也许正是梅森等人把寡头政治的威胁讲得很严重，把防范寡头政治讲得很透彻，提高了美国人的防范意识，美国政治在后来的发展中才没有滑向公开的君主制或寡头暴政。但是，美国政府长久以来为少数人所控制，也是不争的事实。不要说早期选举权和被选举权只是男性有产者的特权，即使在选举权普及以后，金钱的力量在政府的组建过程中的作用也始终是举足轻重的。不过话又说回来，无论是少数人的控制，还是金钱的影响，都不能逾越法律的界限，更不要说突破宪法——尼克松被迫下台，就是违法的后果。少数人控制的政府若没有获得多数人的同意或至少不为多数人所反对，便一天也维持不下去——其实这才是民主政治的真谛。这应该说正是宪政的优越性所在。它与少数人控制政府，多数人不能参与政府的组建，甚至不能表达不同意见的制度，恰成鲜明对照。

三 民权派的基本观点

一般说来，民权派都倾向于维护邦的主权，并强调一切政府建立的目的都是保障公民个人的权利和自由，政府的建立必须以人民的同意为基础。他们因此最不能接受的就是宪法没有包含保护人民的权利自由的内容。"国父们"在制宪时拒绝考虑权利法案，或者反对增补权利法案的主

---

① See George C. Edwards III, Martin P. Wattenberg and Robert L. Lineberry, *Government in America: people, politics and policy*, 9th ed., New York, NY: Longman, 2000, p.55.

要理由有二：其一，他们认为大多数邦的宪法中包括了权利保护的内容或者有独立的权利法案，全美政府无权违反各邦的宪法；其二，他们确信他们所建立的是一个共和政府，联邦制和分权制衡足以防止对人民自由的威胁。① 譬如埃德蒙·伦道夫在宪法批准阶段的言论就很能代表这种观点。如前所述，他曾经拒绝在宪法文本上签字，但在弗吉尼亚批准宪法的会议上，他却语惊四座，立场发生了一百八十度的大转变，由否定宪法到竭力支持宪法；由坚持增加人权条款到坚决反对将人权法案加进宪法。他指出，现有各邦一半已有权利法案或宣言，其中有的是独立的，有的是宪法的组成部分。因此"确切地说，对于一个共和国来说，一项权利法案如果不是危险的，也是毫无用处的"②。他在人权法案问题上的"变节"，有人疑心他被邦权派收买了，但至今查无实据。

　　但是，多数美国人并不认同这种说法，反联邦派，尤其是其中的民权派一方面竭力论证民权法案的不可或缺，另一方面坚决表示，不增加民权法案，就不会有宪法的通过。

　　其实，在北美殖民地时代，就一直存在某种形式的权利法案。英国殖民者对《自由大宪章》（*Magna Carta*，其有关权利的规定最初只适用于贵族，后来才扩大适用于平民），对 1689 年颁布的《英国权利法案》（*English Bills of Rights*）③ 耳熟能详；殖民地和独立于英国之后的各邦也大多颁布过权利法案或权利宣言，如《马萨诸塞自由典则》，《弗吉尼亚权利宣言》（*Virginia Declaration of Rights of 1776*）等。无论在殖民地时代，还是在邦联时期，权利宣言、权利法案或民权保护的法规，不是单独颁行，就是包括在基本法/宪法之中。然而，作为建立最高政府的宪法，拟建立的总体政府在当时的确将被赋予非常广泛的权力，却只字不提公民权利和自由，这当然是民权派所不能接受的。而在当时北美已经相当普及

---

① Edward S. Greenberg and Benjamin I. Page, *The Struggle for Democracy*, 4th ed., New York, NY: Longman, 1999, p. 50.

② Edmund Randolph, "Virginia Ratifying Convention", *The Founders' Constitution*, Chapter 8, Document 40, 9-17 June 1788, Eilliot 3: 191, 464-467, http://press-pubs. uchicago. edu/founders/documents/v1ch8s32. html.

③ 这部《英国权利法案》并非一般意义上的民权法案，而是关于议会权利的法案（参见 Edward Sidlow and Beth Henschen, *America at Odds*, Belmont, CA: West/Wadsworth, 1998, p. 49）。但基于议会代表人民之原则，人民也因此得享相应权利。英国直到 1998 年才颁布权利法案（*Huan Rights Act 1998*），是因为它担心这样的法案会危及"议会主权"。

的一种观念就是：建立政府的正当理由和目的只能是保护人民的自由和权利。因此，宪法不应限于政制，而必须扩及民权；宪政就是较好处理政制与民权，政府与民众关系的政治。

民权派代表人物之一梅森曾经是《弗吉尼亚权利宣言》的起草人。该宣言比《独立宣言》早问世三个星期，其直接的理论来源于洛克等欧洲启蒙思想家的自然法思想，其经验来源于殖民地和易洛魁联盟，其规范形式则部分来源于英国人权保护的法律文献。其中的基本人权，如生命、自由和追求幸福（要说抄自洛克，也是梅森先于杰斐逊），都在稍后的《独立宣言》中得到了重申。《弗吉尼亚权利宣言》的序言明确规定，由人民代表集会所制定的该权利宣言是政府建立的依据和基础。

该宣言十六条正文分别规定：一、人生而平等自由独立，拥有与生俱来的不可剥夺的权利，包括享受生活和自由，获得和拥有财产，追求、享受幸福和安全（源于洛克）。二、一切权力来自并属于人民；政府官员只是人民的受托人和仆人（源于易洛魁联盟的理念和实践）。三、建立政府的目的只能是保护人民、国家或共同体的共同利益和安全；政府若不能最大限度地提供幸福和安全，或者走向反面，那么改组、改变或解散这种政府便是共同体多数不容置疑、不可剥夺和否认的权利（来自卢梭等欧洲启蒙思想家）。四、任何人无超越于社会的特权；一切公职，包括行政官、立法官、法官皆不可世袭。五、国家（state）立法、行政权力分离，且不同于司法权；立法和行政官员要依法定期选举。六、选举须是自由的；一切人都有普选权，且不得未经本人或其代表同意征税或为了公益而剥夺其财产。七、任何政府机构不得未经人民代表的同意中止法律或法律的执行，否则就是侵犯人民的权利而归于无效。八、刑事被告有权知道被指控的事由和质证，得被即时审判，陪审团公正审判，不得被强迫自证其罪；刑事诉讼应遵循无罪推定原则，任何人未依本国法律经陪审团公正审判不得被剥夺自由。九、假释不得课以过重的罚金，不得处以残酷的或非常的刑罚。十、搜查或拘捕须相应证书并有基本证据。十一、公民间的财产诉讼，应当优先坚持古老的陪审制度。十二、言论自由是自由的最大堡垒，只有专制政府才限制言论自由。十三、来自人民的训练有素的民兵是自由国家的适当的、自然的安全保障；常备军在和平时期是自由的威胁，应当避免；在任何情况下，军事力量都必须置于文官政府的控制之下。十四、人民有权组建政府，但没有任何政府可以独立于弗吉尼亚政府。十五、只有坚定地遵循公正、中庸、克制、简朴和美德，并经常重温这些原则，才能维持自由政府、保障人民的自由。十六、所有人都有权基于理性开展宗教活动；不得以强制或暴力迫使人们从事特定的宗教活动。①

《弗吉尼亚权利宣言》一颁布，便产生的巨大的影响。首先，《独立宣言》所强调的基本人权便直接来自该宣言。其次，当时的许多邦都借鉴甚至直接复制该宣言的基本内容。在宣布独立之前就获得了普遍认同的这些基本的公民权利，在制定美利坚合众国赖以建立的宪法时反而被忽视，这对梅森等人来说，是无论如何不能接受的。梅森们所反对的当然不只于宪法没有包括权利法案。他们也反对授予联邦政府过大、过于宽泛、过于笼统的权力，尤其是不能容忍联邦政府机构除了众议院之外都不由人民选举产生。宪法第一条第八款在列举了国会的权力之后，还有一个"包罗万象条款"（general clause）："国会在行使上述权力时得制定必要和适当的法律"。他对此焦虑万分，认为这必定会掏空各邦的权力。他在"反对宪法"中写道：

> 没有权利宣言；既然总体政府的法律至高无上，那么各邦的权利宣言便不会有保障。
>
> 参议员不由民选②，也没有任期限制。
>
> 联邦司法会吞并、损毁邦的司法，法律解释会因此而冗长、烦琐和昂贵。
>
> 国会会利用"必要和适当条款"扩张权力——只要它认为"适当"；因此，邦或人民保留的权利将不会有保障。③

在弗吉尼亚批准宪法的会议上，梅森特别强调，宪法好坏暂且不论，用"全国政府"（a national government）取代邦联势必侵蚀邦的权力，毁灭人民的自由。历史已经证明，君主制适宜于领土广袤的国家，而"人民政府只能存在于领土狭小的国家"。他在 1788 年 6 月 4 日发言的最后说，"没有谁比我更热衷于建立一个稳固的美利坚国家联盟，但是，先生，既然实现这个伟大的目标无须毁灭人民的权利，我们为什么要冒险采

---

① "Virginia Declaration of Rights", *the Founders' Constitution*, Chapter 1, Document 3, 12 June 1776, Mason Papers 1：287-289, http：//press-pubs. uchicago. edu/founders/documents/v1ch8s32. html.

② 直到 1913 年第 17 条宪法修正案生效后，参议员才由各州选民直接选举产生。

③ See Thomas R. Dye, *Politics in America*, 5th ed. , Upper Saddle River, NJ：Prentice Hall, 2003, p. 83.

用这些［建立强大全国政府的］危险原则呢?"①

应该说,梅森是很有远见的。他所指出的宪法的缺陷,有的已经得到了弥补,如在民权保护方面,不仅在建国初期补充了权利法案,而且在后来的立法和司法判决中都有所强化,参议员也从1913年起实现了选民直接选举,总统选举也主要取决于选民投票。而有的问题如国会利用"必要和适当"条款扩权,国会议员的任期限制(虽然绝大多数民众希望限制国会议员的任期,但国会议员们利用其所控制的立法权,每每能成功地阻挠相关法案的通过)等,则一直是美国政治中争论不休的热点;总的趋势是随着联邦政府扩权,州不得不越来越多地依赖联邦。这一点,恐怕制宪时最坚定的联邦派也始料未及。

民权派另一位重量级人物帕特里克·亨利严厉谴责"废例制宪",断言这种由邦联到联邦的激进转变不仅危及邦权,而且使人民权利的所有方面都处于危险之中——如果不是丧失殆尽。② 联邦政府过于强大本身就是一种极大的危险。他因此断言:"在我看来,这个宪法文本简直就是一个最致命的方案,很可能是一个会使自由人成为奴隶的方案。"③ 在华盛顿首届政府建立时,他因对宪法和新的总体政府的缺陷难以释怀而拒绝进国会当参议员,拒绝到联邦最高法院就职,拒绝出任国务卿,而选择在弗吉尼亚终老——尽管他后来改变了对宪法及联邦政府的态度,却因年迈而不勘赴华盛顿任职。

四　权利法案入宪——又一次"伟大妥协"

关于将人权保障写入宪法的问题,在制宪会议上就有代表提出,但未经讨论就被否决了。宪法进入批准程序之后,这一问题不可避免地再次成为最大的焦点。

时任美国邦联驻法国大使的托马斯·杰斐逊对宪法中分权制衡的制度设计赞赏有加,但对联邦权力过大和没有保护民权的内容也大为不满。他

① George Mason,"Virginia Ratifying Convention",4 *June* 1788, *the Founders' Constitution*, Chapter 8, Document 37, 4 June 1788, Storing 5.17.1. http://press-pubs. uchicago. edu/founders/documents/v1ch8s32. html.

② Patrick Henry,"Virginia Ratifying Convention", *the Founders' Constitution*, Volume 1, Chapter 8, Document 38, 4-12 June 1788, Storing 5.16.1-2, 22-23, 27. http://press-pubs. uchicago. edu/founders/documents/v1ch8s32. html.

③ 参见 Edward Sidlow and Beth Henschen, *America at Odds*, Belton, CA: West/Wadsworth, 1998, p.43.

因此致信麦迪逊："权利法案乃世上人民制约每一政府所必需……正当的政府不应该拒绝之。"① 与此同时，他还鼓动各邦在批准宪法时把人权法案作为附加条件。

美国"宪法之父"詹姆斯·麦迪逊是联邦派中少有的具有民主倾向的领袖。在制宪过程中他就不断调整自己的主张，甚至在一些比较重大的问题上作出让步，以确保制宪的成功。他所关心的是宪法能否通过，同时他也意识到了没有权利法案的局限。因此，他承诺依据宪法产生的首届国会将把通过权利法案作为第一项立法。事后他亲自向国会提交了权利法案草案，并且积极游说，促使其最终成为宪法第一修正案（即宪法修正案第一条至第十条）。

联邦派一方面尽量淡化宪法对邦权、邦的主权的威胁，强调建立强大的联邦政府并不必然导致暴政，并不必然断送邦的权力和生存，并不必然毁灭公民的权利和自由。譬如宾夕法尼亚的詹姆斯·威尔逊（James Wilson）就指出，宪法的通过的确会使邦的主权不复存在，但是主权仍然掌握在人民手中。人民并没有放弃主权，而只是为了公共福利让渡出了必须让渡的那一部分。"我深知人民从此将与联邦政府分离，但是这并不意味着他们的权利还会被继续剥夺。"况且，拟议中的制度明确宣布联邦政府的存在仅依赖于人民的最高授权。他进而对强大的联邦政府（consolidated government）澄清，否定了联邦政府会吞并或毁灭邦政府的说法，强调总体政府只是要从各邦政府集中某些必不可少的权力以保证其有效运转。一旦确立了权力来源于人民的原则，那么合乎逻辑的结果就是要将部分权力从人民现在所委托的邦政府转移到总体政府——只要这样做能够有助于更好地推动善业。邦政府的官员中，谁能说人民为了某种目的不愿意授权于总体政府呢？根据人民主权原则，在总体政府里，不仅邦权，而且人民的权利都将获得充分的表达。联邦政府行使权力将会确保邦政府行使权力；将会确保邦的和平与稳定；邦的力量将会随联邦的力量的增长而增长；邦的发展将会随联邦的发展而发展。②

---

① Thomas Jefferson, "（A Letter) to James Madison", *the Founders' Constitution*, Chapter 14, Document 30, 20 Dec. 1787, Papers 12: 440. http://press-pubs.uchicago.edu/founders/documents/v1ch14s30.html.

② James Wilson, "Pennsylvania Ratifying Convention", *The Founders' Constitution*, Volume 1, Chapter 8, Document 18, 1--11 Dec. 1787, McMaster 301-303, 322-325, 389-391. http://press-pubs.uchicago.edu/founders/documents/v1ch8s11.html.

　　另一方面联邦派又巧妙地利用当时动荡的局势，特别是谢斯暴动来威逼那些犹豫不决的人群，使他们相信依靠建立强大的联邦政府来保障社会秩序不仅对富人，而且对其他人也有利。

　　联邦派虽然是少数，但他们组织得很好，并且能够利用其所掌握的报纸进行有效的宣传。从制宪会议刚结束一个月的 1787 年 10 月 27 日开始，联邦派著名领袖汉密尔顿、麦迪逊和杰伊（John Jay）就在纽约的报纸上署名共和主义者（Publius）连续发表 85 篇文章力挺宪法案。这些后来编入《联邦党人文集》的文章不仅对宪法草案规定的原则和基本条款详加解说，竭力辩护，而且阐发了作者们的政治哲学和宪政思想。其对民众的影响虽然有限，甚至在纽约也没有多大的反响，但是对富裕的人群，对受过良好教育的人群，对那些可能影响宪法批准会议的人群，却是功效显著。若从学术上看，更可以称为经典。美国学者普遍认为，无论作为哲学主张，还是宪法原理，其在美国宪政史上的地位，仅次于宪法本身。

　　除了充分利用印刷品发动舆论攻势之外，他们在各邦批准宪法的会议上也雄辩滔滔，锲而不舍，竭尽全力争取中间派和动摇派，软化反对派。

　　联邦派的这些辩护固然有力，但如果没有在人权法案上的让步，那么无论如何不会有宪法的批准。他们在制宪会议上很轻松地阻止了人权保护问题进入议程，但面对整个社会，他们在这一问题上却是那么的无奈。到了批准的关键阶段，联邦派要么接受人权法案入宪，要么接受制宪失败的后果。除此之外，没有别的选择。应该说，在人权法案问题上的妥协，其意义甚至比起草宪法的妥协来得重要。正是人权法案奠定了美国民主化的最高法律基础，保证了美国从不民主走向了民主。

　　尽管参与制宪者只是少数社会的上层精英，但他们却有着不同的利益背景；因此宪法的制定过程从根本上说就是不同利益得到表达和平衡的过程。要平衡利益就会有交易；有交易就会有让步甚至牺牲（或曰"伟大的妥协"）。美国宪法制定过程中的交易，更多的当然是牺牲未被代表者的利益。但是，如果不做这样的牺牲，宪法制定不成，就可能在更大的范围和程度损害自由和正义。美国立宪和宪法的批准过程，充分体现了不同利益之间的博弈、协调和妥协与平衡。也只有不受绝对权威左右的宪法，只有能够兼顾平衡各方利益的宪法，才是有生命力的宪法。

　　宪法的生命力源于宪法的制定必须是各种力量平衡的凝聚，源于宪法本身与现实世界的紧密结合，源于生活在其中的人民对它的认同和自愿服从，源于它能够通过有限政府向人民提供有效的尽可能普遍的保护。美国宪法既以人民的名义确定政府的组建方式，授予政府权力，又确定政府权力的边界，规定政府行使权力的规则；既试图保障人民的基本权利自由，又规定权利自由的限度、行使权利自由的方式和途径。由于启蒙思想的普及，北美居民普遍意识到，掌握公共权力的政府具有摆脱一切束缚尽可能扩张其权力的天然属性；同样，人民无论作为公民个体还是结成社团都希望权利自由多多益善。但是，人的内心在追求和实现自己的欲望、理想时都会有妥协，政府作为掌权者，也会注意"适可而止"，这也是一种妥协。这更是政治妥协的心理基础。

由于"伟大的妥协"，强大的联邦政府、分权制衡、默认奴隶制、权利法案等奇妙地结合在了一起，形成了美利坚合众国宪法。美国宪法的伟大，也许恰恰在于它的包容性，甚至包括容忍污点。立宪的主题就是限制政府，规制民意。不过在特定的历史背景下也包括顺从、迁就某些不合理的、有违正义的民意。容忍奴隶制即是；在分配众议院代表时黑人按 3/5 计入人口基数，但黑人却不享有选举权——连 3/5 也没有——即是。

要实现伟大的妥协，需要一个前提，那就是在制宪中没有占支配地位的力量，无论这种力量属于个人还是特定集团。古往今来，世界上任何一部宪法，如果它是在单一的力量（无论是君主的力量或寡头的力量，还是政党的力量抑或其他集团的力量）支配或操纵下制定的，那么从保障自由、秩序和正义的意义上说，就不可能是有生命力的——最多它只能维持一种压迫性的无道的秩序，却不可能有自由和正义；然而，没有自由和正义的秩序是不可能长存的。这里不能不提一下华盛顿在制宪过程中的独特作用——"无所作为"。在独立战争中居功至伟的华盛顿，作为制宪会议的主席，地位突出，权威无人能敌。但他明智地意识到了自己的意见有可能妨碍与会代表充分自由的讨论协商，因此，他除了主持会议、保证会议能够进行得下去以外，从不就实质性问题发表意见或表明态度。他的低调和"无所作为"，避免了搞出一部"华盛顿宪法"，却使他充分显示了异于许多伟人的伟大，受到了更多人的尊敬。

第三章　集权与分权相结合的制度建构

在没有民族认同和共同历史传承的北美大陆，如何实现建国的目标，建立一个什么样的国家，完全决定于建立什么样的政府制度，特别是与公共权力相关的各种基本制度。在自由主义深入人心的北美，权力被普遍视为自由的永恒敌人。而能否建立国家，关键就在于能不能集中必要的权力于全国总体政府；而权力一旦集中起来，如何控制权力、防止掌握权力的政府成为侵犯自由的工具，则是立宪建国需要解决的核心问题。集权而后分权，通过共和制度保证权力的分享和共享，可以说是制宪者们（framers）基于历史的经验和政治信念所能设想出来的最佳政治建构（constituion）。

第一节　集权是建国的决定性要素

邦联的最大问题，也是其失灵的根本原因就是它没有权力。要把有名无实的联盟（union）改造成真正的统一国家（united states），集权是关键。所以，美国立宪建国，最根本、最重大的问题就是扼制日益膨胀的邦权，甚至将各邦的"主权"转移到联邦以建立强有力的全国总体政府。在实施过程中，由于遭到州权派的强烈抵制，联邦派（国家主义者）不得不让步，只是强制分割了一部分邦权、民权而集中于联邦政府，建成了联邦权力与州权相对平衡的新联盟，全国政府（natioanl/genarational government）虽不太强大，却足以保证整个国家应对各种危机和挑战。

美国立宪过程中的所谓"分权"，其实只是后来一种习惯的或者约定俗成的说法。细究起来，美国立宪不是分权，而是"集权"以建立真正的政府，取代根本不具有政府要素的邦联，即根本改变邦联——因既无征税权也无行政权，更不要说捍卫统一国家所必需的暴力机器如警察、法庭和军队而无所作为——的现状。立宪就是要通过一个总契约要求各邦及其人民同意让渡部分权力，以便集中起来建成"总体政府"，使合众国成为名副其实的国家而不是松散的、没有完整的国家机构、更没有主权的"友好联盟"。正如麦迪逊在为宪法（草案）有关授权联邦政府的条款辩护时所说，如果联邦宪法和联邦政府没有足够的权威，而保留州宪法至上，那么新的国会就会与其前任（邦联国会）一样没有实力；宪法授予联邦政府的每种权力都会成为问题；宪法和联邦法律不可避免会在不同的州遭遇不同的境况，"总之，全世界将初次看到一种以颠倒一切政府的基本原则为基础的政府制度；全世界将看到整个社会的权力到处服于各部分的权力；全世界将看到一只头脑听从四肢指挥的怪物"①。

所以，正如戈登·S. 伍德所说，制宪会议面临的最根本的问题，不是如何设计一个新政府，而是要不要保留邦的主权，邦的主权要不要转移到全国政府（the national government），或者宪法要不要在两者之间达到妥协。宪法主要起草者麦迪逊本来主张将各邦主权完全收归联邦，但遭遇了普遍的反对，遂改变立场；他的主要贡献不在于设计了宪法框架，而在于成功地将辩论转移到了主权如何实现邦和联邦之间的主权共享（shared sovereignty）与平衡。②

事实上，不但立宪建国时联邦摄取了相当一部分邦的权力、人民的权力和权利，而且宪法还为联邦持续集权留有相当大的空间。与此同时，按照宪法建立起来的联邦政府的权力流向行政分支的趋势也一直存在。而所谓的"横向分权"，正是以集权为前提的，即将部分邦权民权集中于联邦之后再按功能和履职需要配置给不同的政府分支。这既是为了保证国家职能的实现，更是为了防止国家权力集中于任何单一的机构或者个人，即防止公权力沦为私器。关于此点，汉密尔顿在推销联邦宪法草案时解释得明白无误："把权力均匀地分配到不同部门；采用立法上的平衡和约束；设立由法官组成的法院，法官在忠实履行职责的条件下才能任职；人民自己选举代表参加议会——凡此种种，完全是崭新的发现，或者是在现代趋向完善方面取得的主要进步。这些都是手段，而且是有力的手段，通过这些手段，共和政体的优点得以保留，缺点可以

---

① ［美］汉密尔顿、杰伊、麦迪逊：《联邦党人文集》，程逢如等译，商务印书馆 2007 年版，第 233—234 页。

② Gordon Wood, *The Idea of America*: *Reflections on the Birth of the United States*, 2nd ed., London, UK: Penguin Books, 2012, p. 183.

减少或避免。"① 在这里汉密尔顿虽然有些言过其实，夸大其词——分权制衡并非宪法的独创且权力并非均匀地分配到不同的部门，民选代表，法官独立也非始自美国宪法——但是，费城制宪所确立的精巧的分权制衡原则，政府的建立虽然说不上民主，也还是要在一定程度上以民意为基础，还是在政治文明的发展史上具有划时代意义，其为代议民主制确立了制度框架，这是无可否认的。

至于"纵向分权"，严格说来是不能成立的，因为各邦本来就拥有自己的权力，甚至还包括主权权力，各邦也因此自认为是主权独立的国家（state），拟建立的联邦根本无权"分"给各邦，而是须以各邦让渡权力为前提。联邦派与反联邦的斗争，其实主要是围绕全国政府集权的多少而展开的。除了"国家主义者"外，所有各邦和多数民众都不情愿让与总体政府过多的权力，有的甚至根本反对在各邦（state）之上建立一个有实权的政府。所以，以今天的标准来看，美国建国之初的联邦政府权力其实是非常有限的。只不过随着时间的推移，"公共事务"与日俱增，联邦也因职能扩张而日益扩权，才形成了现在这样机构庞大、权力广泛的联邦政府。尽管如此，美国现在仍然保持着联邦与州分治的格局。各州政府不但较好地保留了"独立"的法人地位（州政府由人民选举产生，从来不是联邦政府的下属），而且一直在为维护"保留"给州的权力而斗争，这在实际上遏制了联邦扩权的速度。

美国宪法制度中联邦制虽有人为的成分，也更多是自然形成的，是对历史和现实的尊重，是确保联盟国家得以建立的必要选择，而不是刻意的设计或安排；联邦制的形成过程实际上是集权而不是分权的过程；联邦制定型以后整个美国的发展历程，都存在不断集权的趋势。这既有人为的因素——任何党派或政客执政掌权后，都会充分行使既定权力并毫不犹豫地尽可能扩大权力，也有社会发展的客观需求——许多原本属于私人领域的事务必须公共权力介入才能得到有效处理，而且这是人类社会共同的现象。

美国内外不少学者视美国为理所当然的宪政分权的国家，而往往忽略它在宪法制定过程中，在宪法生效以来的历史进程中，一直存在着扩权和集权的趋势，忽视了宪政集权也是美国宪法的重要内容之一。集权是美国联邦国家得以建立的前提，分权是共和体制的重要保障。这两者密不可

① ［美］汉密尔顿、杰伊、麦迪逊：《联邦党人文集》，程逢如等译，商务印书馆 2007 年版，第 40—41 页。

分，一样重要，都是国家责任得以履行，立宪目的得以实现的基础，都是美国共和制政府的突出特点。

第二节　分权制衡体现和保证共和

在立宪建国期间，到底实行共和制还是与民主制，主要的分歧存在于上层精英和下层民众之间。所以，归根到底，民主制与共和制的冲突所涉及的是权力的分享和配置之争。美国立宪的首要和现实的目标是集中部分州权和民权建立联邦政府，基本理念是通过分权以便使不同利益群体都得到关照；至于制衡，有美国学者认为未必是当初刻意的追求，[1] 尽管分权在当时已经具有广泛的社会基础。当然，权力的制约与平衡，的确是防止国家权力被腐蚀，并有效地保障"我们人民"的权利和自由所不可缺少的机制。关于这一点，亚当斯和麦迪逊都在不同的场合做了明确的表达。宪政之父亚当斯指出："权力天然膨胀。为什么？因为人的欲壑难填。不过，只有当权力本身很大，不受制约，没有同等的权力予以控制时，它自己才能膨胀。"[2] 宪法之父麦迪逊讲："无论何处，只要政府拥有了真正的权力，就会有压迫的危险。"而"在我们的政府中，真正的权力掌握在社会的多数手中"[3]。他俩一个讲权力制衡，一个说权力由多数人掌握，也暗合了"分权制衡"；不过麦迪逊所说的却不是简单的权力分设。

对于美国的宪政分权，不但要注意其形式，更要重视它的内涵。

首先，我们必须注意，在美国宪政体制中，有两种内涵不同的分权：一是不同性质的权力相分离（separation of powers），由不同的国家机关行

---

① 在众多"国父"中对分权制衡最感兴趣并有独到研究的是约翰·亚当斯和托马斯·杰斐逊，但制宪时他们却都在大洋彼岸的伦敦、巴黎做大使。事后他们的确对三权分离的制度设计赞赏有加。

② John Adams, "Letter to Roger Sherman", *The Founders' Constitution*, Volume 1, Chapter 4, Document 29, July 18, 1789, Chicago, IL: The University of Chicago Press, http://press-pubs.uchicago.edu/founders/documents/v1ch4s29.html.

③ James Madison, "to Thomas Jefferson, 17 Oct. 1788 Papers 11: 297—300", *The Founders' Constitution*, Volume 1, Chapter 14, Document 47, Chicago, IL: The University of Chicago Press, http://press-pubs.uchicago.edu/founders/documents/v1ch14s47.html.

使，是谓横向分权，更准确地说是基于功能区分的分权，① 其理论源头可追溯到亚里士多德，其实践经验则源于英国、殖民地时期和易洛魁联盟；二是不同层级的政府之间、政府与人民之间权力的分配（division of powers）或分享（sharing power），是谓纵向分权。② 建国期间共和对民主的胜利决定了权力的分置形式和分配格局，同时也决定了美国政治的基本模式。美国宪法的生命力大大超出了"国父们"的预期，至今仍然运转良好，首先要归功于它的这种比较均衡的分权和比较科学的权力结构能够大体实现权力分配、分享的平衡，以及权力分享与共享的协调，能够基本满足不同人群的主张和需要，或者说不同的人群都能够从中找到自己合适的位置，都能够实现自己的主要利益，或者寻求对自己正当利益的法律保护，但谁也不能使自己的利益绝对化或凌驾于拥有同等权利的他人的利益之上。

其次，分置权力和分享权力在性质和目的上也是有差别的。权力的分离（分设）主要考虑的是功能区分与权力的制衡，确保权力与责任明确，防止权力被滥用；权力的分配（分享）主要考虑的是不同层级的政府、政府与人民、人民中不同阶级、阶层和集团之间的权力及其所保障的利益的平衡，防止社会不公正。一个社会或共同体能否正常健康持续发展，能否保持和平安宁的稳定状态，关键在于公权力是否始终姓公，关键在于公权力及其所产生的积极结果能否始终如一地造福于社会的最大多数（如果不是所有）成员。迄今为止，权力的分置和分享的制度应该说是最有利于保证公权力姓公，保证权力在不同主体之间公正分享的制度。只有公权力始终姓公，其滥用被控制在最低限度，才能够建立和维持有利于促进正义和自由的秩序。如果说美国宪法有什么奥妙，有什么优势，那么最突出的，就在于它精妙的权力配置模式非常适合美国的国情，非常有助于防止权力被滥用。就宪政制度言，美国之能够发展成为今日之美国，全赖于此。

最后，为了保障合理和有效的分权，制宪者们在制度上设计了一种三元结构：人民—政府机构—公民；人民作为一个整体拥有政府机构，政府

---

① 参见杨泰顺《美国总统地位：宪政面与实然面的探讨》，载于高朗、隋杜卿主编《宪政体制与总统权力》，财团法人国家政策研究基金会 2002 年版，第 152—153 页。

② 以今天的标准来看，美国建国之初的联邦政府权力是非常有限的。只不过随着时间的推移，联邦政府权力越集越多，才形成了现在这样机构庞大、权力广泛的联邦政府。尽管如此，美国现在仍然保持着联邦与州分治的格局。

机构拥有公民，其组建和运作皆有赖于公民个体的参与。从美国宪法序言可以看出，人民制定宪法并非为了他们自己，而是为了美利坚合众国，而合众国的目的则是保护每一个公民个体的生命、自由和追求幸福的权利。所以美国通过和实施宪法又被称为"自治政府的伟大实验"。政府只是为了人民的利益履行宪法序言中所规定的责任，而没有凌驾于人民之上的权力。所以，这个实验就是要回答这个问题："自治的人民与对人民没有权力的政府能否并存并且优越于政府？"①

200 多年的实践对这个问题的回答显然是肯定的。这要归功于立宪者对整个人类政治智慧的吸收、把握和充分利用，归功于立宪者对共和制精义的准确理解及以此为基础的精巧的政制设计，更要归功于美国人民坚定的宪政共和信念和始终如一的对政府可能腐败的高度警惕。功能区分与权力制衡相结合的机构分置、权力分离，是共和的外在形式；权力和权利在不同的个人和群体中分享，又通过政府的组织和运作而共享，是共和的内在本质。随着共和制的发展和完善，政治过程中的民主竞争、对立妥协，便日益促进共和形式与本质在政治实践中更好地结合，共和因此得以成为普遍的政府形式。

第三节　立宪期间共和与民主的对立

美国建国时确立的是共和制政体。但它的发展却没有遵循立宪者的意志，越来越多的人将美国称为民主国家，或者民主共和国。当然，到底是民主制融入了共和制，还是民主制取代了共和制，也存在争论。

共和与民主在历史上并非一回事，时至今日，它们仍然有着明显的区别，当然也有密切的联系。今天人们总是把共和与民主联系在一起，甚至相互替代。但是，共和与民主原本是两个很不相同的概念。它们都有非常悠久的历史，都是重要的政府形式。只是到了近现代，它们才日益接近，彼此依赖，紧密结合；并且不仅是政府形式，更是包含丰富的国体内涵，即"共和"从根本上说是保证人民当家做主的国家形式。

作为政治制度的共和与民主都创立并同时得名于 3000 年前的古希腊。这两种制度的共同点在于自治，即没有任何"名称"的国王。它们的区

---

① Tailgunner Joe, *Republic vs. Democracy*: *Restoring America*, http://www.freerepublic.com/focus/f-news/1351222/posts.

别在于，在民主国，所有合格的选民通过集会就国是直接制定法律，做出决定。在共和国，合格选民选出代表，由他们集会就国是制定法律和做出决定。① 因此，古代民主又被称为直接民主或纯粹民主，而晚近的代议民主制，实是源于古典共和而非古代民主。古希腊的民主（δημοκρατία/dimokratia），意为人民（δῆμος/dēmos）的统治（κράτος/kratos），是一种最高权力完全产生于人民的自由选举的政府形态，盛行于公元前 5 世纪—公元前 4 世纪的希腊袖珍型城市国家如雅典。在政治学理论中，民主所描述的是一系列的相互关联的政府形态，也是指一种政治哲学。至今虽然没有普世的民主概念，但任何的民主定义都必须包括两个基本的原则：一是全体社会成员平等地和普遍地参与政府的组建和其他公共事务，二是全体社会成员普遍的自由。其中尤其重要的是，为了确保选举的公正，就必须充分保障政治表达自由及与此密不可分的出版自由。为了防范基于多数人同意建立的政府演变为侵犯少数人权利的暴政，民主制度还必须保障个人自由，故谓之自由民主，其要素包括政治多元主义和法律面前人人平等；自由与人权；抗议政府和请愿权，少数人的权利受同样的法律保护，等等。

　　然而，古代雅典民主（the ancient Athenian democracy）一般被理解为纯粹民主（pure democracy），即在自由人平等参与的前提下一切都取决于多数。在这种制度下，实际上奉行的是"多数即正义"的原则，少数人的权利是没有保障的。典型案例如苏格拉底之死——只要是多数人的裁定，就不在乎合法或正义与否。耶稣之被钉死在十字架上，也是因多数人的裁定。这更使以基督教为精神建国的北美人民反感"纯粹民主"。

　　如果说民主制的典型特征是"多数人的统治"——人治，那么共和制则是以代表制为基础的"法律的统治"——法治。共和制本来有制度、政体、宪法的意思，又称立宪共和制或立宪政府。按照亚里士多德的观点，依照制定得好的宪法行事的共和制就是好的甚至理想的政制。

　　无论是作为一种政治观念还是政制形式，共和的内在精神或灵魂便是中庸。亚里士多德作为政治学的鼻祖，其在政治学领域的主要贡献就是他的政体理论和共和思想。亚氏在考察、比较、分析希腊 158 个城邦政制（constituion）的基础上，在总结和扬弃前贤思想的基础上，提出了系统的政体理论和早期的共和思想。亚里士多德根据执政的性质将政体分为两大类：一是为正义和公益而执政的是常态政体，二是为私利和邪恶目的而执政的是变态政体；又根据"最高统治权的执行者"人数的多少分为一个

---

①　Marvin Gardner, *Democracy Vs Republic*, http：//www. serendipity. li/jsmill/baska01. htm.

人统治的君主/暴君政体、少数人统治的贵族/寡头政体和多数人统治的民意政体（polity）/平民政体（democracy）——分别对应常态和变态政体——三种六型。① 其中每一种又有从温和到极端的各种具体类型。在他看来，政体的优劣都是相对的，既没有尽善尽美的政体，也没有尽恶尽丑的政体。正是基于此，亚氏认为混合政体才可能是优良政体，并总结归纳出了优良政体的基本要素：公平正义、中产阶级掌权。不同的政体基于不同的正义标准和平等观。崇尚平民政体的人主张自由人都是平等的，倾向寡头政体者则以财富的多少论平等。亚氏根据自己的观察和分析，提出了自己的公平正义原则。他首先将正义区分为分配正义和矫正正义。分配正义是根据人们的地位、财产、能力或者贡献等因素给予区别待遇。而矫正正义是指一视同仁地给予一切人无差别对待。前者是承认差别，体现"能者多得"的原则，后者在缩小差别，体现保护弱者原则。相应的，平等也被区分为比例的平等和算术的平等。所以，正义的关键在于能够避免极端、兼顾贫富，从而维护社会的整体利益及其相对平衡，将贫富差距控制在普遍可以接受的范围内。据此，任何一种纯粹的政体都不能成为理想的政体，因为它们走极端，不能实现真正的正义。理想的政体应体现正义的各方面标准，是各种政体的积极因素的混合。凡是包括较多要素的总是比较好的政体。只有能够包括混合政体的各种要素的思想才是比较合于事理的。亚氏因此认为，平民政体和寡头政体之所以有失正义，就在于它们是两种极端的形式。而共和制则是混合了各种政体的合理成分的政体，因而是最好的政体。"混合"主要包含两层意思：一是社会各阶级（如富人和穷人）及其正义原则的混合，以使得城邦不同阶级的要求都能得到一定的满足，使他们的正义原则在城邦政治生活中都能有所体现，最终达到各阶级力量的平衡，减少政治冲突和动荡；二是不同权力机构间政治原则的混合——政治权力必须分散，由不同的机构掌握。具体到希腊的现实，亚氏认为，要在城邦政治中体现混合政体的原则，就宜于在另外两种机构中采取不同的政治原则，比如在寡头政体下的行政机关或者审判机关中采取平民政体的政治原则，这样就达到了权力的制约和平衡。要减少政治冲突和对抗，还必须在不同的阶级，特别是富人和穷人之间分享最高政治权力。因为，如果由穷人掌权，他们就可能凭借其多数来瓜分富人的财物；如果由少数富人来执政，他们也可能掠夺或强占平民的财物。如果富人和穷人分享权力——实行共和，那么这两种情况就可以避免。当然，理想的

① ［古希腊］亚里士多德：《政治学》，吴寿彭译，商务印书馆1965年版，第133页。

情况是中产阶级掌权，这些人既不太富，也不极贫，最能体现城邦所需要的节制与中庸的美德。他说："就一个城邦各种成分的自然配合说，唯有以中产阶级为基础才能组成最好的政体。"① 中产阶级比任何其他阶级都较为稳定。他们既不像穷人那样希图他人的财物，也不富得足以令穷人产生觊觎其财富的非分之想；既不对别人抱有阴谋，也不会自相残害。所以中产阶级是民主势力，是最好的执政者，是优良政体的阶级基础。

今天，尽管许多人将民主与共和联系起来甚至等量齐观，但还是有不少学者严格区分它们。共和是法治，强调法律至上，无论多数或少数，无论政府或个人都必须服从法；民主是人治，即多数人的统治，但往往演变为多数人的暴政；共和承认个人的不可剥夺的权利，民主只在意集体的意愿和需求；在共和制，立法非常审慎，法律程序复杂严格，在民主制，法律制定迅速随意，往往只决定于多数人的一时兴致。民主总是会自我毁灭，因为多数人的统治是无效的。候选人为了迎合多数人不断增长的需要，就会不断地征税，不断地花钱。增税必然导致生产效率下降，导致高效的生产沦为低效的生产，当不再有足够的生产者为各种社会主义的福利项目提供资金时，民主便会崩溃，并让位于专制。②

关于共和与民主的区别，《布莱克斯通法学辞典》也讲得非常清楚：在共和政府，"主权属于人民并由人民直接行使，或者由他们选举的代表间接行使——权力也因此授予这些代表"③。在共和制下，个人自己或通过其代表解决其问题。人民对政府没有义务；相反，政府受雇于人民，应当对其主人——人民负责。虽然"民主政府是一种代表制政府，主权由自由公民直接或间接行使，以区别于君主制、贵族制或寡头制"④，但是在民主制下，主权属于自由公民全体，公民个人对政府有责任和义务，政府对公民的责任仅限于法律预先规定的范围。

---

① ［古希腊］亚里士多德：《政治学》，吴寿彭译，商务印书馆1965年版，第206页。

② James McClellan, *Liberty*, *Order*, *and Justice*：*An Introduction to the Constitutional Principles of American Government* ［1989］, from The Online Library of Liberty, http：//oll. libertyfund. org/? option = com_ staticxt&staticfile = show. php% 3Ftitle = 679&chapter = 68298&layout = html&Itemid = 27.

③ In re Duncan, 139 U. S. 449, 11 S. Ct. 573, 35 L. Ed. 219；*Minor v. Happersett*, 88 U. S. （21 Wall.）162, 22 L. Ed. 627. See Black's Law Dictionary, Fifth Edition, Thomson West, p. 626.

④ Bryan A. Garner, *Black's Law Dictionary*, 5ᵗʰ Pocket ed., Albuquerque, NM：Thomson West, 2016, pp. 388-389.

美国"国父们"如同讨厌和防范君主专制般地讨厌和防范民主。美国从《独立宣言》到宪法再到权利法案，都只字未提民主，却对共和念念不忘。宪法第四条第四款特别强调合众国保证联盟内各邦实行共和制政府。制宪会议的代表们非常清楚，唯一能够剥夺人民自由的只有他们自己的政府：过于虚弱的政府不能保护他们免受外敌侵犯，过于强大的政府又可能剥夺人民生活的所有方面。国父们经过激烈和持久的辩论，最终选择建立宪政共和国，就是为了建立一个强大的足以保护人民，又不太强大以至于演变成支配人民的政府。① 但对"反民主"进行理论上的深刻论证的当推麦迪逊和汉密尔顿。麦迪逊在《联邦党人文集》第10篇中如是警告民主的危险："民主从来都是政局动荡，争吵不休；从来都与个人安全和财产权格格不入；总是自相违背，难以持久……""至于共和，我们可以把它界定为……权力直接或间接来源于人民全体的政府，在政府中担任管理职位有任期限制，或者必须行为良善。从根本上说，这样的政府必须来自社会全体，而不是来自社会的某一特定的部分或特权阶级；否则，一小撮暴戾的贵族会利用其获得的授权进行压迫性的统治，进而可能渴望垄断高级职位，并主张建立'他们的'贵族制共和国。"② "国父们"不仅从古圣先贤那里得知古典民主都是失败、危险和短命的，而且耳闻目睹过殖民地独立后建立的民主制及其不良的运转。他们认为，民主及进一步民主化的趋势糟得很，几乎成了动乱之源。当时在多数邦发生的重大变化包括：民主和自由戏剧性地扩展到了至少所有的男性白人；取消了行使选举权的限制；政治参与扩大导致新中产阶级——小农场主和艺人而非传统的庄园主和律师——掌权。以纽约为例，革命前的议会成员非城市商人即富有的农场主，1769年纽约议会议员中农民只占43%——虽然农民占其总人口的比例接近95%。但是革命后权力发生了转移，随着选举权的扩展，农民和工匠在议会中占了决定性的多数，而原来的专业精英、富商、大地主却眼睁睁地看着自己丧失权力。其他邦也发生了类似的变化。③

---

① Pat Baska, *On Republic Vs. Democracy*, http：//www.serendipity.li/jsmill/baska01.htm.

② James Madison, "*Federalist Paper #10*", in *Federalist Papers*, New York, NY：J. and A. McLean, 1788, p.81. 这里引文与程逢如、在汉和舒逊译本《联邦党人文集》，商务印书馆2007年版，第47—51页有出入。

③ George C. Edwards III, et al., *Government in America：People, Politics and Policy*, 9th ed., New York, NY：Langman, 2000, pp.38-39.

表 3-1　联合独立后邦立法机构中的权力转移（议员阶级结构的变化）

议员出身	北部三邦（%）		南部三邦（%）	
	独立前	独立后	独立前	独立后
富有	36	12	52	28
富裕	47	26	36	42
一般	17	62	12	30
商人和律师	43	18	23	17
农民	23	55	12	26

注：北部三邦：纽约、新泽西和新罕布什尔；南部三邦：马里兰、弗吉尼亚和南卡罗来纳。

资料来源：Jackson Turner Main, "Government by the people: the American revolution and the Democratization of the Legislatures", *The William and Mary Quarterly*, 3rd ser. 23, July 1966.

　　杰克逊·T. 梅因在对革命前后各邦议会成员成分的变动情况做了对比分析后断言："选民不再限于精英，选举出来的也同他们自己一样是寻常之辈。特别是在北部，这种趋势始于殖民地时代，但革命之后的进展颇有戏剧性，以至于革命革到了立法机构头上。"[1]

　　但是，殖民地时代的精英们对民主化趋势十分郁闷，因为这种转变正在使他们丧失权力。精英们目睹了这种民主化趋势已经和正在产生严重的经济社会后果：独立战争后的经济衰退使许多农民无力偿还债务，面临丧失土地和破产；平民控制的议会固然同情平民；以罗德岛为代表的几个邦制定了有利于债务人的政策和法律，印刷了成吨的纸币并强制债权人接受——债务人因此可以用没有什么价值的纸"钱"还债。[2] 拒绝采取这类政策法律的邦，如马萨诸塞，则引起了民变，谢斯暴动就是因为税赋过重，还不起债的农民被法院判决以土地作抵押而奋起反抗。其他一些邦虽未发生有组织的暴乱，但也不时有零星的暴力反抗。这些似乎都应验了亚里士多德的话：穷人掌权必侵犯富人的财产。面对谢斯暴动及其他抗议行动，邦联国会和各邦都无力招募民兵应对，不得不借助私人武装予以镇压。[3] 对于谢斯暴动和各种抗议浪潮，经济精英们很是不爽；对于平民掌权的各邦的经济立法，他们视之为利用法律侵犯富人的财产权；并因此而

---

[1]　Jackson Turner Main, "Government by the People: the American Revolution and the Democratization of the Legislatures", *The William and Mary Quarterly*, 3rd ser. 23, July 1966, p. 405.

[2]　George C. Edwards III et al., *Government in America: People, Politics and Policy*, 9th ed., New York, NY: Langman, 2000, p. 39.

[3]　Ibid., pp. 39-40.

忧心忡忡。对谢斯暴动，只有杰斐逊表示了理解、宽容和同情。他在致麦迪逊的信中明确表示，"我确信，不时发生小小的暴力反抗［对美国来说］是好事，恰如自然界必有风暴，政治界也需要有反抗。……反抗是保持政治健康的必备良药"。①

谢斯暴动虽然被镇压了，但在各邦的普通民众却有众多的同情者。这与上层精英的态度形成了鲜明的对照。这也促使上层精英更加恐惧民主。这同两千多年前的精英对民主的看法如出一辙。大约公元前 370 年，柏拉图就曾经指出过："在民主国，穷人占据优势，［他们］谋杀一些，放逐一些，而后在余下的公民中平等地分配公职。"波利比阿（Polybius）也在公元前 126 年写道："普通人自我感觉受到掌权者的压迫，其虚荣心又得到另一些人的恭维。他们充满了恶魔的情绪，不再愿意服从，而要求一切都服从他们的权威。不变的结果就是名为高尚民主自由政府，实为最糟糕暴民统治（mobcracy）。"公元前 63 年的罗马人塞纳卡写道："民主之残暴，更甚于战争和专制。"②

北美的革命精英也把新生的美国面临的政治经济困境归因于民主。美国革命期间的选举绝大多数都只是以自己的利益为重，而完全不顾行为的后果，以至于大多数殖民地/邦和邦联都负债累累，却没有钱偿还。它们没有信誉，无论是经济上的还是心理上的。它们濒临破产，它们行将被某些欧洲国家接管。正是由于民主引发的这种财政的和社会的危机促成了 1787 年的费城制宪会议。

在美国宪法制定和各邦审议批准期间，无论是联邦派或反联邦派都围绕民主与共和进行了充分的讨论，并形成了基本的共识——民主糟得很，共和则是不二的选择。在制宪会议的辩论期间，埃德蒙·詹宁斯·伦道夫（Edmund Jennings Randolph）指出："我们的主要危机产生于我们各邦宪法中的民主。"埃尔布里奇·格里（Elbridge Gerry）指出："我们所经历的恶皆出于民主。人民不需要美德，而是伪装的爱国和欺骗。"富兰克林说得更形象："民主就是两匹狼和一只羊投票决定午餐吃什么；自由则是羊在投票时抗争的唯一武器。"汉密尔顿（Alexander Hamilton）指出，"真正的自由既不出自独裁，也不出自极端的民主，而只能存在于温和的

---

① Thomas Jefferson, *To James Madison: A Little Rebellion Now and Then Is A Good Thing*, http://www.earlyamerica.com/review/summer/letter.htm.

② 转引自 Joseph R. Larson, *Constitutional Republic vs. Democracy*, Wednesday, January 5, 2005, http://www.citizensforaconstitutionalrepublic.com/larson1-5-05.html.

政府。"这显然受到了亚里士多德中庸政治观的影响。他在宪法生效后的参议院会议上说："纯粹民主——如果可行——被认为是最佳政府形式。但经验证明，没有比这更荒谬的结论。古代民主，人民可以自由协商，也从来没有过好政府的属性：其特点是暴政，其表征是畸形。"约翰·亚当斯在致约翰·泰勒（John Taylor）的信中写道："记住，民主从来都是短命的——精疲力竭，然后自杀。从来没有一种民主不是自取灭亡。"托马斯·杰斐逊说："民主不过是多数人的暴政，在民主制下百分之五十一的人可以剥夺百分之四十九的人的权利。"在宪法上签字的代表约翰·威塞斯彭（John Witherspoon）说："纯粹民主难以持久，也不能贯彻到政府部门——很容易受制于民众的任性和疯狂。"约翰·昆西·亚当斯说："所有人类政府的历史经验证明，民主是最不稳定、最动荡、最短命的。"美国第一部法学教科书的作者斯威福特（Zephaniah Swift）指出："通常可以这样说，政府越近于民主，就越无序和混乱。"诺亚·韦伯斯特（Noah Weberster）认为："在民主国家……总是无序和骚乱……因此纯粹民主一般都是非常坏的政府；往往是世界上最专制的政府。"古文诺·莫里斯是宪法的起草人和签字者之一。他对民主的描述更加令人心悸："我们看到民主的骚乱，总是导致专制……民主：就是野蛮，就是鲁莽，就是使美德和智慧沦为罪过和愚昧。"①

总之，"国父们"在确认共和制的同时，几乎众口一词，同声声讨民主，致使民主在新生的合众国几无立足之地。但是，在邦联时期的一些邦毕竟已经实行过民主制度，人民——至少其中的一部分——参与组建政府已经习以为常，尤其是权利法案，虽然没有使用"民主"的字眼，但其所涉及的民权保护内容还是为民主的"复兴"留下了足够的空间。正因为这样，到了杰斐逊主政美国时，民主便卷土重来，开始融入了共和制和联邦制的历程。作为"杰斐逊民主"（Jeffersonian Democracy）的倡导创立者，杰斐逊竭力将民主融入联邦主义与共和主义之中。在起草肯塔基决议时他写道："在权力问题上，不要再讲对人的信任；而是要用宪法防止他作恶。"杰斐逊在回答欧洲记者提问时说，"我们都是民主派；我们都是民主共和派，我们都是民主联邦派……"这正是他的竞选和执政理念。在第一次就职演说之后，他还写道："我们虽然姓氏不同，但我们都是同

---

① 上述引文皆出自 Joseph R. Larson, *Constitutional Republic vs. Democracy*, Wednesday, January 5, 2005, http://www.citizensforaconstitutionalrepublic.com/larson1-5-05.html.

根兄弟，我们都是共和党人，我们都是联邦主义者。"① 这既是争取联邦党人的支持，也是对联邦主义现实的承认和肯定。在他看来，民主不是一种政治制度，而是一种政治条件和特色，在其中政府不承认，也不制造社会阶级——只要法律有效，就能保证"人生而平等"。杰斐逊当然承认并非所有人都平等，他只是认为法律不应该肯定人们之间的差别，不应该因为这些差别而屈从于一部分人的利益或者民事上的优势。显而易见，他的民主与人们今天理解的民主完全不是一码事。不过，他所倡导和推动的"民主"又的确是美国近现代民主的主要源头之一。

"国父们"在反对民主制的同时一致主张建立共和国，并且不厌其烦地阐明了共和制的基本原则及其优势。"合众国保证联盟内各州实行共和制政府"在被写进宪法第四条时没有遇到任何阻力。宪法通过前后，国父们又一致为共和制辩护。汉密尔顿1788年6月26日说："在共和国需要某些常设机构来矫正偏见，制约无节制的情绪，规范人民会议的反复无常。"他在1788年还写道："对于一个共和国来说，极端重要的是，不仅要防止统治者的压迫，而且要防止社会上一部分人不公正地对待另一部分人。"乔治·华盛顿在1789年4月30日说："经过深思熟虑，也许还有长期的积累，共和制政府就是将权力委托给美国人民之手的试验。"权利法案之父乔治·梅森指出："我们现在已经屹立于世界各民族国家之林；但是，我们的独立到底是福祉还是祸乱，则将取决于我们自己是明智还是愚昧，崇尚美德还是爱慕邪恶……正义和美德是共和政府的最根本的原则。"杰斐逊1790年3月11日指出："共和制是唯一能够避免永无休止的公开的或秘密的侵犯人权的战争的政府形式。"1813年，他说："我所信奉并为之努力的，就是按照共和制的原则管理政府。"② 在宪法的审议批准阶段，麦迪逊进一步对民主和共和作了细致的区分。他在致纽约州人民（第十篇）中比较详细的描述了民主的特点和局限："一种纯粹的民主政体——这里我指的是由公民亲自组织和管理政府的社会——不能制止派别斗争的危害。几乎在每一种情况下，整体中的大多数人会感到有共同的情感或利益。联络和结合是政府形式本身的产物；没有任何东西可以阻止牺牲弱小党派或可憎个人的动机。因此，这种民主政体就成了动乱和争论的

---

① 参见［美］詹姆斯·特兰托、里奥纳多·里奥《我主白宫：美国总统排行榜》，王升才等译，江苏美术出版社2005年，第13页。

② 上述引文皆出自 Joseph R. Larson, *Constitutional Republic vs. Democracy*, Wednesday, January 5, 2005, http://www.citizensforaconstitutionalrepublic.com/larson1-5-05.html.

图景，同个人安全或财产权是不相容的，往往由于暴亡而夭折。赞成这种政体的政治理论家错误地认为，如果使人类在政治权利上完全平等，同时他们就能在财产、意见和情感上完全平等。"对于共和政体，他却大加赞扬："共和政体，我是指采用代议制的政体而言，情形就不同了，它能保证我们正在寻求的矫正工作。让我们来研究一下它和纯粹的民主政体的差别，我们就能理解矫正的性质以及它必然会从联邦得到的功效。""民主政体和共和政体的两大区别是：第一，后者的政府委托给由其余公民选举出来的少数公民；第二，后者所能管辖的公民人数较多，国土范围也较大。""第一个区别的结果，是通过某个选定的公民团体，使公众意见得到提炼和扩大，因为公民的智慧最能辨别国家的真正利益，而他们的爱国心和对正义的热爱似乎不会为暂时的或局部的考虑而牺牲国家。在这样的限制下，很可能发生下述情形：由人民代表发出的公众呼声，要比人民自己为此集会，和亲自提出意见更能符合公共利益。"第二个区别的结果是在共和制派别联盟的危害没有民主制中的那么可怕："社会愈小，组成不同党派和利益集团的可能性就愈少，不同的党派和利益集团愈少，发现同一党派占有多数的情况就愈多；而组成多数的人愈少，他们所处的范围就愈小，他们就更容易结合起来，执行他们的压迫人民的计划。"但是，如果"把范围扩大，就可包罗种类更多的党派和利益集团；全体中的多数有侵犯其他公民权利的共同动机可能性也就少了；换句话说，即使存在这样一种共同动机，所有具有同感的人也比较难于显示自己的力量，并且彼此一致地采取行动"。麦迪逊的结论是，"共和政体在控制党争方面优于民主政体之处，同样也是大共和国遥感于小共和国之处"；"党派的种类较多，能更好地防止一个党派在数量上超过其他党派压迫它们"；大共和国（联邦）能更有效地防止"不讲正义和图谋私利的多数人""协调一致完成其秘而不宣的愿望"。①

　　所谓共和制政府，简言之，就是国家元首和人民代表一经民主选举产生，就必受就职誓词——"恪守、服从、捍卫宪法"——的约束，这就是共和国。在宪法共和国，国家元首和政府官员作为选举产生的人民代表，必须以既存的宪法为统治的根据，政府对于人民的权力也必受宪法的限制。在宪法共和国，行政、立法和司法权分属于不同的政府分支，多数人的意志要受到保护个人权利的制约，因此没有任何个人或集团拥有绝对

---

① ［美］汉密尔顿、杰伊、麦迪逊：《联邦党人文集》，程逢如等译，商务印书馆 2007 年版，第 48—51 页。

的权力。宪法存在的事实限制了政府的权力，从而保证了国家是宪政的国家。此外，国家首脑和其他政府官员由选举产生而非世袭，其决定要受司法审查，这也保证了国家的共和性质。与纯粹民主不同，宪政共和国的公民不是由多数统治，而是由法律统治。宪政共和国的深意在于防止多数人暴民统治（mobcracy）的威胁，即通过制约多数人权力的方式确保异见的个人免于多数人的暴政。多数人的权力只限于选举代表而不是直接进行立法；代表的统治要无一例外地受到宪法的限制。所以，约翰·亚当斯将宪政共和国界定为"法治政府而非人治政府"（a government of laws, and not of men）。政府官员的权力也受到限制，没有任何个人可以同时拥有行政、立法和司法权——这些权力分属于不同的政府分支，且相互制约与平衡。宪政从制度设计上确保"没有任何个人或集团能够拥有至高无上的权力"。

美国宪法的制定者们非常注意防范多数人统治可能对个人自由构成威胁。国父们小心翼翼创制宪法制度和权利法案；他们坚守了他们确信的多数统治的最佳要素，但同时又创设了宪法以保障个人自由和权力分离。所有这些，都集中体现了宪政的核心原则：限制政府，规制民意。

打破孟德斯鸠共和制只宜于小国的成见，在幅员辽阔、人口众多的美国建立共和制政府，可以说是美国国父们的创造。麦迪逊指出："捣乱成性的人、本位主义者或别有用心的人，可能用阴谋、贿赂以及其他方法首先取得参政权，然后背叛人民的利益。结果产生这样一个问题：对于选举公共福利的适当保护人来说，是小共和国好呢还是大共和国好；从以下两个明显的理由可以清楚地决定是后者较好。"首先，在小共和国——无论多小，为了防止少数人结党营私，需要选举较高比例的代表；在大共和国，为了防止混乱，需要选举较低比例的代表。结果是在大共和国能选出更优秀的代表；其次，不足取的候选人在大共和国更难通过不正当、不道德的手段当选，同时由于人民选举比较自由，德高望重的人比较容易当选。[①]

通过宪法限制政府——无论它是多数人的还是少数人的——的权力，以保障个人（尤其是少数人）的自由，是美国立宪建国的主要目的之一。在国父们看来，这个目的不可能通过民主制达到，只有实行共和制才能达到。历史学家查尔斯·奥斯丁·比尔德和玛丽·莉特·比尔德所说

---

① ［美］汉密尔顿、杰伊、麦迪逊：《联邦党人文集》，程逢如等译，商务印书馆 2007 年版，第 49—50 页。

(1939)："任何时候，任何地点，在任何严肃的集会，任何选举的机构，都没有美国人正式宣布过合众国是一个民主国家。宪法没有包含民主或任何可能导致民主含义的词句——除了序言中的'我们人民'之外。在宪法制定的时候，没有任何受尊敬的人自称为民主派。"这种说法虽然有点过头，但在美国立宪期间，的确不虚。民主的元素被正式吸纳进美国政治，应该说是从杰斐逊政府才开始的。尽管革命前后的殖民地/邦政治都有民主的因素，但就立宪时期的全国政府来说，民主尚未登堂入室。这不仅是因为联邦派主导的立宪容不下民主，而且连反联邦派对民主也没有兴趣。

第四节　民主融入共和更有效地制约权力

　　美国宪法的批准成立，是妥协的产物，联邦派和反联邦派的双赢。民主与共和之争，民主虽然败北，但追求民主的意识未泯；而且，政治妥协本身就意味着民主，就意味着不同利益代表者彼此间的宽容与尊重，就意味着竭力避免非赢即输的零和博弈。美国宪法备受推崇，至今仍然有生命力，就在于它根源于许多代人的经验和思想并且最终实现了政治民主化。它之所以能够实现民主化，原因很多，兹略举三点：第一，立宪者的权力也是受到限制的，没有任何一股力量可以将民主的发展之路堵死。第二，坚持合理的权力分享与配置的共和制本身具有难以排除的民主制因素。第三，美国宪法之根基就是它产生之前的外国的和美国本土的生活经验、政治制度、法律规范、社会习惯和道德信念。

　　戈登·S. 伍德在《美国革命的激进主义》一书中，从思想意识影响社会变革的角度出发对美国革命的性质和结果提出了新的见解：共和主义的普及帮助北美殖民地人民推翻了来自母国的君主制社会，但当共和主义者陶醉于胜利之时，革命所释放出来的人民力量却将美国导向了民主制社会的建立。而且，这种民主制社会与当初共和主义者的理想格格不入，完全走向共和主义者不愿意看到的发展方向。[①] 他认为美国革命使共和意识弥漫于美国人的生活之中。美国人因此"正在跨入世界上最自由、最民

---

① 　参见苏薤垒《共和理想的破产与民主社会的诞生——兼评〈美国革命的进主义〉》，《学术界》2001 年第 3 期。

主、最具商业头脑和最现代的民族"的行列。①

不过，在美国，无论学术界还是民间，多数人都相信，民主融入而不是替代了共和；随着宪法的实施和国情的演变，民主与共和也从看起来势不两立发展为相互结合，共存共荣。

当然，美国后来的民主与当年立宪时所争论的民主，无论形式还是内涵都不可同日而语。在美国立宪建国之初，本来与宪政格格不入的民主，却在后来的发展中成为美国宪政的重要组成部分。虽然可以说是不以人的意志为转移，但关键还在于社会发展了，民主的内在本质也发生了变化，美国的民主既不是"纯粹民主"，也不是简单的"多数人统治"，而是日益向共和靠拢，日益依赖于法治。民主一旦脱离了人治的底色而依赖法治，便不可逆转地与共和日益紧密地结合在了一起。美国"国父们"建立共和制政府的初衷就是防止"多数决"侵犯少数富人的权利，特别是财产权利。现代民主制强调"多数人统治"但保护少数人的权利。共和制有限政府的基本原则是：以代表制为基本组织形式的政府须以既定法律为根据按照相应的程度建立，并以多数人的支持，或者默认，或者不反对为前提，不仅不能侵犯，而且必须特别注意保护少数人的权利。这同时也是现代民主制的基本精神。

---

① Gordon S. Wood, *The Radicalism of the American Revolution*, New York：Vintage-Random, 1991, pp. 6-7.

第二篇
美国立宪的政治思想基础

　　有美国学者称，美国立宪建国时没有现成的经验，"美国国父们没有现实世界的先例可循，只有民主理论著作和他们的政治想象"①。"制宪会议的代表们主要依靠约翰·洛克为脱离英国辩护，现在设计全国政府时又转向法国哲学家孟德斯鸠。"富兰克林、汉密尔顿和许多其他"国父们"都深受苏格兰哲学家大卫·休谟的自然法理论的影响，坚信人出于自然本性都是"重利轻义"（put self-interest above virtue），即使看重德性，那也是出于"功利"。因此他们追随洛克，"笃信只有符合自然法的政府才有效"②。类似的说法还有很多。

　　其实，这种种说法并不完全正确，至少忽略了一些极为重要的因素：正是长期积淀的自古希腊以降的西方政治哲学思想和政府制度文明孕育了美国宪法。美国建国之时，古典共和主义、自由主义（其核心是有限政府、人民主权和个人自由）、法治理念和人民主权思想已经得到了相当程度的普及。此外，基督教传统中的契约精神，也对美国立宪具有直接的影响。美国宪法本身也是一项契约，是美国得以建立的最高契约。

　　需要特别指出的是，以亚当斯为代表的学者型领袖，对人类社会经历过的各种政体及其所赖以建立的政治思想基础，不但有精深的研究，而且善于将其政治理念和价值追求在北美广泛传播，为邦联时期的立宪运动奠定了认识前提和思想基础，也为美国联邦宪法的制定准备了政治文化条件。所以也有美国学者指出，美国宪法"根源于许多代人的经验和思想"③。正是借鉴这些理论和历史经验，并与古老的通过基督教发扬光大的"契约"（基督教的"圣经"就是"约"——新约和旧约）思想相结合，"国父们"才制定出了至今仍然充满活力的"美国宪法"。

---

①　Christine Barbour and Gerald C. Wright, *Keeping the Republic - power and Citizenship in American politics*, Boston, MA：Houghton Mofflin Company, 2001, p. 103.

②　David V. Edwards and Alessandra Lippucci, *Practicing American Politics：an Introduction to Government*, New York, NY：Worth Publishers, 1998, pp. 49, 55.

③　James McClellan, *Liberty, Order, and Justice：an Introduction to the Constitutional Principles of American Government* ［1999］, from The Online Library of Liberty, http：// oll. libertyfund. org/？option = com_ staticxt&staticfile = show. php% 3Ftitle = 679&chapter = 68298&layout=html&Itemid = 27.

第四章　古典共和主义与美国立宪

古代思想家政治智慧及代代相传的古典共和主义对费城制宪代表有着重要的影响。黑格尔曾经说过："凡是满足我们精神生活，使精神生活有价值、有光辉的东西，我们知道都是从希腊直接或间接传来的。"[1] 在政治智慧方面，此言确实不虚。许多重要的宪政概念和政府制度思想都源自古希腊以降的思想家。苏格拉底就比较过贵族制、寡头制和民主制，并期望从中发现各种政体的优劣以便构建其理想的政体。他所推崇的是君主制，在他看来，好的政体强调政府必须是建立在人民意志和国家法律基础之上。其中就包含了他所反对的民主制的某些因素。这为稍后的政治思想家提出"混合政体"奠定了某种观念基础。[2]

在古希腊，法治与共和的观念是在人治与法治的对比中萌芽成长的。城邦的兴起是希腊治理思想产生的源泉。人治与法治孰优孰劣，在古希腊早期思想家中有过激烈的争论。在公元前 6 世纪前期的梭伦时代，"民主"和"法制"观已经萌芽。作为城邦执政官的梭伦（Solon）在大刀阔斧地进行政治改革时所坚持的理论便是"人民服从治理的人，而治理的人服从法律"[3]。梭伦之后，伯里克利（Pericles）和德谟克利特（Democritus）领导了政治改革。其所奉行的理念是：民主共和制比贵族专制优越，在民主制下哪怕过贫穷的生活也比在专制下过幸福的生活要好，正如自由好过受奴役一样；公民的命运与国家密不可分，但国家的力量不能过大，否则便会损害公共事务。因此，这次重大政治改革基本确立了民主的

---

[1] ［德］黑格尔：《哲学史讲演录》（第一卷），贺麟等译，商务印书馆 1959 年版，第 157 页。

[2] 参见谢维雁《宪政平衡理论的古代渊源——古希腊平衡政体思想引论》，http://www.studa.net/guojiafa/080306/16460648-2.html。

[3] ［美］威尔·杜兰：《世界文明史·希腊的生活》，幼狮文化公司译，东方出版社 1999 年版，第 153 页。

政治制度和法律的约束机制。应该说，这一时期的"法治"还主要是一个城邦治理的方式问题，与后来及当今的法治概念不可同日而语。

古典共和主义的早期鼓动者是亚里士多德、波里比阿和西塞罗。其基本范畴是市民社会、公民美德和混合政府。古典共和主义是一种早期的共治理论，强调基于居民美德的地方的或小国寡民的政治实体的民主治理，强调道德教育或共同的宗教，对特定制度的信任，人人为我、我为人人的处事原则和城邦生活规则。道德教育体现的是这样一种观念：公民必须通过教育形成共同的道德信念或宗教信仰。社会上的持不同政见者会影响治理的效率，因此，为了和平与安宁，个人主义是不受鼓励的；古雅典苏格拉底被处决，原因就在于此。

兴起于启蒙运动之前的中世纪的自然权利理念，强调每一个人作为公民都享有自然或上帝——造物主赋予的权利自由，社会作为一个整体无权赋予或者剥夺个人的权利，这包括个人而非集体的宗教信仰——社会或政府无权迫使个人信仰或不信仰某种宗教。但同时也要求个人承担相应的义务：为了公益而遵守公民美德和公德；也就是遵守与他人的社会契约。

第一节 柏拉图"法在王上"的"次优政府"理论

"法在王上"，统治者乃"法律的仆人"。这是柏拉图法治和政府思想的精髓。

柏拉图最初并不赞成法治而倾向于人治，他认为："在一个理想的国家中，最佳的方法不是给予法律以最高权威，而是给予明晓统治艺术、具有才智的人以最高的权威。"① 而法律则是束缚这种"哲学王"的手脚的。由于这种理想化的真正爱智慧、爱知识、追求真理、精通统治艺术的人在现实中是找不到的，柏拉图不得不退而求其次而作第二种最佳的选择——法律和秩序。在专门探讨统治技艺的《政治家》中柏拉图开始认为"有法律统治的"君主制是最好的政体。因此，柏拉图在其最后一部著作《法律篇》中努力描述了一种法律至上的国家治理理想，统治者和法官在没有法典和法律规定的情况下，不可随意决断，遵守法律的品德被视为决定城邦兴衰的关键。从理想"哲学王"统治到面向现实的"法律的统治"，"这是一个实质性的修改：在《理想国》中，法律成了哲学家——

---

① ［古希腊］柏拉图：《理想国》，吴献书译，商务印书馆1957年版，第143页。

国王的奴隶，而在《法律篇》中，哲学家——国王成了法律的仆人"。①

　　关于限权（权力制约）与分权、法治和混合政体，更是自古希腊苏格拉底以降至 18 世纪西方学者关注的焦点。柏拉图《法律篇》所强调的基本政制原则，就是基于限权、分权（尽管这一概念到波里比阿才正式提出，但在柏拉图那里已经有了比较明确的"分权"意识）和法治的混合政体原则。由于柏拉图所"理想"的哲学王的统治不可求，所以他转向了较为现实而可行的法治国家——"次优政制"（second best state）。是他，首先提出了"法在王上"的原则。他坚持认为，最高权力与最大智慧和自制相结合时就产生最好的法律制度，政治权力应该服从于法律。"这些行使最高权力的人通常被称为'统治者'，如果我把他们叫作'法律的仆人'，那不是因为我想杜撰一个新词语，而是因为我确信一个国家的兴亡取决于这一点。在法律服从于其他某种权威，而它自己一无所有的地方，我看，这个国家的崩溃已为时不远了。但如果法律是政府的主人并且政府是它的奴仆，那么形势就充满了希望。"② 所以柏拉图说，我们所能采取的最佳方式就是在法律制度之下，把个人统治与众人统治相结合。哪里掌握最高权力的一个人能把明智的判断和自制有机结合起来，哪里你就可以看到与法律相配合的最好的政治制度。③ 柏拉图从斯巴达和阿尔戈斯、迈锡尼的经验和教训中得出：国王服从法律的混合政体优于国王拒绝服从法律的专制政体。阿尔戈斯、迈锡尼的灭亡在于统治者的权力不受限制；斯巴达的存续在于国王遵守与人民的誓约。柏拉图甚是推崇斯巴达"把单一的王权一分为二，把权力限制在更合理的比例上"的混合政体，制约王权的不仅有二十八个长老（geroutas），而且还有"五长官"（eph-ors）；这种方式使斯巴达的"王权变成了一种正确要素的混合物，于是它自身的稳定性保证了国家其余部分的稳定"④。

　　柏拉图认为，君主制和民主制是其他一切政体由之产生的母制。"要享有自由、友谊和良好的判断力，对一种政治制度来说，绝对需要的是把上述两者结合起来。"⑤ 在柏拉图看来，不存在绝对权威和极端的自由，

①　王人博、程燎原：《法治论》，山东人民出版社 1998 年版，第 9 页。
②　[古希腊] 柏拉图：《法律篇》，张智仁、何勤华译，上海人民出版社 2001 年版，第 123 页。
③　同上书，第 79、1173 页。
④　同上书，第 91—92 页。
⑤　同上书，第 94 页。

基于法治的混合政体才是国家得以长治久安的好政体。他因此提出了建基于最早的以同意为基础的社会契约观念；国家和社会的保障就是法治。而法治的追求则只能是正义和美德。他指出，"我们的法律必须把一切不断地仅仅引向一个目的"，"这唯一的目的就是把称为美德（善）的东西叫作正义"①。所以，列奥·施特劳斯等人在总结柏拉图政制思想时作了这样的概括："最好的制度是像克罗诺斯时代即黄金时代那样由神或精灵统治的制度。神的统治的最近似的模仿是法律的统治。""法律的统治必须是双重的：首先，它们必须是'不可调和的法律'，大胆声言何者该做或何者该禁，即'专制的规定'；其次，它们也必须有诉诸理性的前言，以其温和的劝说作用。强制与劝说，专制与民主、智慧与同意的适当结合在任何时候都是明智的政治制度的特征。"② 混合政体恰能最好地体现这一观念。

柏拉图的法律及混合政体思想一直影响着后世的思想家，并且也间接影响了美国宪政制度的设计。萨拜因对此有公允的评论："这项原则的构想是为了通过力量的均势来达到和谐，或者说通过具有不同倾向的各种原则相结合的方式来达到和谐，根据这样一种方式，各种倾向将起到相互制约的作用。这样就由于有了对立的政治力量而导致稳定的局面。这项原则就是若干世纪以后孟德斯鸠重新发现的那著名的三权分立原则的原型。"③

第二节 亚里士多德基于法治的"混合政体"理论

亚里士多德不赞成老师柏拉图的哲学王思想，却继承和发展了他的法治思想。亚里士多德不仅对法治理论进行了系统、深入和明确的阐释，而且将法治界定为"良法之治"。亚里士多德最早明确指出："法律是最优良的统治者"，"要使事物合乎正义，须有毫无偏私的权衡；法律恰恰是这样一个中道的权衡"。因此"法治应当优于一人之治。遵循这种法治的

① ［古希腊］柏拉图：《柏拉图全集·法律篇》，王晓朝译，人民出版社 2002 年版（722E-723A；808D-E；963A）。

② ［美］列奥·施特劳斯、约瑟夫·克罗波西：《政治哲学史》，李洪润等译，法律出版社2009 年版，第 74 页。

③ ［美］乔治·霍兰·萨拜因：《政治学说史》（上册），盛葵阳、崔妙因译，商务印书馆1986 年版，第 106 页。

主张，这里还须辩明，即使有时国政仍须依仗某些人的智虑（人治），这总得限止这些人们只能在应用法律上运用其智慧，让这些高级权力成为法律监护官的权力"①。在此基础上，亚里士多德把其理想的法治主张具体阐述为"已经成立的法律获得普遍的服从"和"大家所服从的法律又应该本身是制订得良好的法律"。②

这一主张向我们表明理想的法治状态下法律的至上权威性是以法律的良好特性为前提的。亚里士多德的法治不是单纯地强调对政治权威的约束，而是与人对自由的渴望相结合的，他崇尚法治，但更热爱自由，其名言"法律不应该看作（和自由相对的）奴役，法律毋宁是拯救"③恰好证明了法律的存在不是为了对抗自由，而是为了保护自由。亚里士多德的这种系统而有明确价值取向的法治观在法治发展史上起了重要的承前启后的作用，他"既是古希腊法治思想的集大成者，又是后世法治理论的奠基人"④。

法治在尊重法律与尊重智慧、法律统治与智慧统治的交战中逐渐占据上风，其标志就在于这一时期不仅开始产生恒定和公开的制定法——希腊人认为这是其与（蛮夷的）邻邦相区别的显著特征，而且法律对城邦的统治者有着约束力，遵守法律被视为统治者的美德。这个时期在城邦的各种法律实验中所确立的原则和制度也为后世法治奠定了重要的基础，或至少提供了某种借鉴。

亚里士多德反对理想国中的哲学王统治，赞成法律篇中的法治。强调法治优于人治，多数人的统治优于一人之治。巴克比较《政治学》和《法律篇》后认为，《政治学》"几乎没有全新的东西"，只不过是对柏拉图法律篇成就的系统化。⑤萨拜因同样认为，《政治学》"几乎在一切方面都采纳了《法律篇》中的理论线索，并对以经验为根据的和历史上的证据作了更艰苦和更广泛的考察来充实这些线索"⑥。

---

① ［古希腊］亚里士多德：《政治学》，吴寿彭译，商务印书馆 1997 年版，第 169、171、167—168 页。

② 同上书，第 199 页。

③ 同上书，第 276 页。

④ 汪太贤：《从'良法之治'到'制约权力'》，《云南民族学院学报》2000 年第 8 期。

⑤ ［英］厄奈斯特·巴克：《希腊政治理论——柏拉图及其前人》，卢华萍译，吉林人民出版社 2003 年版，第 532—533 页。

⑥ ［美］乔治·霍兰·萨拜因：《政治学说史》（上册），盛葵阳、崔妙因译，商务印书馆 1986 年版，第 116 页。

亚里士多德作为政治学的始祖，其研究的重点便是政体。他虽然严厉批评过他的老师柏拉图，却同样发展了混合政体思想，竭力主张"中间型政体"。他所推崇的也正是融合了中庸之道的均衡兼顾的混合政体。混合政体理论之产生，具有独特的历史背景：古希腊城邦制普遍衰落的历史时期，雅典的民主制、斯巴达的寡头制、波斯的君主专制提供了相关经验。民主政治容易导致暴民政治和群氓统治，寡头制显失公平和正义，君主专制容易走向极端。混合政体就是自由与法律的结合，就是把君主制国家的智慧原则与民主制国家的自由原则结合起来，也就是把人治与法治结合起来。

在亚里士多德看来，一切政体都有三大要素：议事机能、行政机能和审判机能。[①] 从这里可以看出，亚里士多德已经注意从政府的功能上探讨分权的问题，比柏拉图仅仅从限制王权上谈"分权"明显前进了一大步。亚里士多德所理想的共和政体其实就是汇合了他所谓三种正宗政体之优点的"混合政体"或"中间型政体"。这种"中间性质的混合形式政体"含有较多的要素，其中包括自由出身、财富和才德。从主体来看，需要各阶级之间的合作共和，即"让平民混合于著名人物（贵要阶级），亦即著名人物混合于平民阶级；大家共同议事则所得结果一定比较恰当而周到"[②]。"一个城邦的各部分应该各以相等的人数参加议事机构，各部分的代表的产生则可凭借选举方法，也可采取抽签的方法。"在原则上，需要将不同政体的原则结合起来，承担政府三种机能的机构可以采取不同的原则，在平民政体中，"应用寡头政体所实施于法庭（审判）集会的方法来改进议事机构的品质"。在寡头政体中也宜采取民主的原则，"用互选法从平民群众中选举出若干人参加议事团体；或者仿照有些城邦现存的成例，建立一种名为'议事预审会'或'法律监护会'的组织，凡交付公民团体的议案都先经这个组织的审议"。总之，"共和政体中的各个因素倘使混合得愈好愈平衡，这个政体就会存在得愈久"[③]。亚里士多德同时强调，秩序必须建立在正义的基础之上，优良的政体必须有助于维护正义。

那么什么是正义呢？"政治学上的善就是正义，正义以公共利益为依归。""城邦以正义为原则，由正义衍生的礼法，可凭以判断［人间的］

---

① ［古希腊］亚里士德：《政治学》，吴寿彭译，商务印书馆 1981 年版，第 9、276 页。

② 同上书，第 202 页。

③ 同上书，第 211—219 页。

是非曲直，正义恰是树立社会秩序的基础。"① 正义就是中庸之道；正义
与平等关联。平等有两种，"一类为其数相等，另一类为比值相等。'数
量相等'的意义是你所得到的相同事物在数目和容量上与他人所得相等，
'比值相等'的意义是根据各人的真价值，按比例分配与之相称衡的事
物"②。

正义的维护也需要法律。在亚里士多德看来，法律是人类智慧的体
现，是一个"中道的权衡"，其目的在于促进正义。法律的实际意义却应
该是促成全邦人民都能生活于正义和善的永久制度之下。当然，法律本身
也必须是正义的。法律一经制定，它就为社会划定了某种评价标准，不以
执政者自己的偏好和爱憎而发生变化。"相应于城邦政体的好坏……符合
于正宗政体所制定的法律就一定合乎正义，而符合于变态和乖戾的政体所
体现的法律就不合乎正义。"③

作为现实主义的理论大师，亚里士多德强调，必须明白什么是多数国
家的最佳宪法，什么是多数人的最佳生活；优良的生活必须是多数人能够
享有的生活，优良的政体也必须是一般国家能够实行的政体。④ 美国立
宪，正是遵循了亚里士多德的这一古训，在政制设计上，既不民主，也不
专制，既不理想，也不全盘固守旧制；力图做到在新与旧之间，在国家权
力与个人自由之间保持某种平衡。如果说《独立宣言》是一部煽情的政
治文献，那么美国宪法就是一项最高的限制政府、规制民意的制度设计。
前者在于鼓动造反，后者在于确保新生的美利坚国家的存活、生长和稳健
的发展方向；前者具有比较浓厚的理想主义色彩，后者更加务实和管用。

第三节　西塞罗的共和即正义理论

古罗马一度是一个穷兵黩武的国家，经历了从"以法为限"到"皇
帝不受法律约束"的曲折反复。从王政时代、共和国时代到帝国时代的

---

① ［古希腊］亚里士德：《政治学》，吴寿彭译，商务印书馆 1981 年版，第 234 页。

② 同上书，第 138 页。

③ 同上书，第 204 页。又参见威尔·杜兰特《哲学简史》，梁春译，中国友谊出版公司
2004 年版，第 56 页。

④ 这里不用"革命"，是因为美国独立战争并不是要推翻一种旧制度，而只是为了另立门
户建立一个属于自己的国家。

整个古罗马时期，一直萦绕着权力膨胀与权力制约之争。这一时期万民法逐渐形成完整的体系，自然法理论发展得极为丰富，公法与私法的人为分野也开始出现。这促进了政治体系和权力模式的演变，法律与政治权力的关系也在发生变化。

在王政时代，尽管王在宗教和军事事务中享有至上的权威，但是王权需要得到元老院或民众会议的授予和确认，而王也以自然法或民法为基础，对城邦的法律、习惯以及各种审判进行监护，形成了王、元老院和民众会议三足鼎立、相互制约的权力模式。当罗马进入共和国时期，元老院、人民大会、执政官和护民官之间有了更为细致的分工与制衡，罗马在法律的统治下井然有序，法律对人们生活的重要性就在于通过对政治权力的约束保障了人民的权利。正因为如此，"在像罗马和拉栖代孟这样的共和国里，人们遵守法律并不是由于恐惧或由于理智，而是由于热爱。"①这种法律氛围又滋养了这一时期的法治理论。

随着共和国在军事斗争中的瓦解和帝国的兴起，权力均衡的格局不复存在，皇帝们崇尚武力，用专制取代了法治。这时期的法律则沦落为帝王统治的首选工具，王权需要披上法律的外衣以显示其合法性。著名的查士丁尼《法学总论》中明白无误地说道："皇帝的威严光荣不但依靠兵器，而且须用法律来巩固。"②这种法律工具论在罗马法中逐渐形成两个重要的原则："君主喜欢的东西就具有法律效力"；"君主不受法律的约束"。在这种专制政体下法律的系统性和实用性都得到了空前的发展。专制与法律的交错发展是这一时期政治的重要特点，并深刻影响着后世政治的发展的轨迹。"皇帝所享有的绝对和神圣的最高权力……为中世纪后期和近代早期欧洲大陆的君主集权树立了榜样，而这种集权所导致的民族国家的诞生和法律统一性的形成，正是近代欧洲法治发展的前提条件。"③

生活在罗马共和国时代的西塞罗（marcus tullius Cicero）深受古希腊特别是柏拉图、亚里士多德政治思想的影响，不仅继承了国家起源于家庭的观念，而且发展了源于希腊的自然法。西塞罗三部不朽的著作《论法律》《论共和国》《论义务》被誉为罗马法的灵魂。三部著作虽各有侧重，前两部主要论及政治和法律，后一部着重讨论道德，却有着非常紧密的内在联系，欲"以正义为出发点，宗教、道德和法律在人间建立起一个面

---

① ［法］孟德斯鸠：《罗马盛衰原因论》，许明龙译，商务印书馆1962年版，第17页。

② ［古罗马］查士丁尼：《法学总论》，张企泰译，商务印书馆1989年版，第1页。

③ 程燎原、江山：《法治与政治权威》，清华大学出版社2001年版，第61页。

向所有人民和种族的大同社会"①。

西塞罗对理想政体的探讨正是围绕政治权威和法律的关系展开的。他一方面继承了亚里士多德的法治思想，另一方面又融合进斯多葛学派的自然法理论，提出了普适性的永恒法律论："真正的法律是与本性相结合的正确的理性；它是普遍适用的、不变的和永恒的；它以其指令提出义务，并以其禁令来避免做坏事。……罗马和雅典将不会有不同的法律，也不会有现在与将来不同的法律，而只有一种永恒不变并将对一切民族和一切时代有效的法律"。②

西塞罗认为，良法是符合自然正义的自然法，凡违反自然法的制定法都是非正义的。可以说，西塞罗的法治思想更多地体现在混合政体下以法律来保证权力均衡原则的制度设计中；他强调法律的目的在于为全体人民谋福利，对法律的遵从是善治的根本保障，因此政府必须按照法律行事，必须在法律的限制内行使其权力。这就是他所谓的"权力从属于法律"的著名观点："官吏的治理，并发布正义、有益且符合法律的指令。由于法律治理着官吏，因此官吏治理着人民，而且可以确切地说，官吏是会说话的法律，而法律是沉默的官吏。"③ 这一点使其法治学说大大超越了亚里士多德的法治观。西塞罗非常担心对个人权力的绝对依赖："任何一个民族的幸运……如果依赖于某一个人的意志或性格的话，那么就是脆弱的。"④

《论共和国》研究政体、国家的哲学基础和国家管理者三大密切联系的主题。西塞罗关于国家的定义，至今还有影响。在他看来，"国家乃人民的事业，但人民不是人们某种随意聚合的集合体，而是许多人基于法的一致和利益共同而结合起来的集合体"⑤。要维持这样的集合体，就必须建立一定的政治统治形式。他也和古希腊思想家一样，按照统治者人数来划分政体，分别把一个人的统治称为王政（君主制），少数人的统治为贵族制，多数或全体人民的统治为民主制；这第三种是最不值得称赞的政

① ［古罗马］西塞罗：《西塞罗文集》（政治学卷），王焕生译，中央编译出版社 2010 年版，第 29 页。

② ［古罗马］西塞罗：《国家篇　法律篇》，沈叔平、苏力译，商务印书馆 1999 年版，第 101 页。

③ 同上书，第 214—215 页。

④ 同上书，第 77 页。

⑤ ［古罗马］西塞罗：《西塞罗文集》（政治学卷），王焕生译，中央编译出版社 2010 年版，第 31、47、113 页。

体。但是，三种政体只要"不受不公正行为和欲望的干扰"，便是可以接受的。三种政体各有其固有的缺陷：君主制不允许公民参与政治决策，贵族制没有真正的自由，也不能保证权利不被滥用，民主制"最不值得称赞"，一切由人民管理，没有任何等级区分，而政治权利的平等本身就意味着不平等。概括地说，国王不公、贵族滥权、人民放纵无度。因此自由应有节制，权力应受限制。"要知道，如同当权者们的过分权力产生他们自身的毁灭一样，这种自由本身也会使过分自由的人民陷入奴隶地位。一切过分的快乐，不管是在大自然中，还是在田野上，还是在人体里，几乎都会变成它的相反状态。这种现象在国家事务中尤为常见，那种过分的自由，无论对人民来说，还是对个人来说，都会转变成过分的奴隶状态。"

三种政体因其自身固有的弱点而很容易向坏的方向下滑，从而形成三种政体的循环。不公正的王政、贵族宗派集团和民众暴政是这三种政体的病态变形。为了防止这种情况出现，需要把三种政体的优点结合起来。他借莱利乌斯之口指出："鉴于上述情况，在三种基本的国家政体中，在我看来，以王政制为最优越，但可能有一种政体比王政制更优越，它乃是由三种良好的国家政体平衡、适度地混合而成的。要知道，最好是一个国家既包含某种可以说是卓越的、王政制度的因素，同时又把一些事情分出托付给杰出的人们的权威，把另一些事情留给民众协商，按他们意愿决定。"他强调这种混合政体的优点在于它的"公平性"和"稳定性"，可以有效地防止"国王变成为主宰，贵族变成为寡头集团，人民变成为一群好骚动的乌合之众"，"因此不存在可以引起变更的因素，也不存在它可以趋向崩溃和毁灭的政体形式"。①

西塞罗认为，国家不仅仅是功利的，更应该是正义的。只有兼顾各种不同人群的利益的政体才能保证正义。公正或正义的核心要素是权利、义务和职责的公平分配。"如果一个国家不存在权利、义务和职责的公平分配，使得官员们拥有足够的权力，杰出的人们的意见具有足够的威望，人民享有足够的自由，那么这个国家的状态便不可能保持稳定。"② 政体的好坏，与国家统治的公正与否密切相关。公正的统治是国家的基础；只有靠公正的统治，国家才能存在。公正的统治者应当明智、公正、克制、富有口才，通晓法律。总之，优秀领导者最本质的是智慧和德性，他们应该

①　［古罗马］西塞罗：《西塞罗文集》（政治学卷），王焕生译，中央编译出版社 2010 年版，第 48、70 页。

②　同上书，第 78 页。

关心人民，坚持人民利益至上，确保人民生活幸福。"对于舵手来说，目的是航行顺利；对于医生来说，目的是身体健康；对于统帅来说，目的是获得胜利；同样，对于国家的管理者来说，目的是要能使市民们生活幸福，使市民们的生活财源充足，财富充裕，因赞誉而荣耀因德性而尊贵。"① 在《论法律》中，他更强调，人们应该把正义和德性作为追求的目标，而不应该作为获利的手段。如果视正义和德性为获利的手段，便不可能有真正的正义和德性。"官员的职责在于治理和发布正确的、与法律相一致的政令。犹如法律指导官员，官员也这样指导人民，因此完全可以说，官员是说话的法律，法律是不说话的官员。"②

西塞罗的著作在美国革命时期广为流传，主要革命领袖如亚当斯都奉之为圭臬。其《论共和国》，特别是其所推崇的混合政体，对美国最终确立共和政体具有直接的影响。

第四节　福蒂斯丘："政治与国王的统治"优于纯粹的"国王统治"

近代自然法之鼻祖、功利主义的源头福蒂斯丘（John Fortescue，1395—1477）对限制权力也有独到的见解："国王所有权力的应用应当是为了整个王国的利益，具体而言，它包括防御外敌的入侵，以及保护本国人民及其财产免受他人的侵犯与掠夺。"③ "政治与国王的统治"（dominium politicum et regale）优于纯粹的"国王统治"（dominium regale）。其区别在于"国王的统治"中，"国王根据自己制定的法律来统治他的臣民们，因此他可以按照自己的意志向臣民征收赋税以及其他贡物而无须征得他们的同意"；在政治与国王的统治中，"国王不能根据臣民同意的法律以外的其他法律来统治他们，因此，没有臣民的同意，国王不能强行向他们征税"。④

---

①　［古罗马］西塞罗：《西塞罗文集》（政治学卷），王焕生译，中央编译出版社 2010 年版，第 127—128 页。

②　同上书，第 171—172、217 页。

③　John Fortescue, *On the Laws and Governance of England*, ed. By Shelley Lockwood, Cambridge, UK: Cambridge University Press, 1997, p. 23.

④　Ibid., p. 83.

征税必须依据纳税人同意的法律，是一项极为重要而古老的限制政府权力的政治原则，也是北美殖民地人民反抗英国"暴政"的理据和肇始。正是 17 世纪北美的抗税潮动摇了英国政府在北美的统治。然而，"抗税"的直接法律根据却来自英国。在 1628 年的"权利请愿书"（the Petition of Right of 1628）中，乔治王被迫承诺：决不再未经正当法律程序监禁任何人，决不再以军法审判规避普通法院审判，决不再未经房主同意在私宅驻军，决不再未经议会同意加征税赋。虽然国王可以利用"国家危机"这个漏洞发布加税的"特别令状"（special writs），但下院议员们多不买账。如查理一世为了建造更多的军舰在 1636 年发布了向全国征钱的令状，但遭到下院抵制，声称这是国王不经议会同意征税。下院议员约翰·汉普顿（John Hampden）一直强烈反对国王的这项专制权力，并且坚决拒绝缴纳 20 先令额外土地税。他虽然因此吃官司，并在著名的船税案（Ship Money Case of 1637）中败诉，但却因此成为人民英雄。不但英国人，而且北美殖民地人民也以他为抗税的榜样。人们在他出生地大金铂来村（Village of Great Kimble）为他修建了纪念碑，其碑文曰："缴纳二十先令会令汉普顿先生一贫如洗吗？当然不会！但如果他交了哪怕十先令，他也将因屈服于专制权力而成为奴隶。"

美国律师也多引"船税案"来捍卫议会的征税权。美国国父们否决了行政机关在危机期间可依行政令进行统治的特权这一原有的宪法原则。美国宪法传统不接受"危机创造权力"的王权专制原则——尽管最近一个世纪以来"危机权力"（emergency powers）在美国已经司空见惯。

区分"政治与国王的统治"和纯粹"国王的统治"并非福蒂斯丘的首创。亚里士多德非常推崇君主的统治，同时认为暴君的统治是最坏的。这种暴君非君论被中世纪神学政治的集大成者托马斯·阿奎那推崇备至，他认为君主政治最优，但若腐化变质为暴君政治则最坏。① 不过，福蒂斯丘主要是通过观察比较英国和法国的政治和法律制度，认识到英国因结合了君主的统治和政治的统治的优点而优于法国的纯粹"国王的政体"。英国的"政治和国王的统治"的优越之处，首先是国王不得独断专行，得听取咨议会（council）的意见，根据习惯法和制定法来治理国家；其次，国王的权力只能为善而不得为恶，也就是只能为了王国的共同利益行使权力，所谓限制王权也是指限制国王为恶的权力；最后，在政治与国王的统

---

① ［意］托马斯·阿奎那：《阿奎那政治著作选》，马清槐译，商务印书馆 199 年版，第 46—52 页。

治中，国王所服从的法律，是"在人民的同意下相当完备地建立起来的政治法，其效力和优点并不逊于最优秀的国王最公正地加以宣布的王室法"①。由此可见所谓政治和国王的统治，实际上是基于人民同意的统治。这正是美国立宪建国所坚持的一项基本原则。

第五节　马基雅维里：追求共和制但容忍君制

马基雅维里（Niccolo Machiavelli，1469—1527）政治思想的哲学基础是"性恶论"②，其主要内容包括政治权力论、权术论和共和政体思想。马基雅维里虽然颠覆了自古希腊以降的德性（伦理）政治观，首次严格区分事俗事务与精神生活、政治与道德，但在政体划分上却沿用了欧洲思想家的传统。不过，他区分政体的优劣的依据主要不是统治者人数——一个人（君主）、少数人（贵族）或多数人（群众），而是统治的社会基础——权力和利益是否普遍合理分享。政府如果被社会的任何一个部分——不论是一个人，少数人还是多数人——垄断，都是不合法的、不稳定的，不仅对失去权力和利益的那部分人是灾难，而且最终也会危及垄断权力的统治者。政治权力为全社会的成员分享，是古典共和主义的精髓。

马基雅维里认为，敌对和战争皆源于人的贪欲；源于获得的欲望大于获得的能力。"一般说来，人都是变化多端的，弄虚作假的，奸诈懦弱的，生性贪婪的。只要你能成功，他们就完全是你的人。当远离危险的时候，他们愿意为你流血，愿意为你献出他们的财富他们的生命，他们的孩子。但是，当危险来临的时候，他们就反对你。"③

奠定马基雅维里划时代思想家地位的《君主论》，其基于性恶论的权

---

① John Fortescue, *On the Laws and Governance of England*, ed. By Shelley Lockwood, Cambridge University Press, p. 136.

② 马基雅维里在《论李维》中说过，研究和历史证实，驾驭共和国并为其制定法律者必须把人人设想为恶棍，因为他们会不失时机地利用自己的灵魂中的概念。［意］马基雅维里：《论李维》上海人民出版社，2005 年版第 54 页。在《君主论》中，他也曾这样写道："由于周围都不是善良的人，一个要在所有的事情上都立誓行善的人只会遭到毁灭。所以君主如果想保持自己的地位，就必须学会怎样做不善之事，而且知道如何视情况的需要而使用或不使用这种方法。"［意］马基雅维里：《君主论》，陕西人民出版社 2001 年版，第 92 页。

③ ［意］马基雅维里：《君主论》，李盈译，天津教育出版社 2004 年版，第 167 页。

力哲学观，开创了近现代政治学理论的新体系、新时代。权力是政治的核心问题；一切政治活动和政治过程都集中于权力的获得和保持。一个国家要防范国内的无政府状态和国外的威胁，统治者必须足够强大，必须有雄厚的实力。法律和军队是国家稳固的基础。"君主必须把自己建立在稳固的基础之上，否则就必然地招致灭亡。而一切国家，无论是新的国家，旧的国家或者混合国家，其主要的基础乃是良好的法律和良好的军队，因为没有良好的军队，那里就不可能有良好的法律，同时，哪里有良好的军队，哪里就有良好的法律。"所以，君主应该懂得两种斗争的方法，"一种方法是运用法律，而另一种方法就是运用武力。第一种方法是属于人类所特有的，而第二种方法是属于野兽的。但是，由于前者常常有所不足，故而必须诉诸后者。因此，君主必须了解如何利用野兽的斗争方法和人类的斗争方法……君主必须是一只狐狸以便于及时的发现陷阱，又必须是一头狮子以便吓跑豺狼"①。

权力既然是政治的核心，那么摄取权力本身也就成了政治的目的。君主作为权力的主体，要获得权力，保持权力，不但要有实力，而且要懂得"权术"。马基雅维里为君主设计的统治权术的一般原则，就是被后人所熟知并遭到众人抨击的"马基雅维里主义"——为达目的不择手段、目的证明手段正确。作为现实主义思想家，马基雅维里劝诫统治者研究或制定政策策略时必须从实际存在的生活而不是空洞的道德教条出发。在他看来，"人们应该遵循事情的本来面目而不是其思想部分。许多人描述的共和国和君主国，事实上从未为人知道或者见到过，因为人的真实生活和人应该怎么生活存在着如此大的差距，以至于一个人因为注重应该做什么而忽略了做什么，那么他不仅不能保存他自己，反而导致了自我毁灭"②。布克哈特赞扬"马基雅维里是一个无与伦比的伟大人物"和"危机存亡之秋的时代标志"，称赞他"令人吃惊"的务实、坦率和强有力的想象力。"马基雅维里毕竟能够为了他自己的主张而忘掉自己。虽然佛罗伦萨人把他看成是罪人，但确是一个不折不扣的爱国者。"③

如前所述，在政体分类上马基雅维里继承了亚里士多德的思想，认为一个国家最理想的政体是共和政体，他视鼎盛时期的罗马共和国为国家统

① ［意］马基雅维里：《君主论》，李盈译，天津教育出版社 2004 年版，第 77、111 页。

② 同上书，第 97 页。

③ ［瑞士］雅各布·布克哈特：《意大利文艺复兴时期的文化》，何新译，马香春校，商务印书馆 1979 年版，第 83—84 页。

治形式的典范。在《君主论》之后的另一部巨著《论李维》中，他详细考察了古罗马共和国的政府机构、权力结构、军事组织、特别权势人物。他认为共和政体的优点首先是有利于保证私有财产的稳定性，防止国家财产落入一个人手中；其次是有利于真正的自由，公平的法律和健康的宗教；最后是有利于人民在统治过程中发挥作用。此外，"共和国比君国有着更强大的生命力，有着更长久的好运"①，因为在他看来，"人民比君主更精明、更稳健、判断力更出色"，"共和制才能真正表达出公共利益，因而有利于扩张"。② 这部著作也因此被曼斯菲尔德评价为"古典共和主义的滥觞"和"对古代自由的记忆"。③ 马基雅维里最不为人重视却非常有意义的贡献是他关于党争的下述评价。"诅咒贵族和平民纷争不已的人，他们所谴责的正是让罗马保持自由的元素。……纷争并没有造成有损于公益的流放与暴力，却导致了有益于公共自由的法律和秩序。……如果纷争是创设护民官的原因，则应给予纷争（tumults）至高的赞扬才是，因为它不只让民众享有治权，且为罗马的自由树起一道屏障。"④ 斯巴达的混合政制受赐于吕古尔枯斯（Lycurgus）"近乎完美的设计"，而兼容了贵族制、君主制和民主制的保证自由生活方式的罗马混合政制，及其所构建的"完美共和国"，却"肇始于平民（Plebs）与元老院（Senate）的不和"。⑤

　　美国立宪所建立的分权制政府，至少其众议院和参议院模仿了马基雅维里所崇尚的这种平民与元老相互制约的模式。美国立宪也最好不过地诠释了马基雅维里的下述论断："驾驭共和国并为其制定法律者，必把人人设想为恶棍，他们会不失时机地利用自己灵魂中的邪念。"⑥ 孟德斯鸠也认可了这种观点，认为"以较小的恶抑制较大的恶"是非常必要的，"对于专横既然没有其他阻力，那么这个阻力总是好的，因为专制主义既然给人类带来可怕的危害，那么那个能够约束专制主义的害处本身也是好处了"⑦。

　　总之，这些古圣先贤的思想，在美国革命期间和立宪建国前后，通过革命领袖中的思想家在北美广泛传播并在精英阶层普及，直接或间接影响了美国立宪。

---

① ［美］哈维·曼斯菲尔德：《驯化君主》，冯克利译，译林出版社 2000 年版，第 159 页。

② ［意］马基雅维里：《论李维》，冯克利译，上海人民出版社 2012 年版，第 195 页。

③ 同上书，第 1 页。

④ 同上书，第 56—57 页。

⑤ 同上书，第 52 页。

⑥ 同上书，第 54 页。

⑦ ［法］孟德斯鸠：《论法的精神》，张雁深译，商务印书馆 1997 年版，第 16 页。

第五章 自由主义与启蒙思想

美国革命和建国的思想来源，远不止前面提到过的那些思想大家。但从更直接的思想来源看，美国革命深受十七八世纪欧洲启蒙思想家及其政治哲学的影响。正如加拿大学者盖伊·拉弗郎斯（Guy Lafrance）所指出的那样："人们通常把启蒙运动中的哲学家看成是现代共和国的主要设计者，这主要是因为：他们提出的新的理想模型涉及新宪法、新政体和新的主权概念，关于这些问题的讨论最初都受到洛克和斯滨诺沙的启发。启蒙哲学家还提出了人权和公民权利的概念以及永久和平的构想等等。一句话，他们是这些政治理想的主要建筑师，这些理想建立在理性、自由、正义、平等和宽容等原则的基础上。"①

第一节 欧洲思想文化对北美精英的熏陶

美国建国的一代可以说是嗜书如命，对知识和智慧的钟爱不下于对自由的渴求。约翰·亚当斯和杰斐逊都为友人开过读书单。托马斯·杰斐逊1771 年 28 岁时应约为他的朋友开了一个长长的书单，成为美国革命前夜绅士的必读书目。书单涉及文学艺术、政治与法律、宗教（哲学）、历史、贸易、科学（自然哲学与自然史），时间跨度则远自古代希腊罗马，近自当代。文艺类的包括约翰·德奈顿（John Dryden）、亚历山大·波普（Alexander Pope）、莎士比亚（Shakespeare）和乔纳森·斯威福特（Jonathan Swift）等人的作品；政治和历史类的主要是塔希坨（Tacitus）、李维（Livy）、塞勒斯特（Sallust）和普鲁塔克（Plutarch）等名家关于希腊罗马衰亡史的著作和英国 17 世纪宪政冲突的著作，当然也包括洛克、悉尼

① 盖伊·拉弗郎斯：《孟德斯鸠和卢梭的宪政理论》，载［美］阿兰·罗森鲍姆编《宪政的哲学之维》，郑戈等译，生活·读书·新知三联书店 2001 年版，第 74—75 页。

（sidney）、孟德斯鸠（Montesquieu）、博林布鲁克（Bolingbroke）等人的作品；宗教（哲学）方面的有西塞罗（Cicero）、塞内卡（Seneca）、克诺芬（Xenophon）、埃皮克提图（Epictetus）和休谟（Hume）等的著作。法律入门级读物包括布莱克斯通（Blackstone）的《英国法释义》、卡麦斯爵士（Lord Kames）的《衡平法原理》（*Principles of Equity*）和一部法学词典。另外，柏克、亚当·斯密和詹姆斯·斯图亚特（James Steuart）爵士等的政治经济著作也在其中。圣经当然更是必读经典了（尽管他不是基督教徒）。他特别强调，"所有这些都有用，因为它们帮助我们树立美德、践行美德"①。

　　由于他们的推荐和提倡，这些著作在当时的知识界流传很广，为建国领袖们提供了深厚的历史知识和价值体系，帮助他们准确地理解法治、自由、共和与宪制。正如美国宪法史学家詹姆斯·麦克莱伦所说："美国政治领袖中没有哪一代像宪法制定者们那样为宪法的制定和政府的设计受过更好的教育，准备得更加充分。"② 在 18 世纪的后半期，美国建国的一代对希腊和拉丁文献的研习的热情，对古代历史和政治的探究的深度，皆远非后来的美国人可比。

　　美国学者卢茨（Donald S. Lutz）在《国父们的藏书》一文中，详细统计和分析了开国领袖的各种书信、演讲和媒体文献，列出了 40（实为 37）部/套被经常提及或引用的书籍。前 25 位中除了新约的主要撰稿人圣·保罗（St Paul）之外，赫然在列的学者大多也出现在杰斐逊的书单中。他们是：孟德斯鸠、布莱克斯通、洛克、休谟、普鲁塔克、贝卡利亚（Cesare Beccaria）、特伦查（John Trenchard）和戈登（Thomas Gordon）、德罗姆（Delolme）、普芬道夫（Samuel Pufendorf）、科克爵士（Sir Edward Coke）、西塞罗（Marcus Tullius Cicero）、霍布斯（Thomas Hobbes）、罗伯逊（William Robertson）、格劳秀斯（Hugo Grotius）、卢梭（Jean-Jacques Rousseau）、博林布罗克爵士（Lord Bolingbroke）、培根（Francis Bacon）、布赖斯（Richard Price）、莎士比亚（William Shakespeare）、李维（Titus

①　Thomas Jefferson, "To Robert Skipwith", *The Works of Thomas Jefferson*, vol. 2（1771 - 1779）［1905］, http：//oll. libertyfund. org/? option = com_ staticxt&staticfile = show. php%3Ftitle = 755&chapter = 86018&layout = html&Itemid = 27.

②　James Mclellen, *Liberty, Order and Justice：An Introduction to the Constitutional Principles of American Government*［1989］, *from The Online Library of Liberty*, http：//oll. liberty-fund. org/? option = com_ staticxt&staticfile = show. php%3Ftitle = 679&chapter = 68298&layout = html&Itemid = 27.

Livius Livy）、波普（Alexander Pope）、密尔顿（John Milton）、塔西坨（Publius Cornelius Tacitus）和柏拉图。[①] 卢次还在《美国政治理论导言》中对开国一代领袖引用古今欧洲学者的情况做了统计，如表 5-1 所示。

表 5-1　　　　　　　　政治思想家被引用频率排行

序号	作者	被引用率（%）
1	Montesquieu/孟德斯鸠	8.3
2	Blackstone/布莱克斯通	7.9
3	Locke/洛克	2.9
4	Hume/休谟	2.7
5	Plutarch/普鲁塔克	1.5
6	Beccaria/贝卡利亚	1.5
7	Trenchard and Gordon（Cato）/特伦查和戈登（凯托）	1.4
8	Delolme/德罗姆	1.4
9	Pufendorf/普芬道夫	1.3
10	Coke/科克	1.3
11	Cicero/西塞罗	1.2
12	Hobbes/霍布斯	1.0
13	Robertson/罗伯森	0.9
14	Grotius/格劳秀斯	0.9
15	Rousseau/卢梭	0.9
16	Bolingbroke/博林布罗克	0.9
17	Bacon/培根	0.8
18	Price/布赖斯	0.8
19	Shakespeare/莎士比亚	0.8
20	Livy/李维	0.8
21	Pope/波普	0.7
22	Milton/密尔顿	0.7
23	Tacitus/塔西坨	0.6
24	Coxe/科克斯	0.6
25	Plato/柏拉图	0.5

① Donald S. Lutz, *Founding Fathers' Library*, http：//oll. libertyfund. org/index. php？Itemid = 259&id = 438&option = com_ Content&task = view.

续表

序号	作者	被引用率（%）
26	Raynal/雷奈尔	0.5
27	Mably/马布里	0.5
28	Vattel 瓦泰尔	0.5
29	Petyt/贝迪特	0.5
30	Voltaire/伏尔泰	0.5
31	Robinson/罗宾逊	0.5
32	Sidney/悉尼	0.5
33	Somers/萨默斯	0.5
34	Harrington/哈林顿	0.5
35	Rapin-Thoyras/拉宾-泰拉斯	0.5
36	其他	52.2

注：以 916 本小册子、著作、和短论中出现的 224 位欧洲思想家的 3154 条被引用文献为据。

资料来源：Donald Lutz, *A Preface to American Political Theory*, Lawrence, KS: Kansas University Press, 1992, p.136.

从中不难看出，美国革命领袖最热衷的莫过于孟德斯鸠和布莱克斯通，前者可以说是政体思想的集大成者，后者则是当时英国法传统及法治思想的主要阐释者。正是以他们为代表的欧洲思想家对美国政制建构和法治发展产生了难以估量的影响。

美国哈佛大学教授、研究美国殖民和革命史的专家伯纳德·贝林（Bernard Bailyn）在探究美国革命的意识形态渊源时，就直接从殖民地的政体状况和北美人民长期形成的政治观念中去发掘；表达这些观念的最重要的工具就是革命时期的小册子。而撰写小册子这些人正是革命的精英，大多位列"国父"。如果要追本溯源，他们所表达的北美"人民长期形成的政治观念"，就是来自古希腊、罗马的经典政治理论和欧洲的启蒙思想。正是通过这些小册子，欧洲的政治思想资源实现了"北美化、时代化和大众化"，同时也将小册子撰稿人的政治思想传播、普及到了北美社会，促进了北美民众思想上、观念上的革命，为北美的独立革命、宪政革命奠定了思想意识形态基础。

如《独立宣言》所体现的理念、精神和原则，包括自然权利及其核心内容——生命、自由和财产/追求幸福，人生而平等，人民主权及政府的建立须得人民的同意，人民有权反抗压迫和推翻违反人民意愿的政府，等等，其思想源头基本上来自上述思想家的政治哲学，同时也是殖民地人民"心灵的呼声"，他们渴望改变殖民地"人生而不平等"的现实。尽管北美殖民地具有个人自由的深厚土壤，但人们对"人生而不平等"的现实既不满又无可奈何，古代社会的上流社会（绅士、贵族）与平民百姓的分野同样存在于美洲，"在南部殖民地贵族（patrician）占人口的4%—5%；在北部则达到10%。他们因出生和财富而渴望统治他人"。"显而易见，人生而不平等。出生和家庭如同财富一样影响巨大；不过一个人若是没有绅士举止、品味和气质，即使富有也算不得绅士。绅士必须生活得大气，物质富有，精神充实。"①《独立宣言》不只是殖民地宣布独立，更是承诺要谋求人的解放、自由和平等。所以，它一发表，便在北美大地掀起了波澜，获得了热烈的响应。

18世纪的法国学术思想非常活跃，曾经是激进政治理论的中心。但是英裔美洲人对激进的革命没有兴趣。美国革命领袖们对于卢梭的激进革命理论，对于赫尔维休（Helvetius）、图尔果（Turgot）、孔多塞（de Condorcet）（小名：Marie Jean Antoine Nicolas Caritat，1743-1794）或者霍尔巴赫的自然体系论（Holbach's System of Nature 1773）没有多少兴趣。事实上许多法国著作当时都没有翻译成英语传播到北美。唯一的例外是孟德斯鸠的《论法的精神》（the Spirit of the Laws，1748）。在立宪过程中，影响最为直接的当属分权制衡理论的集大成者孟德斯鸠。他的三权分立、互相制约与平衡的理论尽管还相当粗糙，其"共和国"只宜于小国寡民的政治实体的结论也被否定，但是"国父们"还是将其理论修正后首次用于一个大国的政治制度模式建构之中。在美国设计政府制度期间，"国父们"不仅创造性地运用了他的分权制衡理论，而且在某些具体政府制度上也从他的书中吸取知识和启迪。譬如国会的组成，不但体现了大邦与小邦之间的妥协，也结合了吕西亚共和国和荷兰共和国的方法——各州平等地向参议院派代表，按人口比例向众议院选送议员，② 但显然比它们的公共议会的组成方式更合理。这其实也是得益于美国革命领袖对各种政治理论与政体模式在深入了解的基础上的权衡与兼收并蓄。这一点，从革命领袖在美国建国前后引用的文献也可以看出来。

---

① Gordon S. Wood, *The Radicalism of the American Revolution*, Part I, Chapter 2, http：//www.bookrags.com/studyguide-radicalism-of-the-american-revolution/chapanal003.html.

② 吕西亚共和国的二十三个城市，大、中、小城市在公共议会中分别有三、二、一票，组成荷兰共和国的七个省则不分大小，每省一票。见孟德斯鸠《论法的精神》，张雁深译，商务印书馆1997年版，第132—133页。

欧洲启蒙思想与自由主义涉及人物众多，以下简要概述洛克、孟德斯鸠、卢梭、休谟的启蒙和自由主义政府理论对美国立宪的影响。

第二节 洛克自由主义影响美国立宪的性质和程度

洛克的权威并非不能置疑，但洛克对美国革命和立宪建国的影响却就是世所公认。"美国宪法——不是单指被冠以'宪法'这一名称的文件，而是指可以被称作美国宪法活动的那个整体——中渗透着一种洛克精神。"① 毫无疑问，洛克影响美国立宪最重要的著作当属《政府论》下篇（Second Treatise of Civil Government）。尽管当时就有评论家称这一著作缺乏历史根据，行文粗疏，所论也不太合逻辑，但其"宪政主义"思想，尤其是其中的"自然权利"理论和"机会平等学说"（doctrine of equality of opportunity）却使英裔美洲人坚定了这样的信念："政治社会都起源于自愿的结合和人们自由地选择他们的统治者和政府形式的相互协议。"② 他们不仅应该享有与英国人同样的权利，应该享有不可剥夺的生命、自由和财产等自然权利；而且还有权在这些权利不被尊重、受到侵犯时起来反抗，重建能够尊重、保障这些权利的政府。

洛克在《政府论》中详尽地阐述了他的基于自然法的法治观：以法律约束、控制和限制政治权力，从而保障人民的"天赋权利"。他提出了国家权力、政治权力和司法权力受制于法律的观点，"无论谁拥有任何共同体的立法权和最高权力，他都受制于已颁布并公之于人民的确定的常设法律，而不是冷漠和正直的法官给出不经心的判决，法官的任务是依据那些法律决断争论；他只能在法律的范围内自由地行使共同体的权力……"③

《政府论》上篇是破，是批驳斐尔默爵士（Sir Robert Filmer）的君权神授论，主张人生而自由，政治权威只能以被统治者的同意为基础，即公民的服从义务只能产生于契约。斐尔默鼓吹君权神圣，臣民必须被动服从

---

① ［加］莱斯利·阿穆尔：《约翰·洛克与美国宪法》，载［美］阿兰·罗森鲍姆编《宪政的哲学之维》，郑戈等译，生活·读书·新知三联书店 2001 年版，第 12 页。

② ［英］洛克：《政府论》（下篇），叶启芳译，商务印书馆 1982 年版，第 94 页。

③ 参见［英］J. M. 凯利《西方法律思想简史》，王笑红译，法律出版社 2002 年版，第 224—225 页。

君主，就像子女服从父亲一样，并且批驳政治义务源于契约和同意的论断。斐尔默认为平等者之间不可能签订存在统治与被统治、服从与被服从关系的契约。在他看来，君主的统治是上帝意志的体现。他"竟做出了这么一个推论：因为君主詹姆斯一世是在世的最年长的亚当嫡系男性后裔，所以，他不仅是英格兰和散会格兰的唯一君主，而且也是'世界之王'"①。斐尔默尽管意识到了需要证明政治义务的正当性，但是他推论和证明主权者与公民之间存在着一个人自然地有义务服从另一个人的关系，如同子女服从父亲，并不仅仅是强迫，而是因为父亲对子女拥有绝对的自然权力，的确不过是过于脆弱的"稻草人"。"斐尔默求助于父子关系，以便利用我们认为父亲有权告诉子女如何去做的自然倾向。他又求助于上帝对亚当的馈赠来支持所谓'父亲的自然法'，并以此来解释国王如何能够统治不是他子女的那些人。第一种求助暗示着只存在一个国王，第二种求助则暗示着每一个父亲都是一个国王。斐尔默无法在这两者之间建立起逻辑上的一致性，因此他的政治义务理论是不能自圆其说的。"②斐尔默以父权比附君权，想象英国君主为亚当的嫡传后裔，无论在当时，还是在今天，都不具有说服力。洛克仅仅指出，如果作为双亲之一的父亲因其身份和血缘关系而对子女拥有权力，那么作为双亲之一的母亲不是也应该拥有同样的权力吗?③ 他因此在《政府论》下篇的开篇明确指出："亚当并不像有人宣称的那样基于父亲的自然权利或上帝的明示赠予而享有对其儿女的权威或对世界的支配权。"退一步讲，"即使亚当有这种权利，他的继承人也没有"。即使他的继承人有，也没有自然法或者上帝的实在法来决定在一切情况下到底谁有继承权。即使这些都能确定，也无从知晓到底谁是亚当的嫡长系后裔并拥有当然的继承权。④ 因此，除非"世界上一切政府都是强力和暴力的产物"，否则，为了防止永久的无序、恶行、动荡、颠覆和暴乱，就必须找出"另一种政府产生的原因和政治权力的起源"⑤。洛克基于人生而自由，服从的义务只能产生于契约的信条，针对斐尔默的推论和论证指出："君主对臣民的权力"——不同于"父亲对其

---

① ［美］韦德·罗比森：《休莫与宪政》，载［美］阿兰·罗森鲍姆编《宪政的哲学之维》，郑戈等译，生活·读书·新知三联书店 2001 年版，第 45 页。

② 同上书，第 50 页。

③ John Locke, *Second Treatises of Government*, Book II, Chapter VI., SecT. 52-53, http://www.gutenberg.org/files/7370/7370-h/7370-h.htm.

④ Ibid., chapter I., sec. 1.

⑤ Ibid.

儿女的权力",也不同于"主人对个人的权力、丈夫对妻子的权力或领主对农奴的权力"①　——只能是由平等的双方通过契约创设。因为人生而自由,在无政府的自然状态中,每个人都处于"一种完美无缺的自由状态,可以自由安排他们自己的行动、处理他们的财产和人身,而无须征得任何人的许可或听命于任何其他人的意志"②。

然而,共同生活的人们之间难免产生纠纷,在无政府状态下,每个人又不可能是自己案件的审判官,为了克服这种不便,就需要"公民政府"(civil government)。③这种政府必须以被统治者同意为基础并为被统治者所拥有。为此,洛克提出了双重契约论,人们首先订立每个人都同意遵循多数人统治原则的契约,以组成"民国"(commonwealth),并且在保留自己的所有物,即生命、自由和财产的情况下,每个人都放弃对有关自己的案件的裁判权。可见,洛克的契约论不同于霍布斯的,也与卢梭的有别。他认为契约的立废皆决于民而不应钦定。这是因为,洛克在《政府论》下篇提出了一套不同于霍布斯的"自然状态"理论和"理性"自然法的概念,强调每个人都拥有自然权利,都有责任保护自己的权利并尊重他人同样的权利。

由于实践中自然法总是容易被忽略,所以建立保障自然法效力的政府并赋予其权威是必要的,但政府的统治必须经过被统治者的同意,并以完整的法律体系为保障。在洛克看来,政府只是受人民委托的代理人,须在法律授权范围内行使权力,违法或者滥用权力,便是对人民的背叛,凡背叛人民的政府,人民都有权解散它并重建新的政府。

洛克的自然权利理论和社会契约理论,对美国立宪建国的影响非常明显。包括约翰·亚当斯、托马斯·杰斐逊、亚历山大·汉密尔顿、詹姆斯·麦迪逊等许多美国开国元勋,都对洛克的理论深以为然,并用以为美国的革命和建国辩护。

如果将洛克的理论与美国宪法及其修正案作一对比,可知洛克自然权利理论对美国立宪的影响是相当显著的。在美国立宪期间,大多数美国精

①　洛克对这几种权力关系的区分,实际上源于亚里士多德。亚里士多德明确指出,长者对幼者的权力、丈夫对妻子的权力、主人对奴隶的权力是天经地义的、自然的权力,但是,这些都不同于国王或政府对于邦民的权力;政治学的关键问题之一就是平等者之间的统治与服从。

②　John Locke, *Second Treatises of Government*, Book II, Chapter I., Sect. 1, http://www.gutenberg.org/files/7370/7370-h/7370-h.htm.

③　Ibid., book II, sec. 13.

英认同洛克的如下看法：冲突是不可避免的，"冲突仅仅是人类活动的一个组成部分"；但冲突是可以控制的，控制冲突的新因素是一部行之有效的宪法。所以"洛克派"的美国人认为："如果资本家与他们的雇佣工人发生纠纷，需要的不是去解释在资本主义制度下冲突是不可避免的，而是制定劳动法，使对立的双方达成妥协一致。"① 洛克将生命、自由和财产视为最重要的自然权利。这对美国独立建国产生了直接的影响。北美革命期间的第五次弗吉尼亚政治会议（The Virginia Convention）② 于 1776 年 6 月 12 日通过的由乔治·梅森（George Mason）起草的弗吉尼亚权利宣言，其第一条宣称一切人生而平等自由独立并拥有与生俱来的权利，且不得以任何协议克扣或剥夺其后世子孙享受生活和自由、获得和拥有财产、追求和获得幸福安全之权利。美国《独立宣言》的序言援用了弗吉尼亚权利宣言对洛克表述的修正，但更加简明：我们坚信不证自明的真理，人生而平等并得造物主赋予不可剥夺之权利，其中包括生命、自由和追求幸福——为了保障这些权利，人们建立政府，其正当权力来源于被统治者的同意，任何政府如若破坏这些权利，人们有权起来改变或予以消灭并建立新的政府，以便最有效地保障其安全和幸福。但是，政府的统治必须以多数人的意志为之，既不可以少数人专制，也不必强求绝对一致。"洛克非常清楚地指出，每一个愿意进入政治社会的人或者每一个逐渐同意政治社会优于自然状态的人，都必须接受多数人统治原则。③ 这似乎是从两个事实推导出来的：其一，每一个人都是具有特殊性的个体，没有哪个人天生优于其他人；其二，由于人类通常具有好争辩的天性，所以，为了维持一个稳定的社会，达到绝对的一致同意是不可取的。""……但是，即使多数人也不可以干涉个人的基本权利；……洛克多数人统治原则只是变通。"④

美国政制设计中的分权制衡结构，有限政府等，与洛克的分权概念也

---

① ［加］莱斯利·阿穆尔：《约翰·洛克与美国宪法》，载［美］阿兰·罗森鲍姆编《宪政的哲学之维》，郑戈等译，生活·读书·新知三联书店 2001 年版，第 24—25 页。

② The Virginia Convention 一共举行了五次，1774 年皇家总督 Lord Dunmore 强行解散了弗吉尼亚议会（the House of Burgesses），该议会随即宣告成立 The Virginia Convention 履行革命政府的职能，直到 1776 年独立的弗吉尼亚共和国成立（the independent Commonwealth of Virginia）。

③ John Locke, *Second Treatise*, Book II, Chapter X., Sect. 132 - 3, http：//www. guten-berg. org/files/7370/7370-h/7370-h. htm.

④ ［加］莱斯利·阿穆尔：《约翰·洛克与美国宪法》，载［美］阿兰·罗森鲍姆编《宪政的哲学之维》，郑戈等译，生活·读书·新知三联书店 2001 年版，第 26—27 页。

不无关系。"尽管人们通常认为美国的分权理论另有渊源，但是洛克《政府论》下篇的第十二章的确论述了这种原则。他的主要观点是，如果立法权和行政权合为一体，那么操纵法律来牟取私利的可能性就会对人性的弱点构成极大的引诱。最好让立法者监督行政机构的行为——使之能够阻止行政机构的所作所为，却不能变成执行者本身。"行政权、立法权、司法权之外还有结盟权，这被他称为第四种权力。

在美国，总统无权签订条约和宣战，但实际上在这一领域拥有广泛权力。"条约必须参议院批准生效，但实际上总统能够以其他名目进行各种各样的交易，而且能够参与看似战争的事件，而不宣布它们为战争。国会除了同意或者使军队在国外得不到供给以外，没有更多的选择。"① 美国的权利法案，虽然其思想具有多样性，但洛克的自然权利理论的影响也是显而易见的。"洛克在《政府论》中提出的中心论点是：国家的权利在道德上来源于被统治者想要组成一个国家的愿望。洛克认为，如果国家会侵犯个人有效权利的疆域，那么，没有任何人会同意组织一个国家。国家也许会否认个人的某些权利（即个人自行做出法律裁判的权利），但是，从整体上看，这必须能够带来更大的好处。因此，在美国宪法中，所有没有赋予联邦政府的权利和权力都由各州或者人民保有。"② 在洛克看来，法律制度是必需的，但合法的法必须是为了公益而非私利；谋私的法，奴役人民的法，皆为非法。③

自然权利进入宪法，成为宪法权利，在英美传统中具有悠久的历史。英国普通法传统、《自由大宪章》，北美殖民地法律中都可追溯其痕迹。因此，对于美国宪法通过后增加的权利法案，"洛克的影响是分散的和间接的"。"《独立宣言》把'生命'自由和追求幸福'放到令王权不可触及的位置上。但是，最初的宪法起草者们却没有遵循这一先例。"④ 然而，在权利法案中所确认的诸如宗教、言论、出版、集会、结社自由和请愿的权利（第一修正案），任何人非经正当法律程序不得被剥夺生命、自由和财产，私有财产无公正补偿不得征为公用，一事不再审，不得被迫自证其

①　[加] 莱斯利·阿穆尔：《约翰·洛克与美国宪法》，载 [美] 阿兰·罗森鲍姆编《宪政的哲学之维》，郑戈等译，生活·读书·新知三联书店 2001 年版，第 27—28 页。

②　同上书，第 25—26 页。

③　Mark Goldie ed., *Locke Political Essays*，中国政法大学出版社 2003 年版，第 64 页。

④　[加] 莱斯利·阿穆尔：《约翰·洛克与美国宪法》，载 [美] 阿兰·罗森鲍姆编《宪政的哲学之维》，郑戈等译，生活·读书·新知三联书店 2001 年版，第 31 页。

罪（第五修正案），等等，的确有理由让人联想到洛克的"自然权利"理论。"首先，它们之所以是'自然'的，乃是因为不需要任何政治组织来把它们授予我们——我们是人，仅仅这一个事实就使我们拥有这些权利；其次，从另一个意义上说，这些权利是'自然'的，乃是因为：任何采纳洛克关于自由之重要性观点的有思想的人都不会放弃他的自然状态，除非将其交由一个能保证其权利的政治组织。其实，'自然权利'仍然是适当的'宪法'权利，因为它们体现着制约框架的一个方面，'存在政治组织'这个简单的事实使得这个制约框架变得十分必要。"①

"洛克在理论和实践两方面影响美国宪政的性质和程度，其关键在于他的机会平等学说。"② 洛克的财产权原则包含着机会平等的思想。在他看来，每个人都在自然状态下拥有一些不能够被随意挪用甚或剥夺的财产，政府存在的目的就是保护财产权利。机会平等首先体现在每个人都可以通过"劳动"获得财产。"劳动"使本来处于"共有状态"的物变成了私人财产。当然，这种改变需要满足一定的条件：一是"还留有足够的同样好的东西给其他人共有"，二是以自足为度，不可贪得无厌，"凡上帝所造之物，皆不得为人所糟蹋损毁"（nothing was made by God is for man to spoil or distroy）③。

尊重他人同样的权利，不暴殄天物，恰是体现了机会平等。"美国宪法背后的驱动力是机会平等学说，而且我认为洛克本人也会理解和坚持这种观点。"④ 洛克宣称"人生而自由"，这意味着"平等的人，在人群中不必隶属或服从他人"。这在美国宪法第一条第九款表达为美国不得授予任何人贵族头衔；任何在职的官员非经国会同意不得接受任何国王、亲王或外国授予的贵族头衔。

作为平等主体的人彼此之间的义务只能通过订立契约来创设。个人服从政府的政治义务的前提是政府确保其生命、自由和财产安全。如果立法者破坏人民的财产或贬低他们的地位使其处于奴役状态，人民便无须再服从。宪法之权利法案中人民拥有携带武器的权利，至少在当时与这种理念

---

① ［加］莱斯利·阿穆尔：《约翰·洛克与美国宪法》，载［美］阿兰·罗森鲍姆编《宪政的哲学之维》，郑戈等译，生活·读书·新知三联书店 2001 年版，第 32 页。

② 同上书，第 11 页。

③ John Locke, *The Second Treatise of Civil Government*, Book II., Chapter V., Sect. 31, http://www.gutenberg.org/files/7370/7370-h/7370-h.htm.

④ ［加］莱斯利·阿穆尔：《约翰·洛克与美国宪法》，载［美］阿兰·罗森鲍姆编《宪政的哲学之维》，郑戈等译，生活·读书·新知三联书店 2001 年版，第 37 页。

不无关系。

总之，"在很大程度上，美国宪法和宪法实践确实执行了洛克的计划，这是一种令人惊奇的发现。宪法的运行已经持续了二百年，在政治主张各不相同的美国人中，很少有人愿意改变宪法的基本结构。根据'可接受性'的第一种意义（即如果人们确实不愿意改变某种政治制度，那么这种政治制度就是人们可以接受的——引者注），洛克的理论显然已经通过了检验。"①

第三节　孟德斯鸠、卢梭为美国政府框架提供了理论支撑

孟德斯鸠和卢梭"这两位启蒙运动哲学家是他们那个时代在宪法问题上的最佳代言人。他们关于基本权利和政治权利的观点对于我们这个时代仍然有着十分重要的意义。……从最大的意义上讲，他们的理论中浓缩了宪政学说中的所有关键命题，只是未曾涉及全部的细节。不论从哪种意义上讲，忽视他们的观点都是冒着要再创其学说的危险。"②

孟德斯鸠深刻洞悉他所处的时代的专制问题并持严厉批判的态度，进而严肃探讨了宪政改革，旨在通过分析自由所依赖的宪政条件，来恢复法国人民古已有之的自由。《论法的精神》对一切时代、一切国家的政府进行了理论分析，虽然未必都正确，却是近现代宪政的启蒙经典。

"孟德斯鸠的全部努力旨在打破自我、文化、文明、道德、法律和社会政治组织等普适性的概念。通过把'关系中的法'这种概念引入到所有这些层面，他达到了这一目的：所谓'关系中的法'的概念，就是要把法放到与经验和真实历史（人类生活的历史）的关系中去研究。"③ 其实，孟德斯鸠对政体——无论其类型、性质还是原则——的研究，都没有脱离其所处的具体关系。也就是说，他所研究的政体，也是"关系中的政体"。

孟德斯鸠将政体分为三种类型：共和政体、君主政体和专制政体。

---

① ［加］莱斯利·阿穆尔：《约翰·洛克与美国宪法》，载［美］阿兰·罗森鲍姆编《宪政的哲学之维》，郑戈等译，生活·读书·新知三联书店 2001 年版，第 36 页。

② ［加］盖伊·拉弗郎斯：《孟德枫鸠和卢梭的宪政理论》，载［美］阿兰·罗森鲍姆编《宪政的哲学之维》，郑戈等译，生活·读书·新知三联书店 2001 年版，第 91 页。

③ 同上书，第 75 页。

"共和政体是全体人民或仅仅一部分人民握有最高权力的政体；君主政体是单独由一个人执政，不过遵照固定的和确定了的法律；专制政体是既无法律又无规章，由单独一个人按照一己的意志与反复无常的性情领导一切。"①

孟氏尤其崇尚英国的宪政，发展了自柏拉图以降的分权、限权思想，并令人信服地论证了要保持自由就必须实行分权；因而被公认为分权制衡理论的集大成者，并直接影响了美国宪法中的政治权力结构和政府框架。孟德斯鸠在阐释和坚持分权原则，但并不是主张主权分离，而是强调，立法、行政、司法"这三种权力必须运行，但也必须协调地运行"② ——真正的主权只存在于这三种权力的和谐运行之中。而这正是它吸引美国宪法制定者（framer）之处。

然而，要把他的理论用于美国的宪政制度设计，却也有不少困难。特别是如果生搬硬套他的关于共和国的基本观点，那么美国就不可能建成为一共和国。孟德斯鸠在较为详细地说明了大共和国的可能的各种弊端之后得出的结论是，"小国宜于共和政体，中等国宜于君主治理，大帝国宜于专制君主治理"③。他的论证不明晰，不精致，对于分权所需要的制衡，也比较模糊。因此，一方面，有不少美国人怀疑他那一套能否适用于美国；另一方面，反联邦派又以他的共和制政府只适用于小国寡民之邦为依据反对建立权力广泛的大联邦共和国，而主张维持邦联的体制，保证各邦继续享有完全的主权。以麦迪逊等为代表的联邦派非常注意有取舍、创造性地应用来自旧世界的理论，特别是休谟的大共和国更有利于维持稳定和统一的理论，对孟氏的理论进行了必要的修正使之适合美国的国情，然后将其融入美国的宪政制度设计之中。

在 1776—1780 年的诸邦宪法中，尤其是由约翰·亚当斯主持起草的马萨诸塞宪法，表明制衡体系有效地强化了分权。孟氏的某些重要观点在北美广为传播，在革命前鼓舞和激发了宪政变革，在革命后又被宪法制定者们创造性地应用于宪政设计之中。他也因此被认为是对美国宪政制度的构建"贡献"最大的同时代欧洲思想家。

---

① ［法］孟德斯鸠：《论法的精神》，张雁深译，商务印书馆 1997 年版，第 8 页。

② 参见［加］盖伊·拉弗朗斯《孟德枫鸠和卢梭的宪政理论》，载［美］阿兰·罗森鲍姆编《宪政的哲学之维》，郑戈等译，生活·读书·新知三联书店 2001 年版，第 84 页。详见孟德斯鸠《论法的精神》，张雁深译，商务印书馆 1997 年版，第六章。

③ ［法］孟德斯鸠：《论法的精神》，张雁深译，商务印书馆 1997 年版，第 124—126 页。

卢梭的人民主权、公意学说和共和理念对美国立宪的影响，尚未被充分认识并得到足够的肯定。一般认为，法国思想家的作品，除了孟德斯鸠外，没有在北美流行过。然而，除了《独立宣言》几乎直接拷贝了"人生而自由与平等"的原则外，只要稍加留意美国宪法文本，也不难发现卢梭的影响。

首先，美国宪法的序言，至少在形式上，在表达方式上，体现了人民主权和"公意"，体现了"立法权力是属于人民的，而且只能是属于人民的"① 这一至关重要的原则。美国宪法序言讲制宪主体是"我们合众国人民"，即制宪本身就是"公意"的表达，或者因公意而为，这同卢梭的理论如出一辙："在一个完美的立法之下，个别的或个人的意志应该是毫无地位的，政府本身的团体意志应该是极其次要的，从而公意或者主权的意志永远应该是主导的，并且是其他一切意志的唯一规范。"② 美国宪法序言所讲的制宪的目的也非常清晰简明："为了建立一个更完善的联盟，树立正义，保障国内安宁，提供共同防务，促进公共福利，并使我们自己和后代得享自由的幸福。"这与卢梭在《社会契约论》中的表达几乎完全一致："政治结合的目的是为了什么？就是为了它的成员的生存和繁荣。"③

其次，美国宪法在很多方面都体现了卢梭在《社会契约论》中所探究的"政治权力的原则"，诸如防止权力腐败、政体堕落，如何保护弱势的人民不被政府奴役，以及对混合政府的肯定，等等。④ 卢梭强调在自由国家，"一切都用于共同利益"；而"专制制度之统治臣民并不是为了要使他们幸福，而是要使他们贫愁困苦，以便统治他们"。⑤ 政治统治的目的决定政体的好坏，这同亚士多德"常态政体"与"变态政体"的区分如出一辙。

最后，美国宪法所确认的共和与法治原则，《社会契约论》至少也是其理论来源之一。"凡是实行法治的国家——无论它的行政形式如何——我就称之为共和国；因为唯有在这里才是公共利益在统治着，公共事物才是作数的。一切合法的政府都共和制……"⑥ 反之，凡是非共和制的政

---

① ［法］卢梭：《社会契约论》，何兆武译，商务印书馆 1997 年版，第 75 页。
② 同上书，第 83 页。
③ 同上书，第 111 页。
④ 同上书，详见第三卷之第 3、7 章。
⑤ 同上书，第 51 页。
⑥ 同上书，第 105 页。

府，便是非法的。他反对赋予主权者以特权的做法，并提出著名的法律面前人人平等的观点，他说："社会公约在公民之间确立了这样的一种平等，以致他们大家全都遵守同样的条件并且全都应该享有同样的权利。"①美国宪法要求所有各州必须实行共和制；美国宪政的发展，也基本上遵循了这条路径。这绝对不能说与卢梭的理论没有关系。

此外，美国的开国领袖们自华盛顿以降，普遍反对派系，也可以在卢梭的著作中找到根据："为了很好地表达公意，最重要的是国家之内不能有派系存在，并且每个公民只能是表示自己的意见。""权利平等及其所产生的正义概念乃是出自每个人对自己的偏私，因而也是出自人的天性。这一点也就证明了公意若要真正成为公意，就应该在它的目的上以及在它的本质上都同样的是公意。"②

总之，正如何兆武先生在《社会契约论》"译者前言"中所说："美国革命的《独立宣言》和法国革命的《人权宣言》以及两国的宪法，在很大程度上都是直接继承和体现了卢梭的理论精神和政治理想。"③

第四节　休谟促成了北美规模空前的观念革命

18 世纪重要的政治理论家休谟对法治与人治有着明智的看法。他认为纵然法律如柏拉图所说无法对具体案例有完全的适用性，但是这种弊端不能成为抛弃法律的理由。在他看来，只是"需要有很强的洞察力和很多的经验，才能发觉这种不便比起每个官员任意决断的权力所造成的后果是微不足道的，并且也认识到一般法律不方便之处甚少"④。休谟对美国革命和建国的影响是重大和多方面的，却长期未受重视。这里择其最显要者予以简介。首先，美国革命和建国深受休谟观念革命的影响，其人性恶论也是美国政制设计的深层理论基础。美国卡拉马祖学院哲学教授、休谟协会前主席韦德·罗比森（Wade L. Robison）认为："大卫·休谟（David Hume，1711—1776）对政治哲学的经验主义研究，特别是他对社会契约论的批判促成了这场思想革命，并最终变成了制宪者们对政府和公民之间

①　[法] 卢梭：《社会契约论》，何兆武译，商务印书馆 1997 年版，第 44 页。

②　同上书，第 40、42 页。

③　同上书，"译者前言"第 1 页。

④　[苏格兰] 休谟：《休谟政治论文选》，张若衡译，商务印书馆 1993 年版，第 66 页。

应有之理想关系的看法。""在很大程度上，由大卫·休谟促成的规模空前的观念革命处于美国革命的核心地带，这是一场政治思想上的哥白尼革命。"① 美国政制设计的深层理念便是人性本恶。既防止多数人暴政，也防止少数人专权，是美国政制设计的一大理念。

其次，休谟提供了在大国建立共和制的理论支持。休谟在《关于理想共和国的设想》（*Idea of A Perfect Commenwealth*）一文中简要考察了历史上有过的各种不同形态的共和政府之后，批驳了大国不适合共和制这一"普遍流传的谬误"。他指出："有人认为这种体制的政府只能产生于一个城市中或一个小国中。看来情况很可能与此相反。在幅员广阔的国家中建立一个共和政府虽然比在一个城市中建立一个这样的政府更为困难，但这样的政府一旦建立却易于保持稳定和统一，不易发生混乱和分裂。"而且，"在巧妙建立的大国政府中，从允许参加共和国初选和初步计划的低层民众到指导一切活动的高级官员，均有改进民主制的充分余地。同时，由于各个部分相距甚远，不论是阴谋、成见或激情都很难促使他们联合起来采取措施，反对公众利益"。比较一下麦迪逊为共和制辩护的相关论述，② 不难发现，美国的共和制，确实对民主制进行了大胆和有效的改进。这不能不说，休谟的理论功不可没。此外，美国制宪者们对民主制的反对也可从休谟那里找到根据："民主制总是骚动不安。不管人们在选举或表决时分成许多部分，他们在一城的邻近居住总是使民众的力量成为最易感受的潮流。"③ 民众大都无知，易受野心家煽动和操纵；民选结果不一定强于世袭，建立民众政府比什么都更可怕，等等，这些流行于美国制宪者和革命领袖中的观念，无不可以追溯到休谟。

最后，美国政制中的普遍的多重制约与平衡原则及具体安排，也与休谟的政治理想一致。在《论议会的独立性》一文中，休谟非常简明但有说服力地论证了必须通过相互竞争的权力和利益进行制衡以防恶政。他指出："在设计任何政府体制和确定该体制中若干制约、监控机构时，必须把每个成员都设想为无赖之徒，并设想他的一切作为都是为了谋求私利、别无其他目标。我们必须利用这种个人利害来控制他，并使他与公益合

---

① ［美］韦德·罗比森：《休谟与宪政》，载［美］阿兰·罗森鲍姆编《宪政的哲学之维》，郑戈等译，生活·读书·新知三联书店 2001 年版，第 41—42 页。

② 参见《联邦党人文集》，程逢如等译，商务印书馆 2007 年版，第九、十篇。

③ ［苏格兰］休谟：《休谟政治论文选》，张若衡译，商务印书馆 2010 年版，第 172—173 页。

作，尽管他本来贪得无厌，野心很大。"否则，"我们的自由或财产除了依靠统治者的善心，别无保障，也就是说根本没有什么保障"。"因此，当有人提出任何政府设计方案，不论是真实的还是虚构的方案，供我们审查，而其中权力分由几个机构、几个等级的人们所掌握，我们就应当经常考虑各个机构、各个等级的利益。如果我们发现通过巧妙的分权，在执行时这种利益必然和公共利益协调一致，那么就可以宣布这种政府组织是明智的可喜的。如果情况与此相反，各机构各等级的各自利益不受制约，不是朝着为公的方向，对于这种政府我们所能期望的只有分裂、混乱和暴虐。"①

美国政设计中的多重制约平衡，固然有其他理论和经验来源，但与休谟的上述理论具有非常相近的渊源。

总之，"休谟是一个观念革命者：他参与到正在进行的观念革命之中，改造了那些看似主要概念的东西，集中关注于如何设计政体这一个有望解决的难题。而且这也是美国制宪元勋们的关注所在：如何建立一个既提供安全又保障自由的政府?"②

---

① ［苏格兰］休谟：《休谟政治论文选》，张若衡译，商务印书馆 2010 年版，第 27—28 页。

② ［美］韦德·罗比森：《休谟与宪政》，载［美］阿兰·罗森鲍姆编《宪政的哲学之维》，郑戈等译，生活·读书·新知三联书店 2001 年版，第 67 页。

第六章　欧洲法治理念及其"北美化"

北美殖民者的文化之源在欧洲，思想之源也在欧洲。共和主义、自由主义通过启蒙运动不但向北美的"革命"提供思想支持，而且成为殖民地获得独立后立宪建国的指导思想。正是共和主义、自由主义、法治主义的"北美化、时代化"成就了美国的立宪建国。

第一节　立宪建国前欧洲法治理念及其演变

西方法治理念及其制度实践，可以追溯到古希腊、古代罗马时代，而英国 1215 年《自由大宪章》既是对古代法治理念与制度的继承发展，也是近现代法治理念与制度的开端。大宪章 63 个条款所包含的基本原则，虽然时而废弛时而有效，但最终都成了近现代法治之源。其中最要者莫过于正式用法律规范的形式确立了"法在王上"的宪制原则，即国王、政府必须受制于法律，而不是法律受国王、政府任意摆布。即使在今天，法治的要义也在于政府及其官员必须服从法律。

在西方的观念和实践中，政府是必要的恶；建立政府实属无奈。因而政体问题，始终是政治学研究的主题。在政体问题中，如何控制政府又是最核心的问题。"法在王上"的概念虽然古代希腊就有，但写进法律，形成制度，却是始于英国《自由大宪章》。而在大宪章颁布之后，又经过了四五百年的反复，英国的"利维坦"这头怪兽才最终被关进了法治的笼子里。从此以后，世界上的国家或快或慢，或迟或早，纷纷尝试用法律，特别是宪法来将国王、将政府控制在法治的笼子里。

在欧美政治法律文化传统中，法治政治思想作为其精粹，虽历经兴衰沉浮，但最终还是作为主流价值被普遍接受。法治早已超越当初作为治国方略与人治简单对立的范畴，而成为全人类的政治文明成果。虽然对法治的精确界定从来都是众说纷纭，但这并不妨碍法治所蕴涵的价值原则，诸如法律至上、制约掌权者、保障人权，等等，逐步普及到政治制度和实践之中。正是法治政治促使欧美在物质文明和精神文明的发展中走在了世界的前列。中世纪以后的欧洲，法治传统虽历经种种变迁和挫折，但总的趋势仍是法治精神得以张扬并贯穿于西方社会的基本治理框架和治理实践之中。

中世纪以来的英国政治，最核心的问题是王权与法律的关系；最重要的变革是"法在王上"从观念到制度的演变。早在盎格鲁—撒克逊时代，英格兰就已经有了初步的以法律约束国王的意识。如公元七世纪的《怀特莱德法典》(*The Law of Wihtred*，695) 和公元九世纪著名的《阿尔弗雷德法典》(*Code of Alfred / Legal Code of Ælfred the Great*，893)，都明确了国王应遵守法律，违法则将被废黜。同时"法在王上"这一观念也不断地出现在这一时期的政治法律及其他文献中。1215 年《自由大宪章》作为英国也是世界历史上最早的宪法性文件，正式确认了法律至上、王权应受到约束的政治原则。宪章从头到尾给人一种暗示："这个文件是个法律，它居于国王之上，连国王也不得违反。"[①] 从此，法律至上的观念便开始缓慢而渐进地植根于英国社会。

当然，王权和法律的冲突并没有因此而停息。16 世纪，"英国历史上第一位最专制独裁的国王"亨利就曾以王权对抗大宪章，这种冲突至 17 世纪愈演愈烈，在这前后围绕着如何平衡英王的权利和天赋的人权展开了有关宪政主题的争论。信奉专制君主制理论和君权神授学说的英国国王詹姆斯一世在《自由君主的真正法律》一文中说道："国王是法律的创造者和制定者，而非法律之于国王如此……法律是在臣民的恳请之下制定的，是国王依据臣民的祈求和建议制定的。"他在 1609 年的一次议会演讲中甚至宣布上帝是万能的，国王也是万能的；"国王被恰当地称为上帝，因为他们在世上行使同样的权力……国王们有权随意将自己的臣民捧上天，或者将他们踩在脚下；有权让他们生，也有权要他们死……"[②] 但是，君主权力绝对的理念和实践也招制了普遍的反感。普通法院首席大法官柯克引用布雷克顿的名言作出了激烈反应："国王在臣民之上，但在上帝和法律之下。"他认为："除了法律与国家认可的

① ［英］温斯顿·丘吉尔：《英语国家史略》（上册），薛力敏、林林译，新华出版社 1985 年版，第 234 页。

② John A. Maxwelll and Jmaes J. Friedberg ed.，*Human Rights in Western Civilizatiion*：1600-*Present*，Dubuque，IA：Kendall/Hunt Publishing Co.，1994，p. 17.

特权外，国王没有特权。"

这场表现为权力之争却关乎法治命运的斗争，最终导致了滥用王权且违反《权利请愿书》的查理一世于 1649 年被以叛国罪送上断头台。下院亦通过一项著名的决议："人民是一切正当权力的源泉，因此选自人民并代表人民的英国议会下议院无论制定了怎样的法律，或宣称任何文件为法律，它们都具有法律的效力；即使在国王或上议院不同意的情况下，它们也是对所有英国人民有约束力的。"① 1688 年 "光荣革命"成功的根本标志就是《权利法案》（*Bill of Rights 1689*）等著名宪法性文件的颁行，最终确立立宪君主制，并将国王应受议会和法律约束确定为一项宪法原则。

"光荣革命"的另一成果是催生了法治理论的系统发展。洛克的法治理论，休莫关于法治优于个人决断的观点，都在这期间得到了发展。由此"法在王上"的法治观在英国历经几百年的反复，最终战胜了"王在法上"，成为英国政治法律思想和国家制度的精华，得以植根于社会并成为立宪政体的支撑。正如休谟在《英国史》中所说，英国历史的真实意义在于"从意志的统治到法律的统治"（a government of will to a government of law）的演化。

中世纪早期的西欧大陆，君主享有广泛的特权，而且"除了只受上帝的约束之外，不受任何人的法律的判决的约束"② 。但这并不是说对王权没有任何限制，这一时期王权主要受到来源于日耳曼的政治制度、习惯法以及教会法发展带来的制约。无疑，这些制约是零散的、任意的、时强时弱的。正如伯尔曼所总结的："在 11 世纪后期和 12 世纪早期以前的这个阶段，西欧各种法律秩序中被使用的法律规则和程序，在很大程度上与社会习惯、政治制度和宗教制度并无差别。没有人试图将当时的法律和法律制度组成为一种独特的结构。法律极少是成文的。没有专门的司法制度，没有职业的法律家阶层，也没有专门的法律著作。法律没有被自觉地加以系统化。"③ 因此，这一时期的王权只存在一些模糊的边界，王权的

---

① J. P Kenyon ed. , *The Stuart Constitution*, *Documents and Commentary*, Cambridge, UK：Cambridge University Press，1980，p324.

② ［美］乔治·霍兰·萨拜因：《政治学说史》（上册），盛葵阳、崔妙因译，商务印书馆 1986 年版，第 284。

③ ［美］哈罗德·J. 伯尔曼：《法律与革命——西方法律传统的形成》，中国大百科全书出版社 1993 年版，第 58 页。

滥用难以通过法律予以追究。

到中世纪后期，围绕法律与政治权力之间的关系产生了两种截然不同的主张。一种以托马斯·阿奎那为代表，从自然法与优良政体相结合的角度出发，主张法律高于王权，君主应受法律约束，"就任何制度而言，最保险的办法是法治，法治在绝大多数情况下是一种实践的需要，因为贤明之士不常有，而且人治不可避免地滥用职权"①。遗憾的是，这种法治理念没有被当时的制度所吸纳。另一种主张则是伴随着教权与世俗权力的斗争，法学家和律师们支持扮演了进步角色的王权的呼声，再加上这一时期罗马法的复兴，"君主喜欢的东西就具有法律效力"这一罗马法原则成了对王权的有力支持。在这种社会背景下，王权开始逐渐扩大到以前所不及的事务，从路易九世颁发的法令显著增多，到暴虐的路易十一，无不说明王权向专制主义的发展。虽然这期间也间或产生了一些确认法律至上的法律文件，诸如路易十二在1499年颁布的"历史家不应忘记的敕令"："要始终遵守法律，如果君主因一时迷惑发布违反法律的命令，可以置之不理。"② 但这不过是思想家们的愿望而非现实，"法治"仍主要依赖于君主个人而非制度体系。与此相关联的是，即使在观念上，法治也敌不过专制。不管是让·布丹的《国家六论》，还是雨果·格劳秀斯的《战争与和平法》，都从理论上倡导和支持专制主义。到十七八世纪，专制主义在法国发展到顶点，同时也走到了它的尽头。路易十四、十五、十六相继宣布"联即法律"并享有至高无上的权力，法律被踩在了君主的脚下，由此也激化了对专制王权更加猛烈的抨击并促使其走向末路。

本来，政治权力应受法律约束的思想从来就没有中断过，随着专制主义危害的凸显和英国法律思想在西欧大陆的传播，法治理论也成了这一时期绝大多数思想家的政治学说的核心内容。除了前面已经涉及的众多思想家外，斯宾诺莎在其《政治论》中也明确反对君主专制："正如无数先例所表明，行使绝对统治对君主自身来说是最危险的，对国民来说是最可憎的，既不符合神律，也违背人世的法律。"③ 他特别强调法律对君权的约束，"决不能丝毫违反确立起来的法律惯例，那是连君主本人都不能加以

---

① 参见［美］列奥·施特劳斯、约瑟夫·克罗波西《政治哲学史》（上册），李天然等译，河北人民出版社1993年版，第285页。

② ［法］伏尔泰：《风俗论》（中册），梁守锵等译，商务印书馆1997年版，第397页。

③ ［荷］斯宾诺莎：《政治论》，冯炳昆译，商务印书馆1999年版，第242页。

废除的"①。著名的启蒙思想家孟德斯鸠确信"一切有权力的人都容易滥用权力"。因而他所探究的"法的精神"的基本要点便是通过分权制衡、司法独立来防止绝对的权力和专制，保障公民个人"在法律下的自由和权利"。卢梭对法治则有更为强烈的向往，他把体现公意的法治视为共和制度的标志，认为只有体现公意的法律才能保障公民的自由权、平等权和民主及独立权，而实现公民的自由和平等则是一切立法体系的两大主要目标。

但是，直到法国大革命时期，"法律至上""法律面前人人平等"之类的法治原则才得以通过《人权宣言》和随后建立的政治制度确定下来。1791 年法国宪法则以最高法的形式最终确立了法律的至上性："在法国，没有比法律的权力更高的权力；国王只能根据法律来治理国家，并且只有根据法律才得要求服从。"但这并不意味着法治战胜了专制，而只是西欧大陆法治时代的开始。无数的反复和曲折还在后头。

第二节　革命前后的法治追求及其对立宪建国的影响

17 世纪初英国人开始移民北美时，在欧洲大陆，法律权威与君主权威之间的较量已历时一个多世纪。在英国本土，制约王权的利器便是大宪章，而国王强势之时也总是竭力挣脱大宪章的束缚。到 17 世纪初，科克爵士成功挑战英王詹姆斯一世"王在法上"的尝试，推动英国进一步巩固了"法在王上"的原则。② 在经历了查理一世因坚持王权而被处以极刑，克伦威尔以共和之名行专制之实、斯图亚特王朝复辟等几次折腾之后，英国最终发展为立宪君主制，以《权利法案》（1689）及稍后的《王

---

① ［荷］斯宾诺莎：《政治论》，冯炳昆译，商务印书馆 1999 年版，第 63—64 页。

② 1612 年英王詹姆斯一世声称是仅逊上帝的最高裁判官，有权裁决司法管辖冲突。但时任普通诉讼法院首席大法官柯克（Edward Coke）却针锋相对地力陈："王居万民之上，惟居神与法之下"（quo Rex non debet esse sub humane，sed sub Deo et lege）。科克爵士 1628 年当选下院议员，针对查理一世不经议会批准"强制借款"并任意监禁拒绝给付者、让军队强住民宅，任意宣布紧急状态法等越权行为，他起草并力促议会通过了《权利请愿书》（The Petition of Right，1628），确认英国臣民不受国王干涉的特定权利，包括未经国会同意不得征税，不得强制在民宅驻军，不得任意监禁臣民，不得滥用状态法等。《权利请愿书》与大宪章（1215）、《权利法案》（1689）和《王位继承法》共同构成了确立英国议君主制的宪法基础。

位继承法》（1701）①为标志确立了代议民主制的大体框架，为近现代西方宪政民主制树立了样板。

如果说西欧在尝试法治实践、催生法治理论及其系统发展中做出了巨大的贡献，那么美国则在逐步确立对法治的信仰和以法治为基础的宪政构建上进行了新的探索，并深刻影响着世界政治文明的进程。

北美殖民地人民既深受宗主国英国的压迫，又从其"法在王上"的理念得到启发，在欧洲启蒙思想的鼓舞下，开始审视西欧的政制及殖民统治的合法性。殖民地人民背井离乡，远涉重洋，历尽艰险来到新大陆，除少数是为了冒险淘金外，大多数是为生活所迫或躲避宗教迫害。随着权利本位、主体意识、人格尊严、社会契约、法律与自由相统一、法治与人民主权相统一等政治理念和基本原则在北美的传播和普及，殖民地人民对英王的专制统治深恶痛绝。他们认定英王颁布实施《印花税条例》等法律违背了《自由大宪章》，侵犯了他们的自然权利，因而奋起反抗英王的统治。在独立战争前后，围绕着政府体制的构建所展开的激烈辩论最引人注目，非君主制是多数人的愿望，权力分立制衡和法治政府的构想在各种政治法律思想中最终占据了主导地位。

美国革命的著名吹鼓手潘恩（Thomas Paine）在总结欧洲的治国史后认为，其国王的暴政就在于没有遵守法律。他于是提出在"北美的法律就是国王。因为，在专制政府中国王便是法律，同样地，在自由国家中法律便应该成为国王，而不应该有其他的情况"②。为了实现这一法治理想，潘恩提出了宪法至上并主张建立共和政体。杰斐逊在《独立宣言》中确认了西欧启蒙思想家关于政府统治的权力来源于人民的经典思想："我们认为这些真理是不证自明的：人人生而平等，他们被造物主赋予某些不可转让的权利，其中包括生命权、自由权和追求幸福的权利；为了保障这些权利，才在人们中间建立政府，而政府的正当权力，则得自被统治者的同

---

① 《权利法案》（*Bill of Rights*，全称 *An Act Declaring the Rights and Liberties of the Subject and Settling the Succession of the Crown*）共 13 条，主要内容，一是限制国王的权力，国王行使任何权力都得议会同意，二是确保议会的立法权、财政权、司法权、军权和议员的豁免权，三是臣民的请愿权、未经审判不受刑罚和罚金、免于过重罚金和非常之酷刑、新教徒为了自卫得合法置备武器。虽然标题包含王位继承，但除了确认威廉和玛丽的王位继承权、规定继承王位者必须是新教徒外，并无其他具体规定，因此有了后来的《王位继承法》（*Act of Settlement*，议会 1700 年通过，国王 1701 年签署）进一步限制王权并强化非新教徒不得继承王位。

② ［英］托马斯·潘恩：《潘恩选集》，马清槐译，商务印书馆 1982 年版，第 35—36 页。

意；如果遇有任何形式的政府成为损害这些目的时，人民就有权利改变或废除它，以成立新的政府，而新成立的政府要奠基于这样的原则上，以这样的形式组织其权力，以期唯有这样才最能保障人民的安全和幸福。"① 他进而提出了"法治共和国"的基本原则："国家应该作为一个共和国来治理。它规定一个共和主义组织，禁止在特权的名义下行使一切未经法律界定的权力；把我们法律的整个体系都置于这个基础之上。"② 这种法治思想最终在 1787 年的美国宪法里都得到了较为完整的体现，其意义不仅仅在于规定了三权分立的政体，更为重要的是宪法至上和法治政府原则以成文宪法的形式得到了确立和遵守。在此后的 200 多年里，法治不仅是一种政治形态，而且逐步成了人们的基本的信仰和生活习惯。

值得注意的是，欧美法治的发展，不仅在理论上交锋不断，而且在实践中冲突频发。无论英国、欧洲大陆还是美国，法治既非一蹴而就，更非无懈可击。无论是天赋人权，还是人生而平等，在过去很长的历史时期内都只是少数人的呼声，或者只是笼络人心的政治口号，而非法律规定，更非社会现实。以今天的标准来看，法治的内在精神是充分保障人权。美国宪法确认的人权内容虽说相当丰富，但同时又承认奴隶制合法，甚至在宪法实施近 3/4 世纪后的 1850 年还颁布了《逃奴引渡法》，在实践中，有色人种的权利、妇女的权利、穷人的权利更是长期没有保障。法国 1791 年宪法将非"能动公民"排除在了宪法保护之外。英国选举权在法律上的普及和平等则经历了近 300 年。时至今日，欧美国家的法治在内容上更加充实，在制度上更加完备，但仍然远非人人都能充分享有孟德斯鸠所理想的"在法律下的自由和权利"。

但是，总览欧美不同历史时期的法治理论和实践，可以看出其法治传统的发展既有内涵和思想理论的不断丰富，又有国家权力运作的基本原则和法律制度的日益完善。今天，法治不再只是简单地依法治国，更不是一种静止的完美状态，相反，法治已经成为处理国家与社会，政府与人民，公权力与私权利关系的基本框架。法治意味着对人的生命、权利和自由的尊重和保护，意味着良法之治、法律的普遍权威、法律对权力的制约；更重要的是随着人的不断发展，法治还意味着法律与人的价值之间不断契合、依存和发展，意味着和谐与文明的生活习惯。

---

① ［美］梅利尔·D. 彼得森编：《杰弗逊集》（上），刘祚昌、刘红风译，生活·读书·新知三联书店 1993 年版，第 271 页。

② 同上书，第 22 页。

第三节 革命领袖对欧洲法治思想 "北美化" 的贡献

英国人殖民北美大陆的历程，与英国政制朝着立宪君主制和议会民主制的演变几乎是同一过程。美国众多的开国元勋熟悉英国自 13 世纪初上演并持续到 1688 年 "光荣革命" 的 "王大" 还是 "法大" 的 "活剧"。与此同时，他们在哲学、历史学、法学、政治学等领域颇有研究和建树，对当时美国的现实及其面临的困境也有准确的把握。他们不但精通古典自由主义、共和主义，对英国的政制、殖民地的经验和邦联时期各邦的宪法也都了然于胸。与此同时，诸如潘恩的《常识》、亚当斯的《政府思想》等独立前后的各种小册子，也传遍了几乎整个北美大陆。① 这是他们能够设计出理性而实用的宪政原则及政府制度的关键所在。

关于美国革命，亚当斯在 1815 年致杰斐逊的一封信中有过精辟的解释："至于革命的历史，我的见解或许与众不同，亦或许完全另类：革命是指什么？指战争？那不是革命的组成部分；那只是革命的显效和后果。革命发生在人民的心灵，发生于 1760—1775 年，历经十五年，直到列克星敦枪响，这期间没有流过一滴血。"② 在 1818 年致尼尔斯（Hezekiah Niles）的信中，他进一步指出："革命发生在战争开始之前。革命发生在人民的脑海和心中；他们的责任、义务宗教观发生了巨变。……这种人民的原则、见解、观念和情感的激进变化，才是真正的美国革命。"③

就整个群体而言，美国建国的一代领袖所受过的教育，尤其是欧洲古典历史文献的浸润和熏陶，是美国历史上任何其他时代的领袖群体所不能

---

① James Mclellen, *Liberty*, *Order and Justice*: *An Introduction to the Constitutional Principles of American Government* [1989], from The Online Library of Liberty, http: // oll. libertyfund. org/? option = com _ staticxt&staticfile = show. php% 3Ftitle = 679&chapter = 68298&layout=html&Itemid=27.

② John Adams, "Letter to Thomas Jefferson", August 24, 1815, In Charles F. Adams ed. , *The Works of John Adams*, *Second President of the United States*, Vol. X, Boston, MA: Little Brown & Co. , 1851, p. 100.

③ John Adams, *Letter to Hezekiah Niles on the American Revolution*, February 13, 1818, http: //teachingamericanhistory. org/library/document/letter - to - hezekiah - niles - on - the - american-revolution/.

比拟的。在革命和制宪的过程中，主要受新/清教伦理支配的工商业资产阶级和土地投机商的各种观念和主张都得到了充分的表达。其中"联邦派"与"反联邦派"的贡献最大。但所有这些观念和主张都经历了一个较长的形成和发展过程。在这一过程中，这些大腕级的革命者和思想家发挥了巨大而独特的作用。正是他们，不但将古典自由主义和共和主义、欧洲大陆的启蒙思想引进、推广、普及到了北美殖民地人民心中，而且帮助立宪者利用和借鉴古代各种不同政体的经验教训，使制定"良宪"得以成为现实。

如果按照政治观点和倾向，可以将美国革命领袖粗略划分为稳健派和激进派；其中激进派又可分为左翼激进派和右翼激进派。

一　约翰·亚当斯在北美的"宪政启蒙"

约翰·亚当斯（John Adams，1735—1826）虽出身平民，却有比较强烈的贵族意识。虽然他不主张贵族政体或君主制，却对平民与贵族的和平共处心有切切焉。作为继任华盛顿的美国第二位总统，亚当斯虽然因执政期间的一些有争议的政策而在隐退后黯然失色，但随着时间的推移，他的价值还是被发现并得到普遍认可。他被被誉为美国 18 世纪最优秀的政治哲学家、美国宪政之父。到他宣誓成为美国的第二个总统时，他写作的政治学论著之多，他对人的本性（人性）、自然权利、政制演变和宪政结构问题的研究的广度和深度，连杰斐逊和麦迪逊皆有所逊色。他离任后对美国政制发展的关注和思考，也鲜有出其右者。然而，他为之献出了全部智慧和爱心的美利坚合众国的同胞们不但对他作为总统的评价不高，连他作为政治哲学家和坚定的宪政主义者（constitutionalist）对北美的宪政启蒙，对美国立宪，在美国宪政发展史上的贡献，也未能予以应有的重视和尊重。他受到的关注和研究在其同侪中是最少的，他的思想被严重忽视，晚年的他被许多人简单地标签为保守主义者，因而远不像华盛顿、杰斐逊、富兰克林、汉密尔顿、麦迪逊那样为人深入研究或津津乐道。然而，亚当斯对美国独立的贡献、对美国立宪建国的贡献、对美国宪政发展的贡献，或略逊于华盛顿，却绝不亚于上述中的其他任何一位；其对美国宪政思想史的贡献，更是独一无二的。普利策奖和美国国家图书奖获得者，著名传记作家艾利斯（Joseph J. Ellis）因亚当斯是他那一代革命领袖中最博学、最有思想、最富激情的"圣人"而专门为他立传：《激情圣人亚当斯》（*Passionate Sage：The Character and Legacy of John Adams*，New York，NY：

WW Norton & Co.)①。耶鲁大学 Sterling 终身史学教授摩根（Edmund S. Morgan）高度评价艾利斯不仅以娴熟的技巧和感知描绘亚当斯其人其事，而且深入地揭示了亚当斯对美国建国时期各种问题的非凡洞察力。

中国人对亚当斯的了解，大多仅限于他是美国第二位总统，在任职总统期间签署了为人诟病的《客籍法》和《反煽动法》，他的长子约翰·昆西·亚当斯是美国的第六位总统。然而，不知晓亚当斯的政治哲学，不研究亚当斯的宪政思想，不了解亚当斯为美国宪政共和国的建立所做的贡献，便不能真正理解美国的宪法，也不能真正理解美国的宪政共和为什么成功。

亚当斯写了大量的政治哲学著作，其中以《论教会法和封建法》（*A Dissertation on the Canon and Feudal Law*，1765）、《论政府思想》（*Thoughts on Government*，1776）、《捍卫美利坚合众国政府之宪法》（*A Defence of the Constitutions of Government of the United States of America*，1787）和《论达维拉》（*Discourses on Davila*，1790）等最为著名。

汤普森（Thompson）在《约翰·亚当斯与自由精神》（*John Adams and the Spirit of Liberty*，*University Press of Kansas*，1998）一书中认为，区分"自由原则"和"政治建构原则"（principles of liberty and principles of political architecture）是亚当斯政治思想之主体，因而以其为该书的两大部分的篇名。这里也着重探讨亚当斯的自由观和政府理论。

（一）亚当斯的自由主义

当斯的早期著作《论教会法和封建法》充满了自由主义激情，无情地批判教会和封建专制，说是"愤青"也不为过。在他看来，教会法是罗马僧侣为了提高自己的地位而炮制的，旨在奴役人民，"使其心智不全，怯懦无知"②。因此他告诫，只有普及教育，才能阻止美国被奴役。

和洛克一样，亚当斯把财产权看作自由的基础。"如果一切都由八九百万没有财产的多数投票表决决定，那么他们会不会想要剥夺一两百万有产者的权利呢？财产无疑是人类如同自由一样最真实的权利。"③ "一旦这样的观念——财产不如上帝之法那样神圣——被社会接受，并且没有法律

---

① 该书 1993 年初版，2001 年再版，直译应为《激情圣人：约翰·亚当斯的性格和遗产》。摩根的评价见该书内容简介。

② John Adams, *Adissertation on the Canon and Feudal Law*, 1765, p. 22, http：//teachingamericanhistory. org/library/document/a-dissertation-on-the-canon-and-feudal-law/.

③ John Adams, *The Political Writings of John Adams：representative selections*, New York, NY：Liberal Arts Press, 1954, p. 149.

的力量和社会公正予以保护，无政府状态和暴政必至。如果'勿妄想' '勿偷盗'不是天上的戒条，也必须是一切人间社会的不可违背的戒律；否则人类社会便不会文明或自由。"①

　　亚当斯无疑深受欧洲自然权利观的影响。他坚持认为，人民的"权利先于地球上一切政府而存在，权利不能由人定法收回或者剥夺，权利由宇宙的伟大立法者赋予"②。但他同时也承认，自由依赖于知识，自由必须自己捍卫。"在人民中没有普遍的知识便难以保持自由；人民因其自然的构建有权获得知识，因为其伟大的造物主——从不做徒劳之事——赋予了他们理解力和求知欲；但是，除此而外，他们还有一种毫无疑问，不可剥夺，不可取消，不可否认的神圣权利，即获得最令人生畏和嫉妒的知识，我是说，了解其统治者的性格和行为的权利。统治者不过是人民的律师、代理人和受托人；如果［人民的］事业、利益及信任暗中受到损害或任意挥霍，人民便有权反抗其权威，自己行动，重新组建另外的更好的律师机构和受托人。""自由必须不惜一切代价予以支持。我们有权享有自由，它来自我们的造物主（Maker）。不过即使我们没有自由，我们的先辈也已经——以他们的闲暇、他们的财产、他们的快乐和他们的鲜血为代价——为我们赢得或买下了自由。"③

　　对自由最大的威胁是权力。"权力总是张开着血盆大口，其膀臂也总是伸得长长的，一有机会，它便会摧毁思想、言说和写作的自由。"因此，"我们要大胆地阅读、思考、言说和写作"。"让一切知识的闸门洞开，让知识涌流吧！"有了用知识武装起来的人民，便不会惧怕权力的张狂。为了维护自由，必须对人民进行自由的教育。"自由教育青年的法律，特别是教育人民中的下层阶级，是极端明智和有用的。在仁慈和慷慨者看来，为此目的花费再多也不是奢侈浪费。"④

---

① John Adams, "A Defence of the Constitutions of Government of the United States of America", 1787, in Charles Francis Adams ed., *The Works of John Adams*, *Second President of the United States* (1850-1856), Ch. 1,: Marchamont Nedham, *the Right Constitution of a Commonwealth Examined*, http://press - pubs. uchicago. edu/founders/print _ documents/v1ch16s15. html.

② John Adams, *Adissertation on the Canon and Feudal Law*, 1765, p. 14, http://teachingamericanhistory. org/library/document/a-dissertation-on-the-canon-and-feudal-law/.

③ Ibid. , p. 19.

④ John Adams, *Thoughts on Government*: *Applicable to the Present State of American Colonies*, 1776, http://press-pubs. uchicago. edu/founders/documents/v1ch4s5. html.

和柏克一样，亚当斯清楚，只有极少数人能够体验（欣赏、理解）真正的自由，人群的大多数不在乎自由，除非呼喊"自由"能够给他们带来现实的物质利益。他惧怕新英格兰的自由，因为"商业、奢侈、贪婪已经毁灭了每一个共和政府，"他在致华伦（Mercy Warren）的信中写道，"而且，在这里（共和国）和在其他任何地方一样，财产通常是受到尊重的标准"。（美国史的学者往往忘记了亚当斯不信任不受制约的财产的影响，正如他不信任不受制约的数量［优势］的影响一样）简单地说，不可以脱离公共道德和政府制度抽象地讨论自由。亚当斯知道，自由是一种娇嫩的植物，哪怕用烈士的鲜血来浇灌，也未必有足够的营养。这促使他提出了法律下的实用的自由制度的纲要。自由必须置于法律之下；别无其他令人满意的选择；自由离开了法律就如同羔羊入狼群。即使民法再周详，也不足以捍卫自由，在能够想象得到的最好的法律中，如果缺少美德，自由也会受到侵犯。"我将把自由定义为做我自己愿意被做的权力。"那么，什么样的政府才能激发这必不可少的包含在黄金法则之中的个人和公共美德呢？一般说来，共和政府"虽然它无疑会令我和我的孩子成为乞丐，却会在人的本性中产生巨大的力量、艰苦奋斗精神和行动，而君主制也许——不管怎么说——会令我富裕……"但在君主制下人民"不可避免会堕落和愚昧"。①

晚年的亚当斯对自由有一些冷静的思考，认为自由就是选择的权利和能力，无好坏之分，无善恶之别。他指出："自由的概念无所谓道德或不道德。其定义就是知识者的自决权。它暗示思想、选择和权力；它可以在事物间选择，而不在乎道德，既不是道德的善，也不是道德的恶。如果在某种情形下这种素质、观点、态度——叫什么都行——存在，便有一种道德感，一种意识，一种道德机制；如果它能区分道德的善和道德的恶，并且有能力选择前者而拒绝后者，那么它就能够——如果它愿意——选择恶而拒绝善，如同我们在经验中常见的那样。"②

（二）亚当斯的政府思想

亚当斯的政府思想集中体现在《论政府思想》《捍卫美利坚合众国

---

①　See Russell Kirk, *Conservative Mind: from Burke to Eliot*, New York, NY: Basic Books, Inc., 1953, pp. 99-100.

②　John Adams, "Letters to John Taylor", In Charles Francis Adams ed., *The Works of John Adams, Second President of the United States*, Vol. VI, Boston, MA: Little Brown & Co., 1851, p. 448.

政府之宪法》和《论达维拉》中。亚当斯对功利主义的原则深信不疑。和边沁一样，他也认为，建立政府的目的在于增进人民的幸福。"我们在判断什么是最好的政府形式之前，首先应该考虑政府的目的是什么。在这一点上，一切思辨的政治家都会同意，社会幸福是政府的目的，正如神学家和哲学家会认同个人幸福是人的目的一样。""由此原则不难得出，凡能促进祥和、舒适、安全，或者一句话，能够增进最大多数人的最大幸福的政府形式，就是最好的。""除了共和就没有好的政府。英国宪法的唯一有价值部分就在于此，因为共和的定义就是'法治，不是人治'。由于共和是最好的政府，所以，若能对社会中的各种权力做出特定的安排，或换一句话来说，如果某种形式的政府能最好地保证公正和严格地执行法律，那它就是最好的共和国。"① 从历史的经验中，亚当斯得出了这样的结论："恐惧是绝大多数政府建立的基础，但这是一种令人讨厌的和残酷的情感……美洲人民不会同意将任何政府机构建立在恐惧的基础之上。"理想的政府不是以恐怖、威胁为基础，而是以人民的安宁、和谐和幸福为基础。为了实现这样的目标，就必须在政府机构的设置上讲究科学和平衡，政治科学作为神圣的增进人民幸福的科学，在政府设计上便大有可为。良好的政府结构必须是多个三足鼎立复合而成的结构，既相对独立，又互相制约，进而才能保持稳定。因此，"司法权必须从立法权和行政权中分离出来，并且独立于两者，这样方能制约立法和行政并受它们的制约"②。

亚当斯严厉指责一院制议会，强烈主张两院制。其目的一是立法权本身需要受到内在的制约；二是要像英国那样，一院代表人民，一院代表贵族，将那些出身高贵，有权有势者"圈"在议会的上院，一则给他们在立法中有表达的机会，二则将他们限制在上院，以免他们利用其权势损害其他社会人群的利益。"富有者、高贵者、有能力者会谋求在人民议院中对他人的影响力并且很快会超过简单诚实和平淡的感情。其中的最杰出者因此必须被从平常之辈中分离出来，将他们安排在一个参议院；这是一

---

① John Adams, *Thoughts on Government: Applicable to the Present State of American Colonies*, 1776; See also, John Adams, *A Biography in His Own Words*, New York, NY: *Newsweek*, Inc., 1973, pp. 182−183.

② John Adams, *Thoughts on Government: Applicable to the Present State of American Colonies*, 1776, http://press-pubs.uchicago.edu/founders/documents/v1ch4s5.html.

种——完全诚实和有用的——贝壳放逐法。"①

对付暴政的最有效方法就是建立与之对立的政体。虽然人们有权杀死暴君，如同人们有权绞死一个抢劫犯，但这于事无补。"杀死一个暴君只能使情况变得更糟，除非人民有意识、有精神并且足够诚实以建立一个支持在所有的方面都能防范一个人的，少数人的或者多数人的专制的政体。"②

在立法机构中，其内部也需要制约与平衡。"单一议院永远不能成为稳定的法律的卫士。马基雅维里说——如果他是对的——人类除非必要，绝非善类；他们总会把一切都弄得无序和混乱。饥饿和贫困使人勤奋，但只有法律才使他们向善；因为如果人能保持其本性，便不会有法律存在的必要；但是，情况如此相违，法律便绝对必不可少。"③ 人性之恶，决定了议会也会做错事，干坏事。这就不能把立法权授予一个单一的机构。因而两院制议会，再加行政长官的否决权，就能实现三足鼎立。

建立两院制的议会，还有一个好处就是能够像亚里士多德所设想的那样，使穷人和富人分享立法权而不至于相互对立和冲突。"财产必须有安全保障，否则自由便不复存在。但是，如果分配财产的权力不加限制或者不平衡，并且置于无产者之手，法国将会发现，我们已经发现，羔羊就得服从狼的习惯。……立法的伟大艺术在于在立法机构中平衡穷人和富人，构建能够平衡行政权力的立法机构，同时防止任何个人或党派向它挑战。自由政府的根本在于有效地控制对立面。行政权和立法权天生对立；如果各自不能控制对方，弱的一方就会如羔羊入狼口。国家若不能平衡权力，就必须实行专制——别无选择。对立面必须受到控制，不然他们就会搞乱一切；而且除了专制和权力均衡，没有什么能够控制他们。"④ 这里不仅涉及对权力的控制，也包括不同阶级、富人和穷人对权力的分享——这恰是共和精神所在。

基于法治而非人治的共和制、权力平衡和混合政府，既是亚里士多德

---

① John Adams, "A Defence of the Constitutions of Government of the United States of America", 1787, in Charles Francis Adams ed. , *The Works of John Adams*, *Second President of the United States (1850-1856)*, Vol. I, Boston, MA: Little Brown & Co. , p. xi.

② Ibid , Ch. 18.

③ Ibid, vol. I (Letter xxxvi), Ch. 4 Opinions of Philosophers: Dr. Price.

④ John Adams, "Discourses on Davila: a Series of Papers on Political History", in Charles Francis Adams ed. , *the Works of John Adams*, *Second President of the United States*, Boston, MA: Little Brown & Co. , Vol. VI, No. 13, 1851.

以降西方政治学的传统主题，也是亚当斯政府的思想灵魂。"在每个国家内部都必须谨慎地保持权力的平衡。""权力平衡的真意在于充分考虑平衡的性质到底是什么。"① 他在《论教会法和封建法》中批判教会法以牺牲民众利益而肥教士后强调，"这个共和国的人民除了他们自己同意的合宪代表机构制定的法律外，不受任何其他法律的控制"。② "君主制、贵族制和民主制都必然蜕化为它们的罪恶的反面：暴君制、寡头制和无政府状态。走出这种困境的出路在于建立君主制、贵族制和民主制相结合的好的政府形式。"③

"他们将共和国定义为法律的统治而非人的统治。如果这个定义是公正的，那么英国政制就不多不少是一共和国，国王在其中只是首席执政官。""只要人民是由人民参与制定并且有权捍卫的确定的法律统治，就不违背共和。帝国就是专制，皇帝就是专制者，除了他自己的意志，他不受法律约束或任何其他限制。"④

在三卷本的《捍卫宪法》一书中，亚当斯论证了为什么新生的美国需要一个复杂的多重制衡的政府系统，为什么不能像革命后的法国那样将权力集中于国民议会。《论达维拉》则相当于《捍卫宪法》的第四卷，主要是回应对他的所谓君主制情节和贵族制情节的批评。亚当斯认为，任何一个社会，贵族都不可避免，人们之间的交往必然以其经济背景为依据，人们总是希望更好的生活，更高的社会地位，总是希望成为社会上层的一员，更受人尊敬。世袭贵族是不正义的，但对自然贵族——通过自己的努力而富且贵者——应该允许和鼓励。他盛赞美国宪法最大限度地保障自由却不妨碍贵族的存在。亚当斯关于贵族的观点不无道理，特别是在比较亚当斯和杰斐逊的政治哲学之后，亚当斯的观点优于杰斐逊的——更适合当时的美国社会，就更加显而易见。杰斐逊自诩为为普通人和公民自由而战的斗士，却未能意识到他所推崇的那套政府模式其实是受了法国的影响；而法国的模式最终导致了恐怖的专制统治。与杰斐逊不同，亚当斯作为宪法学家确实使政府采取了更多的措施来保障公民的自由，也就是如林肯所说，利用宪法防止人民互相侵犯。亚当斯认为，不能总是屈从于多数人，

---

① 　John Adams, *The Political Writings of John Adams: Representative Selections*, New York: Liberal Arts Press, 1954, p. 130.

② 　Ibid., p. 98.

③ 　Ibid., p. xvii.

④ 　Ibid., p. 44.

更不赞成全民公决。他明智的提出，如果某一天就一项议题出现 51 人赞成 49 人反对的情况，倘若第二天反对的人中有一个改变了主意，又当如何呢？况且，普通的多数人往往不能做出正确的判断。

亚当斯作为国家主义者领袖之领袖，被杰斐逊尊为"全体议员中的巨人"，美国独立的"阿特拉斯"（Atlas），在美国宪法学界是公认的"宪政之父"。人们一般对他执政期间通过的《客籍法》《反煽动法》、压制反对派难以释怀，而对他为建立"分权制衡"的共和制政府所做的贡献却不太关注。亚当斯是一个非常博学的人。他不仅敦促和鼓励同时代的人阅读以往一切时代的政治哲学家如马基雅维里、悉尼、洛克、哈林顿、密尔顿、庞内和柏拉图等的著作，而且要求研究北美殖民地和印第安人的政治制度和经验。他的分权共和制政府思想，不只来自对古老政体的研究和欧洲启蒙思想家的理论，而且出自他本人的观察和探索。曾经主持过《独立宣言》起草委员会的亚当斯虽缺席"制宪"盛事，却在出使英国期间，潜心研究欧洲政治历史，总结其经验教训，以期帮助新生的美国建立一个稳定的共和制政府。针对国内外对北美新独立各邦新型宪政府的责难，他将自己的研究成果冠以"捍卫美利坚合众国政府之宪法"（A Defence of the Constitutions of Government of the United States of America）的书名于 1787—1788 年在伦敦连续推出三卷，并同时在纽约和费城出版。这套著作对宪法的制定和批准所产生的影响是毋容置疑的。在第一卷中，他描述和探讨了欧洲古今各种不同的政体，包括西班牙比什凯（Biscay）、意大利圣马利诺（St. Marino）和瑞士几个邦的民主政体；瑞士的苏黎世（Zurich）、意大利的威尼斯（Venice）和热那亚（Genoa）的贵族共和政体；英格兰和波兰的君主共和制；还有古代的迦太基（Carthage）、罗马（Rome）、柯林斯（Corinth）、雅典（Athens）、克里特（Crete）和第比斯（Thebes）的共和制。可以看出，他非常熟悉并仔细比较了所能了解到的各种政体。他坚持反对直接民主，强烈支持建立以多重"三足鼎立"为经典模式的共和制政府。[1] 他明确提出权力应该集中在一个包括众参两院和政府领导人组成的复杂的政府，且每一部分都有权力制约另一方。[2] 他

---

[1] ［美］詹姆斯·特兰托、里奥纳多·里奥：《我主白宫：美国总统排行榜》，王升才等译，江苏美术出版社 2005 年，第 8 页。

[2] John Adams, *Thoughts on Government：Applicable to the Present State of American Colonies* (1776), Charles F. Adams, ed., *The Works of John Adams, Second President of the United States*, Vol. IV, Boston, MA：Little Brown & Co., 1851, pp. 189–200.

在这部书信体著作中自由发挥，深刻论证了为什么要实行行政、立法、司法机构分离的制度，为什么新生的共和国政府必须包含一个、几个和许多个"三足鼎立"这种经典的政治统治模式。他的目标就是要约束民主政府，维持平衡权力的原则，以获得被统治者的认可和赞同。他的这种主张可以说为美国的宪政制度模式确定了基调。

与此同时，他也非常熟悉各殖民地的宪法和政体，对北美原住民尤其是易洛魁联盟的政治制度也颇有了解和研究。在美国宣布独立之前，亚当斯曾经认真研究过易洛魁联盟的政治制度，并热衷于为殖民地起草宪法（马萨诸塞宪法就是他的杰作，并且是当时公认的各殖民地最好的宪法），以期为整个国家提供宪法样本。稍后的 1776 年 4 月，他发表了《论政府思想：适用于美洲殖民地现状》一文，旨在为即将独立的新邦和全国政府提供宪制政府手册。文章严厉驳斥了托马斯·潘恩在《常识》中提出的"完全民主"的观点，坚决反对后者关于"议会集权""议会至上"的主张。对于美国独立前后各殖民地/邦权力集中于议会的现状，他深为不满。特别是如前所述，当平民控制议会，制定并实施了一系列的损害富人利益的法律之际，他对民主的反感更是与日俱增。他在副总统任上痛斥法国革命，甚至认为"世袭继承"所造成的邪恶要比频繁的选举少得多。[①] 总之，亚当斯通过众多的论著展示了作为思想家的许多远见卓识。他虽然没有参与制宪，但是他的《捍卫美利坚合众国政府之宪法》一书引起了许多开国元勋的共鸣。他们和亚当斯一样，非常反感和敌视民主，对自由与共和则情有独钟。他的去理想化和务实理论，为稳健的共和制政府的建立做出了独特的贡献。正是他参与论证的宪法制度，防止了他在总统任上的恣意妄为，使其对批评者、反对派的打击、迫害和对新闻媒体的压制没有造成严重的后果。亚当斯的案例告诉我们，建立良好的制度是何等的重要；越是伟大的人物，越是需要良好的制度加以约束，否则就有可能走向反面。

二 托马斯·潘恩的激进民主主义

托马斯·潘恩（Thomas Paine）虽是英国人，却是美国革命最富激情的鼓动家。潘恩以《常识》（*thd Common Sense*）、《人的权利》（*The Rights of Man*）、《理性年代》（*the Age of Reason*）等鼓动性极强的小册子

---

① 参见詹姆斯·特兰托、里奥纳多·里奥《我主白宫：美国总统排行榜》，王升才等译，第 7—8 页。

著称于世。潘恩及其学说虽然在美国建国之后受到冷遇，但其对美国独立革命的鼓动、对美国立宪建国以后的民主化转向，却是功不可没。

（一）《常识》煽动革命和独立

在《独立宣言》发布之前半年，正当北美从精英到普通民众都对"革命"没有信心，对独立更是犹豫不决之时，潘恩发表了《常识》（1776）。这本小册子通过"只讲事实，简明的论据和常识"，令人信服地论证"英王乔治不配殖民地人民无条件效忠"，殖民地人民所受的压迫正是来自"大不列颠王室残暴"（the royal brute of Great Britain）。

《常识》对英国君主的尖锐而深刻的揭露和批判，促使殖民地人民决心脱离其宗主国，寻求新的民族和国家认同。《常识》一出版，就一直在北美殖民地和欧洲畅销，潘恩也因此成为国际名人。在这本小册子中，潘恩首先而且最重要的就是呼吁尽快宣布独立，并且假定这是美洲对世界的义务。《常识》不仅激发了革命，而且推动了一场在旧世界罕有的运动：以成文宪法确认人民主权、建立分权制衡的政府。《常识》发表后潘恩在革命战争期间还出版了一系列以"美利坚的危机"为题的小册子，发动和鼓励爱国者投身革命。后来又撰写了《人的权利》与《理性年代》。《常识》犹如美国革命前夜的一盏明灯，明确了革命目标，增强了必胜信念。《常识》在动员人民革命方面发挥的作用是任何当时的其他著作无法企及的。正如诺哈德所说，美国革命和独立的种子虽是随英军"进口"，却是潘恩77页的小册子《常识》唤醒了人们的紧迫独立意识，激发了独立运动的激情，并令人信服地论证了美洲人要么独立，要么为奴。潘恩因此被誉为美国革命的"火炬手"（torchbearer）、美国革命之声；他的最强音呐喊推动了美国革命的完成和美国独立。[①]

政治宣传性的小册子《常识》出版于1776年1月。在此前一年，北美革命的大本营"大陆会议"的领袖当中，鲜有主张彻底脱离大英帝国者；连华盛顿、杰斐逊等著名领袖，虽批评英国的统治和重税盘剥，敌视国王的大臣和议会，但是"只反贪官不反皇帝"，仍然对维持与英国的关系抱有幻想，或者至少以为独立时机未到，条件未备。至于革命后建设一个什么样的新国家，更是无人虑及。正是《常识》用浅显易懂的语言批判英国的君主制，宣扬共和主义，煽动殖民地人民反对英王的暴政，呼吁独立，煽起了普通殖民地人民的革命热情，促使大陆会议的领袖们下定决

---

① Murray Rothhard, *Conceived in Liberty*, Volume IV: the Revolutionary War: 1775 - 1784, Auburn, AL: Ludwig von Mises Institute, 1999, p. 137.

心，为了革命和独立，不惜与英国一战。

至于北美为什么要独立，他并未讲深奥的理论，而是用浅显易懂的类比，强调在自然界从来没有使卫星大于它的主星的先例；既然英国和北美在彼此的关系上违反自然的一般规律，那么显然属于不同的体系。英国属于欧洲，北美属于它自己……有人说，那么北美的国王在哪儿呢？朋友，我要告诉你，他在天上统治着，不像大不列颠皇家那样残害人类。他用直观的现象来说明北美独立的必要：太阳闪耀从来不是为了更加伟大的事业。关于独立的争论并非一城、一县、一省甚或一个王国之事，乃整个大陆之事——涉及地球可居住面积的至少 1/8。它也不只是一天、一年甚或一个时代之事，乃是关系到子孙后代，直到时间的尽头。

《常识》初版 3 个月便畅销 12 万册，再版后很快销售超过 50 万册，北美凡识字者几乎人手一册。亚当斯虽憎恨潘恩及其激进民主主义，却也承认"若非《常识》作者的妙笔犀利，华盛顿挥出的利剑便不会有威力"（Without the pen of the author of *Common Sense*, the sword of Washington would have been raised in vain）。[①] 著名早期美国史学者戈登·S. 伍德准确地评价《常识》为"整个美国革命年代最具煽动性和最流行的小册子"[②]。

潘恩在《常识》中列举了英国君主制之恶。杰斐逊起草的《独立宣言》正是模仿《常识》列举英国国王奴役殖民地人民的暴行，以证明北美独立的必要性和紧迫性。潘恩所谓的常识，在当代人眼中是政治的一般常识，即关于市民社会与政治国家及其关系的常识；而在当时却具有石破天惊之功。可以毫不夸张地说，《常识》作为世界级的政治畅销书，其在 1776 年的北美大陆的影响之大，仅次于《圣经》。整个世界，全部现代政治文明都从这本书里得到启蒙。美国的宪政制度的确立及其发展当然也不能例外。潘恩虽然因其激进的自由民主思想而不为革命后的美国社会特别是政界精英所容，但他为美国革命和立宪的贡献，对人类政治文明的贡献，已经使他彪炳史册。

（二）政府产生于邪恶

在政府与社会关系的问题上，他坚定主张社会优于政府。针对有作者

---

①　See Georg F. Smith, *Liberty's Hated Torchbearer*, http：//WWW. 24hgold. com/english/news-gold - thomas - paine - liberty - s - hated - torchbearer. aspx? anchor = com&article = 2937525408G10020&contributor=George%20F. %20Smith&redirect=false.

②　Gordon S. *Wood*, *The American Revolution*：*A History*, New York, NY：Modern Library, 2002, p. 55.

严重混淆社会与政府，潘恩指出，社会与政府"不仅不同，而且起源有别。社会产生于我们的需求，而政府却是产生于我们的邪恶；社会通过联结我们的情感实实在在地增进我们的幸福，而政府却是消极限制我们的邪恶。前者是［幸福］的赞助人，后者是［邪恶］的制裁者"。"社会在任何国家都是善，而政府即使在最好的国家也只是必要的恶。""……两害权权取其轻。因此，安全是政府设计的目的；最廉价，最有效的政府，对任何人都是最可取的。""我所描绘的政府形式来自任何人都无法颠覆的自然原则：凡事越简约越不易乱套，即使乱了也最易修补。"①

他批判英国政制的缺陷在于："首先，君主本人乃专制的残余，其次贵族也是专制的残余，最后，新的共和因素——英国的自由依赖下院议员。前两者属于世袭，与人民无关，从宪法意义上说，对英国自由毫无贡献。要说英国政制体现了三种权力结合，相互制约，那真是荒唐可笑，若非词不达意，便是自相矛盾。"他因此明确地指出："首先，国王不值得无条件信任，换句话说，渴望绝对权力是君主制的天然病症。其次，为了制约权力而任命的下院议员，未必比君主更有智慧，更值得信赖。"进而批评英国的立宪君主制，虽然关上君主专制的大门，却将门锁的钥匙交给了君主本人。

潘恩呼吁在北美建立法治共和国，"尽力以冷静审慎的态度来组织我们自己的政府形式"。"让我们发表的宪章以神法和圣经为依据；让我们为宪章加冕，从而使世人知道，就赞成君主制而言，在北美法律就是国王。因为，正如在专制政府中，国王便是法律一样，在自由政府中法律便应该成为国王，而且不应该有其他的作用。但是，为了防止以后滥用至高权威的流弊，那就不妨在典礼结束时取消国王这一称号，把它分散给有权享有这一称号的人民。组织我们自己的政府，也是我们的天赋权利。"

（三）播下民主的种子

潘恩在历史上第一次以民主的方式宣传民主，其建国理想非常超前，其民主观、人权观、平等观等，虽然对杰斐逊起草《独立宣言》产生了直接的影响，却都不为当时的政治精英，特别是"国父们"在立宪建国时所能认同。

在《常识》中，潘恩批驳了当时流行的契约论。他认为政府源于统治者与被统治者之间的社会契约经不起逻辑检验。他指出，政府因于治者

---

① Thomas Paine, *Common Sense*, New York, NY: Barons Educational Series, Inc., 1975, p. 49.

与被治者之间的契约被认为显著促进了自由原则的确立，但这不能成立，因为它倒果为因；人的存在先于政府的存在，所以必有一段无政府的时期，因而也不可能有一个可以与之签订契约的统治者。事实必然是，所有个人必有自己的人格和主权权利，方能相互建立契约并建立政府；而这恰是唯一的政府权力的方式，也是其存在的唯一原则。① 正是潘恩的论证，在北美殖民地强化了关于政府的建立必须以人民的同意为基础的观念和意识。《常识》中的一些基本理念被吸收进了一些邦的权利宣言/法案和美国《独立宣言》。其有限政府思想，正是美国宪法的基调；其民主理想和人权主张虽然在"制宪"时受到了"制定者们"（framers）的排斥，但是在权利法案中还是得到了部分体现，并且在普通民众中扎下了根，成为后来美国宪政发展和政治民主化的最重要的思想源泉之一。

潘恩指出，为了克服人们德行的软弱无力，必须采用一种恰当的治理方式，以保证政府的意图和目的——自由和安全——的实现。因此，衡量政府行为合理性的标尺就是市民社会所天然蕴涵的价值——人类的自由和全面发展。这也是马克思主义经典作家对共产主义的内在本质和价值的界定。潘恩《人的权利》是英美著作中除了圣经之外销量最大的著作；其重要内容也被吸收进了法国《人权宣言》，其第二条确立了这个伟大思想："任何政治结合的目的都在于保护人的自然的和不可动摇的权利。这些权利就是自由、财产、安全和反抗压迫。"②

三　帕特里克·亨利：《不自由，毋宁死!》

帕特里克·亨利是美国革命的旗手之一，在反英斗争中发表过很多著名演说，历数英王暴政，鼓动人民拿起武器同英军战斗，鼓吹建立防止政府腐败，保障自由、民主、人权的新制度。1775 年，北美殖民地面临历史性抉择：要么拿起武器，争取独立；要么妥协让步，继续受奴役。在这个关键时刻，亨利在弗吉尼亚议会（The Virginia House of Burgesses）上发表了《不自由，毋宁死!》的演讲。他以敏锐的眼光，昂扬的激情，以无可辩驳的事实驳斥了主和派的种种谬误，阐述了武装斗争的必要性，并表达了必胜的信念。在演讲结束时，慷慨激昂的声音回荡在里士满的圣约

---

① Philip S. Foner ed. , *The Complete Writings of Thomas Paine in Two Volumes*, New York, NY: The Citadel Press, 1945, Vol. 1, pp. 251, 252, 277-278.

② Thomas Paine, *the Rights of Man*, https: //manybooks. net/book/126049/read # epubcfi (/6/4 [html3] ! /4/16/1: 0).

翰教堂："难道生命如此珍贵，和平这般美妙，竟值得以锁链和奴役为代价？万能的上帝啊，制止这样的事发生吧！别人何去何从，我不得而知；至于我，不自由，毋宁死！"① 这铿锵有力的悲壮吼声，镇住了妥协派、说服了动摇派、坚定了决裂派，促使大会通过了武装反抗英国的决议，要求人民"放弃幻想，准备战斗"，为了自由和独立"决不后退"。这篇演讲，与《常识》相呼应，激励和鼓动了千百万北美殖民地人民投身伟大的独立战争。

亨利与萨缪尔·亚当斯和托马斯·潘恩一样，是激进的革命家、自由主义者、共和主义者。他在反对暴政，防止政府官员腐败和捍卫人民的自由与历史权利方面的理论建树尤其令人称道。早在 1765 年，他就提议并推动弗吉尼亚议会通过了《关于印花税法案的决议》（the Virginia Stamp Act Resolutions）。作为新当选的议员，他面对众多的保守派"资深"议员毫无怯意。他的提议以英国早已确立的原则——诸如征税必得议会同意——为基础，并进而坚决要求在北美只有殖民地议会才有权决定征税。革命之后，亨利是反联邦派的领军人物之一。为了反对建立强大的中央政府，他拒绝参加"制宪会议"，在宪法提交批准期间，他直言不讳地批评宪法，反对批准宪法，认为制宪者无权以"我们人民"的名义制定宪法。在他看来，任何法律都是立法者而非人民制定；宪法既然是一项契约，就只能由各邦而不是人民制定。而各邦并没有授权废除邦联，建立强大的联邦。按照待批宪法所要建立的联邦政府过于强大，必然对邦的权力，对人民的自由构成威胁。② 在不得不接受宪法将获得批准的现实时，他又与其他反联邦派一起，推动通过了权利法案作为宪法的补充；特别是第十条，宪法未授予联邦的权力，由各邦和人民保留之，多少限制了联邦的权力。虽然他在晚年转变成了坚定的联邦主义者，甚至坚决支持亚当斯政府通过的《客籍法》和《反煽动法》，但是，他在革命前后，在制宪期间鼓吹的自由、人权、有限政府，还是促进了宪政意识的普及，帮助奠定了美国政治民主化的理论基础。

---

① Patrick Henry, *Give Me Liberty*, *or Give Me Death*！, http：//libertyonline. hypermall. com/ henry-liberty. html.

② Patrick Henry, "Federal v. Consolidated Government", *The Founders' Constitution*, Volume 1, Chapter 8, Document 38, http：//press - pubs. uchicago. edu/founders/documents/ v1ch8s38. html.

四　杰斐逊及其人权思想

在华盛顿有着崇高地位的杰斐逊（Thomas Jefferson，1743—1826），1743 年出生于弗吉尼亚一个富裕家庭；1767 年，成为一名律师；1769 年，当选为弗吉尼亚下院议员；之后，两次当选弗吉尼亚州长。1800 年，当选美国总统。杰斐逊不仅是美国历史上第一位国务卿、第二任副总统和第三任总统、美国《独立宣言》的主要撰稿人，同时还是《弗吉尼亚宗教自由法典》的起草者、弗吉尼亚大学和美国国会图书馆的创始人、美国领土的最大拓疆者、美国民主党的鼻祖和美元之父。任何人只要独占其中的任何一项都可以名垂青史，而杰斐逊却独兼各项，创造了人称"杰斐逊神话"的伟大业绩。著名的杰斐逊传记作家杜马·马隆这样写道："华盛顿是独立共和国的主要象征，林肯是维护联邦统一的主要象征，但是杰斐逊在他丰富多彩的成就方面超越了这两个人。"詹姆士·罗伯逊在其著作《美国神话与美国现实》中评论说："杰斐逊神话的影响是巨大的。他不仅是美国自由主义的代言人和创造人，而且不论时间、条件和事件，他都是美国自由主义的化身。"

杰斐逊虽是奴隶主，却是美国革命和建国时期少有的具有平民意识的领袖。他激进、进步、强烈主张个人自由。作为革命领袖，他居功至伟；作为美国总统，他位列最伟大者之列。杰斐逊是美国历史上最有影响，最受人尊敬的思想家和政治家之一，他的哲学和政治思想常为他的同时代人和后人所研习。然而，他自己却视权力和荣耀如枷锁。[①] 他为自己感到骄傲的是撰写了《独立宣言》和《弗吉尼亚宗教自由法典》，亲手创办了弗吉尼亚大学。至于当了两届总统和其他重要政治职位，在他自己看来简直不值一提。

杰斐逊 1774 年发表了《英属美洲权利论要》，谴责了英国政府制定的一系列加重殖民地税赋，剥夺殖民地政府权力的法律，以亚里士多德以降至洛克的自然权利理论为依据，同时也运用同时代北美法学家的"人生而平等"的概念，阐述了殖民地人民与英国臣民一样有天赋的自由和平等权利，但英国政府却经常武断地剥夺殖民地政府和人民的权利。因

[①]　杰斐逊解任总统后于 1809 年 3 月 2 日写信给法国政治家杜邦·德仙莫尔说："从来没有一个囚犯在获得自由时会像我即将摆脱权力的枷锁时一样感到轻松愉快！"参见［美］詹姆斯·特兰托、里奥纳多·里奥《我主白宫：美国总统排行榜》，王升才等译，江苏美术出版社 2005 版，第 14—15 页。

此，殖民地只有首先取得独立才能保障人民享有这些权利和自由。①

1775 年在第二届大陆会议上，杰斐逊当仁不让地接受了起草《独立宣言》的任务，借此机会进一步发挥了"人生而平等"的思想，将洛克的"自然权利"的核心内容"生命、自由和财产"修正为"生命、自由和追求幸福"，② 丰富了自然权利的内涵，提升了自然权利的品位。杰斐逊借用《自由大宪章》来阐释人民主权，强调政府的合法权力来自被统治者的同意，推翻暴戾的政府不但是人民的权利，也是人民的义务。《独立宣言》吸收了《权利论要》和亨利《不自由，毋宁死！》演讲中的某些内容（这两个文献都列举了英国为殖民地制定的各种不正当、不合法的法律，列数了英王的暴政），以证明"我等联合起来的殖民地从此成为，并且名正言顺地应该成为自由独立之邦"③。

《独立宣言》不仅宣告了美国的正式独立，更为它确立了民主政治的纲领，而且还将人权哲学昭示于全世界。《独立宣言》是超越国界的人民争取自由和权力的宣言书。《独立宣言》包括三个部分：第一部分阐明政治哲学——民主与自由的哲学；第二部分列举若干具体的不平等事例，以证明乔治三世破坏了美国的自由；第三部分郑重宣布独立，并宣誓支持该宣言。《独立宣言》的民主思想，主要体现在平等与天赋人权、主权在民和人民革命权利这三个方面。"天赋人权"又译为"自然权利"，其基本精神是强调人具有与生俱来的"生命、自由和追求幸福的权利"。这是大自然所赋予的，绝不应该被剥夺。天赋人权学说，认为人人生而平等。自1776 年以来，"人人生而平等"一直作为美国立国的基本原则，作为人们的信念和理想，并在全世界广为传颂。"主权在民"又译为"一切权力属于人民"，是"天赋人权"在理论上的延伸，其理论要点是：政府合法性

---

① Thomas Jefferson, *A Summary View of the Rights of British America*, http://libertyonline. hy-permall. com/index2. html（2008/08/15）.

② 这种修正首先出现在《独立宣言》发布之前三个星期弗吉尼亚议会通过的由梅森起草的《弗吉尼亚权利宣言》中，只不过杰斐逊的表达更精练，更容易为民众所接受。

③ 原文是：……That these United Colonies are, and of Right to be Free and Independent States, 译为"……（十三个）国家"，是因为在接下来讲到英国时作者用的是"the state of Great Britain"。杰斐逊认为各殖民地是自由独立的国家非始自《独立宣言》。他在 1774 年的《英属美洲权利论要》中就指责英国政府立法中止纽约立法机构的权力是一个自由独立的立法机构中止另下一个同样自由独立的立法机构的权力。参见 *Thomas Jefferson*, *A Summary View of the Rights of British America*, http：//libertyonline. hyper-mall. com/index2. html.

的基础来自广大人民的同意，其一切权力来自人民，应服从人民意志，为
人民幸福和保障人民权利而存在。政府如果一旦政府不履行职责，如果侵
犯人民的权利，人民就有权起来革命来改变或推翻它，建立新的政府，这
便是人民革命权利的理论。

《独立宣言》是一个伟大的政治文件，它在人类历史上第一次以政治
纲领的形式提出了人人生而平等，人具有不可剥夺的生命、自由和追求幸
福的权利，以及政府必须经人民的同意而组成，应为人民幸福和保障人民
权利而存在，人民有权起来革命以推翻不履行职责的政府。这些原则后来
成为美国的意识形态，为美国此后 200 多年的发展奠定了思想基础。在美
国，《独立宣言》经常为日后的政治性演说所引用，如林肯的葛底斯堡演
说、马丁·路德·金《我有一个梦想》的演说，等等。不仅如此，它还
越过国界直接影响了法国大革命，推动了亚洲、拉丁美洲的民族独立
运动。

关于《独立宣言》的思想来源，王辑思先生认为一是洛克，二是清
教卡尔主义的契约精神。[①] 前说几无争议，后一说值得商榷。杰斐逊被公
认具有 "反宗教" 倾向，尤其是对基督教很不感冒。他是公开的自然神
论者——这在竞选总统期间饱受政治对手攻击。所以，即使受了契约思想
的影响，也是无意识的，或者未必出自清教（契约概念不只犹太教、基
督教有）。另外，从字里行间也可以看到从大宪章以降的英国限制王权、
保障民权的政治观念和制度对宣言的影响。北美殖民地人民先是声称与英
国人有同等的权利，而后进一步要求美洲诸国（states）与英国有同等权
利地位。这在《独立宣言》中表现得非常明显。同时，《独立宣言》使用
了 "我们" 一词，这种战略暗含一个民族（one people）、一个共同体的
目标，隐约要求各邦人民同时认同为各自邦的公民和全美利坚的公民。这
是美国从独立到建国过程中最早呼吁以双重认同为基础建立统一的国家，
为后来的立宪建国埋下了伏笔。

原版《独立宣言》包括废除奴隶制的内容，非常激进，充满了激情
和理想，并因此鼓舞了许许多多的人。甚至一些拥有奴隶的种植园主都受
到心灵的震撼而承认奴隶制不正义、不合法。弗吉尼亚的种植园主卡特
（Robert Carter）因此决定解放他的 500 个奴隶。这使其他种植园主震惊和
坐立不安。为了减轻来自其他奴隶主的压力，他被迫分期解放自己的奴

[①]　王辑思为任东来等《美国宪政历程——影响美国的 25 个司法大案》（中国法制出版社
2007 年版）所做的序，见该书第 3 页。

隶，直到临死也没有解放完。当时的社会和观念，还不能接受包括奴隶在内的所有人的自由和平等。杰斐逊本人既是奴隶主，也是废奴主义者，但面对各种压力，他也被迫将《独立宣言》修改得相当温和。即使这样，《独立宣言》的一些主张和理想还是没能进入宪法。这是因为，当时虽然有人认为自然权利应该属于所有的人，应该建立一个更加民主自由的社会，但多数人仍然坚信自然权利只属于男性白人有产者。直到今天，美国内外都有不少人误以为《独立宣言》的部分令人鼓舞的承诺，特别是生命、自由和追求幸福，是 1787 年美国宪法的一部分。其实，宪法和《独立宣言》是两个不同的文件，其使命很不一样。"《独立宣言》只是宣言，至今仍然只是高远而美好的政治理想的宣示——不仅是美国人民的，而且也属于世界各地的人民。而宪法的使命是建立一个能够有效运转的联邦制政府。"① 也正因为《独立宣言》是一份宣言，其在唤醒人民的权利意识方面，比宪法更具有号召力。而宪法要被接受和承认，就必须妥协，必须兼顾各种不同的观念和利益诉求。可以说，正是《独立宣言》的激进促成了美国革命，正是宪法的务实保证了美国顺利建国。

杰斐逊起草，与麦迪逊共同努力推动弗吉尼亚邦议会通过的《弗吉尼亚宗教自由法典》可以说在美国建国和政制发展史上是一个里程碑似的文献，被恰当地认为是《独立宣言》的预热，其所确立的政教分离原则，强化了宗教信仰自由和言论自由作为基本的自然权利的地位，不但体现在《独立宣言》中，而且作为第一条写进了美国宪法第一修正案；不但成了美国宪政的一项重要的基本原则，而且为世界各国立宪所仿效，成了一项普世通行的宪政原则。作为邦权派的代表，杰斐逊虽然未能阻止建立强大联邦政府，却与其他反联邦派，包括联邦派麦迪逊一道推动了宪法第一修正案的制定和通过，保证了纵向分权和民权对政府的制约。

杰斐逊没有参加，但对制宪持积极的态度。在联邦与州权的关系上，他倾向于强州弱联邦；在政府与公民的关系上，他倾向小政府和权力有限的政府而尽可能多地保障人民的自由。他由衷称赞宪法草案分权制衡的政府设计，却对缺少权利保障的内容大为不满。他在同一年致卡林顿（Edward Carrington）的信中说："如果让我来做决定，是要没有报纸的政府还是要没有政府的报纸，我会毫不犹豫地选择后者。我确信那些社会[如印第安人社会]普通大众享有比生活在欧洲政府统治下的人们多得多

---

① David V. Edwards and Alessandra Lippucci, *Practicing American Politics: an Introduction to Government*, New York, NY: Worth Publishers, 1998, p. 46.

的幸福。"① 梅里尔·彼得森教授指出，"杰斐逊心目中的原则很少具有绝对意义，但新闻自由是一个例外"。② 麦迪逊也曾说过，没有人比杰斐逊先生更重视新闻自由。他不仅猛烈批评亚当斯打击新闻自由的《反煽动法》并在当选总统后立即废除了该法，而且为了保障民权而放任报纸"滥用"其自由。

杰斐逊作为思想家，是一个理想主义者；作为政治家，又是一个现实主义者。他通过麦迪逊表达了"代际主权思想"（idea of generational sovereignty），即每一代人都有权重新开始，不必为上一代人还债，也不必服从上一代人的法律与"制度化的义务及规则"。他将人民和政府理想化。他渴望田园牧歌般的和谐生活。"一个完全自治/自愿的世界，人不知有压迫，也不必有政府。"③ 但这些理想主义并没有体现在他起草的任何文件中。他虽然主张小政府，但他在总统任上却从未犹豫过行使甚至扩大权力，他蓄奴，却反对奴隶制。艾利斯为他写的传记，其重点就是揭示他性格的矛盾和思想与行为的不一致。

作为总统——美利坚合众国的最高领导者，杰斐逊留给后世最有名的名言不是要在多少年内把尚处于幼年的国家建成世界一流强国；不是表白自己为了美国的利益鞠躬尽瘁死而后已；不是号召民众维护政党的领导和国家的利益；更不是要求民众相信和支持政府。恰恰相反，杰斐逊留给后世最有名的名言竟然是：希望美国人民"永远都不要相信政府"，要求民众及公众舆论永远都要盯紧各级政府及官员。真是令人难以置信！美国能够发展富强，恰恰是因为政党也好，政府也罢，都不敢胡作非为，都必须服从法律。

五 麦迪逊的宪法思想

哲学和历史学科班出身的詹姆斯·麦迪逊（James Madison, Jr., 1751—1836），不仅被誉为宪法之父，而且被制宪会议的代表称赞为"最是见多识广，知识渊博之人"。他不仅帮助制定宪法建立了一个大共和

---

① Julian P. Boyd ed., *The Papers of Thomas Jefferson*, Princeton, NJ: Princeton University Press, 1950, p. 49.

② Merrill Peterson, *Thomas Jefferson and the New Nation*, New York, NY: Oxford University Press, 1970, p. 716.

③ Joseph Ellis, *American Sphinx: The Character of Thomas Jefferson*, New York, NY: Vitage Books (A Division of Random House Inc.), 1996, p. 136.

国，而且在宪法提交批准期间在极短的时间内以最快的速度写出了"美洲大陆曾经发表过的最优秀的政治评论文章"①。这些后来编入《联邦党人文集》的杰作，论证了建立大共和国②何以可能及如何防止共和国沦为专制国，不仅助推了宪法的批准，而且是公认的仅次于宪法本身的"宪法原理"。与麦迪逊齐名的还有汉密尔顿、杰伊等开国领袖。

麦迪逊的政治观点总是与时俱进，灵活务实，善于妥协。他善于根据变化了的形势和现实需要及时调整自己的立场和观点。

（一）坚持思想言论自由，反对宗教迫害

在言论自由问题上，麦迪逊同杰斐逊观点完全一致。麦迪逊曾说："在美国被视为神圣的诸原则中、在被视为构成合众国人民的自由堡垒的诸神圣权利中，其重要性在人民心目中占压倒一切地位的，就是新闻自由。不错，这一自由时常过了头，它时常沦为放肆，这是令人遗憾的，但人类还未能找到什么补救办法。或许，这是一种附在善身上的无法拆开的恶。"③ 在革命战争期间，麦迪逊与杰斐逊在弗吉尼亚邦议会共事（1776—1779）并成为后者的门生。他在早年曾目睹浸礼会牧师因未经圣公会允许布道而遭受迫害，因此与艾利嘉·克雷格（Elijah Craig）一起推动了宗教自由在弗吉尼亚邦的宪法保护。④ 这促成了他宗教自由思想的形成，并且追随他的导师杰斐逊，于 1786 年率先通过了由杰斐逊起草的《弗吉尼亚宗教自由法典》（the Virginia Statute for Religious Freedom）。宪法第一修正案中"政教分离"的制度设计，也出自麦迪逊。

（二）坚持共和，反对"过度民主"

麦迪逊对革命后的"过度民主"（excessive democracy）表现了日益失望的沮丧。他尖锐批评邦议会的议员为了迎合选民的特殊利益而不惜损害邦的全局利益。他对邦法拒绝给予其他国家大使豁免权限、承认纸币合法

---

① ［美］詹姆斯·特兰托、里奥纳多·里奥：《我主白宫：美国总统排行榜》，王升才等译，江苏美术出版社 2005 年版，第 18 页。

② 孟德斯鸠《论法的精神》是美国立宪及政制设计的重要依据之一，但他认为共和制只适宜于小国寡民之邦，而不宜于地广人众的大国（见该书第一卷第八章第 16—20 节）。麦迪逊则竭力论证共和国在大国更容易成功且很有说服力（见《联邦党人文集》第 10、51 篇）。

③ Merrill Peterson, *James Madison*, *A Biography in His Own Words* (the Founding Fathers), New York, NY: Newsweek, Inc., 1974, p. 225.

④ Ralph Louis Ketcham, *James Madison*: *A Biography*, Charlottesville, VA: University of Virginia Press, 1990, p. 57.

而苦恼不堪。① 他坚持认为立法者应该以邦的全局利益为重，而不是为特殊利益服务，即使这样做会违背选民的意愿。谢斯暴动（Shays' Rebellion）使他和华盛顿等其他元勋更加确信，革命后的过度民主是更大规模的社会堕落的根源。② 麦迪逊因此成为当时为数不多的强烈主张结束各邦独立，将主权集中于联邦建立全国整体政府的开国领袖之一。他曾经写道："危机已经到来，这将决定美利坚的实验会给世界带来福音，还是将共和事业所激发出来的希望粉碎。"③ 他不但积极推动"修例"，而且竭力游说华盛顿参加制宪会议。在制宪会议之前数年，麦迪逊熟读了成箱的各种关于政体理论和经验的著作；这些杰斐逊从法国寄给他的著作为他的学术研究和后来参与"制宪"提供了丰富的知识和思想储备。他关于政体的研究成果因此被历史学家阿代尔（Douglas Adair）认为"很可能是一个美国人所能做出的最有成效的学术研究"④。

（三）坚持联合建国和权力平衡，反对各自为政和极端主义

在1787年制宪会议上由伦道夫具名的弗吉尼亚方案（The Virginia Plan/the Randolph Plan），实为麦迪逊起草。这个方案虽然只是宪法大纲，且未被完全接受，却是最后妥协方案的最重要的基础之一，其以分权制衡为理论支撑的三角鼎立的政府框架，也完整地保留下来。其中的一些重要原则包括：联邦与各州共享主权；以全新的有权威的联邦政府代替邦联国会；两院制国会及其定期选举和罢免制度，分权制衡原则（全国政府由立法、行政、司法三个分支组成，彼此配合与制约），等等。他在制宪会议上发言200多次，深得其他代表道肯。威廉·皮尔斯（William Pierce）曾经写道："……每个人似乎都认可他的杰出表现，在制宪会议处理所有重大问题，他都是引领者……在关键的辩论中他总是有备而来，学识最为渊博。"历史学家罗西特（Clinton Rossiter）因此认为麦迪逊在制宪会议上的表现堪称"溶渊博的知识、丰富的经验、明确的目标和大胆的想象于一体，甚至连亚当斯或杰斐逊也略有逊色"。正是这个方案和他在制宪会议上的表现，为他赢得了"宪法之父"（Father of the Constitu-

---

① Gordon Wood, *The Idea of America: Reflections on the birth of the United States*, London, UK: Penguin Publishing Group, 2011, p. 104.

② ibid.

③ 参见 Robert Allen Rutland, *James Madison: The Founding Father*, Colambia, MO: University of Missouri Press, 1997, p. 14.

④ 参见 Garry Wills, *James Madison*, New York: Henry Holt & Co., 2002, pp. 26-27.

tion）的美名。①

　　麦迪逊睿智而灵活，除了重大原则问题外，在具体问题和利益协调上从不固执己见。在制宪会议的四大主角中，华盛顿以功勋卓著闻名，却只主持会议而不发表任何具体意见以免影响充分辩论；富兰克林虽博闻强记、年高德昭，却在政制上缺少见识，其原则是只要能建成联邦政府，什么方案都能接受；汉密尔顿热衷于建立最强大的联邦政府，虽然非常活跃，却因立场极端而少有同道。唯麦迪逊似乎胸有成竹，准备充分，灵活善变，能够因应现场环境即时调整自己的思路、立场和态度，他先是主张建立强大的联邦政府，而后又支持维护州权，后来他又在这两者之间调和而折中。此外，麦迪逊还详细记录了会议过程，为后人了解这次秘密会议保存了第一手资料。

　　在围绕宪法批准的战斗中，麦迪逊可谓领袖中的领袖。围绕批准宪法的斗争有两大主战场：弗吉尼亚和纽约。敏于思、讷于言的麦迪逊在弗吉尼亚遭遇的是以最富激情演说论辩著名的自由派思想家帕特里克·亨利。面对"强敌"，麦迪逊沉着应战，借力打力，针对"制宪"违法、侵犯邦权、剥夺民权的指责，麦迪逊以现实需要、邦与联邦权力平衡、民权必须有效政府保障逐一应对化解；加上若宪法通过华盛顿笃定当选首任总统等因素，在弗吉尼亚宪法批准会议上，麦迪逊所代表的支持宪法派最终险胜亨利为代表的反宪法派。

　　与此同时，麦迪逊还有力地声援纽约州的联邦派。为宪法草案辩护的所谓《联邦党人文集》（其中29篇为麦迪逊所写），不仅在纽约的报纸上连载，而且在当时就编印成册广为发行，成为批准宪法期间支持宪法者的最有力的参考书。历史学家罗西特因此称《联邦党人文集》是"合众国历史上，甚至也可能是未来最重要的政治学著作"。② 麦迪逊不但促成了宪法在当时最大的弗吉尼亚邦的通过，而且通过"联邦党人文集"直接影响了宪法在第二大邦纽约的批准；这对宪法的成功具有决定性意义。③

---

①　David Stewart, *The Summer of* 1787: *The Men Who Invented the Constitution*, New York, NY: Simon & Schuster, 2007, p. 181.

②　Clinton Rossiter ed., *The Federalist Papers*, New York, NY: Penguin Putnam, Inc., 1961, p. ix.

③　Richard Labunski, *James Madison and the Struggle for the Bill of Rights*, Oxford, UK: Oxford University Press, 2008, p. 82.

第四节　北美精英对"启蒙"的贡献

美国独立建国时期的这些思想大师无疑都是满腹经纶的饱学之士。他们的理论素养在相当程度上来源于欧洲启蒙思想和政治哲学。欧洲启蒙思想和政治哲学正是通过他们影响了美国革命、美国宪法的制定和宪政的发展进程。但是，也不应夸大这种影响，或者认为美国宪法完全是在欧洲政治哲学的基础上制定出来的。他们的理论是通过美国制宪者来实现的；但他们的理论本身也在一定程度上来自美国殖民地的经验和实践，来自北美原住民原始民主和普遍的自由平等。欧洲的专家学者们竭力阐释的公众参与、自然权利等概念，北美印第安人早已实践了若干个世纪。在《自由大宪章》、洛克、卢梭这些概念或名字登陆北美大陆之前，易洛魁联盟形成了"地球上最早的参与民主制"，其法律和习惯一直坚持在政治和宗教问题上的表达自由，妇女的平等参与权也有保障。①

应该说，洛克的契约论无疑也从北美殖民地和土著人的政府制度及其实践经验中吸取了营养。洛克的《政府论》发表于 1690 年，而《五月花号公约》（*Mayflower Compact*）则是在 1620 年签订的。至于易洛魁联盟的以契约形式出现的《和平大法》，大约至少还要早 200 年。在洛克的创作年代，有关北美印第安人社会结构和生活状况的游记已经在欧洲流传。这无疑对欧洲的启蒙思想家会产生影响。洛克本人曾经在 1669 年受命为卡罗莱纳殖民地起草过基本宪章（foundamental constitution of Carolina）。他为卡罗莱纳设计的政府完全是"一权制政府"，其中包括一些违反自由、奴役他人，普遍漠视宗教和政治自由的基本原理的内容，甚至还有一些"幼稚得令人发笑"的规定："为金钱和赏赐而申辩是低贱而可恶之事"；"法律本身及其评注纷繁多样，令人模糊困惑，以至于极为不便。故绝对禁止以任何形式对卡罗莱纳此等宪章的任何部分或普通法、制定法之任何部分进行评论和解释。"② 这同他在政府论中的政治主张和观念完全不同。约翰·亚当斯曾因此嘲笑他"在设计这样的政府之前应该先创造出一种

---

①　Bruce E. Johansen, *Forgotten Founders*, 1982. Ch. 1, http：//www. ratical. org/many_worlds/6Nations/FF. html.

②　Joseph Story, *Commentaries on the Constitution of the United States* (1833), book I, Chapter 14, section132-134, http：//www. lonang. com/exlibris/story/sto-201. htm#fn3d.

愿意在这种政府统治下生活的物种"①。

正如莫尔的"乌托邦"不是凭空想象出来的，自然权利理论不可能纯粹来自欧洲的传统政治哲学，也不可能来自古希腊、古罗马的经验。霍布斯、洛克、孟德斯鸠、卢梭等思想大师们，若不是博古通今，若不是既从欧洲的历史和思想宝库中获取养料，又从世界各地的经验中得到启发，便不可能成为思想的巨人，便不可能有影响世界政治文明前进方向的自然权利、人民主权等思想的产生。近年越来越多的美国学者承认："易洛魁联盟的结构不仅型塑了美国宪法，而且同样——如果不是更多——地为约翰·洛克和托马斯·霍布斯的著作或英国的普通法定了型。"②

不难看出，从设计卡罗莱纳政府到发表《政府论》的 20 多年间，如果卡罗莱纳基本法真的是洛克的主意（他在多大程度上应该负责，至今仍然是个谜），那么洛克的政治哲学肯定发生了根本性的转变。什么因素促使他政治思想的这种巨大的转变，没有经过系统的研究，不可妄下断论。但有一点可以肯定，那就是这种转变不可能只是缘于欧洲的古典资源、文艺复兴运动和启蒙运动。如果对照阅读霍布斯、洛克的著作，不难发现他们所描述的自然状态，与北美印第安人的社会状况确有不少相似之处。所以，越来越多的美国学者断言欧洲自然权利理论至少部分源于北美印第安人的经验，应该是有根据的。

---

① 1663 年，英王查理一世将卡罗莱纳赐予 Berkley、Clarendon、Albemarle、Craven、Ashley、messieurs Carteret、Berkley、Colleton 八个爵士、准爵士，由他们自己组建政府，但须遵守英国的法律，并可以为了更好地治理制定次要的法律，但制定法律和征税都须以当地居民或者其代表的同意为前提。组成这个寡头政府的贵族按照当时拥有土地的多少分为三个等级：男爵 12000 英亩，子爵 24000 英亩，伯爵 80000 英亩。洛克（1669）参与设计的政府将所有立法和行政权力都交给这八个贵族及其继承人，根本没有他后来的分权政府思想的影子。所以亚当斯对他提出了尖锐的批评。参见 John Adams, *A Defence of the Constitutions of Government of the United States of America*, 1787, V1, LIV.

② Peter Bauer, "Adirondack Life Awards: Historic Preservation," *Adirondack Life*, Feb., 1989, pp. 60–62.

第七章　基督教传统对美国立宪的
　　　　影响及其限度

近现代西方法治理念和制度的最终形成，原因固然很多，但最重要、最直接的莫过于基督教传统及其理念。在总体上世俗统治的欧洲，精神上却被基督教支配着。世俗统治与精神支配之间的矛盾，导致王权与教权之间的冲突、制约和必要的包容与合作。在教权与王权皆不能"至上"的现实面前，要确定最高的权威，便只能求助于法律和法治。既然彼此不服，不如各方都服从法。这就是教权与王权相互制约与平衡，只服从法律的现实基础。

美国是一个基督教国家。美国不是一个基督教国家。这两种说法在美国学界和民间都存在，并且都力图从宪法文本和宪法判例中找到为之辩护的根据。这是因为，美国虽然确立了政教分离的原则，但从殖民地时代到独立建国再到如今，宗教与政治都脱离不了干系。

第一节　宗教信仰与殖民地的建立

在北美殖民地早期，新教（南部）和清教（新英格兰）的影响超越了所有的世俗思想。清教徒也相信"报应"（future rewards and punishments），但这种赏善罚恶终由上帝决定。因此，他们强调纪律，恪守摩西十诫等圣经清规，严格遵守安息日制度；并且注重个人道德和社会责任。他们自认为是上帝的选民，强调选民间的民主，并把它扩大为世俗社会的民主。他们相信每个人都有犯罪的可能，要求对世上的一切权力加以限制。美国宪法中的制衡原则就体现了这种影响。美国最早的殖民地，如普利茅斯、罗德岛、康涅狄格和纽黑文曾发展出基于社会契约（social contract）的政府。它们传达出这样一个信息：政府完全可以通过深思熟虑有目的地建立起来，并赋予它确定的和受限的权力。不单纯以固有领土和民族认同，而主要以"理想信念"来建构国家，这在美国宪政主义（American constitutionalism）的发展中占有极其重要的地位。

美洲大陆被"发现"以后，来自欧洲的各路冒险家尽管各有不同，但都是为逐利而来，并且基本上都是基督教徒——虽然他们属于不同的教派。英王亨利七世（Henry VII）1495 年授权当时定居英格兰的威尼斯商人卡波特（John Cabot）远航北美探险，赋予他的使命就是"以不列颠王室的名义、为了不列颠王室的利益，征服和占领未被任何基督教强国占领的任何土地"①。自此以后到美国立宪建国，随着欧洲人的不断移民北美，基督教及其文化也随之在北美扎根、扩散。在英属北美的某些殖民地，新教/清教一直处于独尊独大的地位，是事实上或法律上的"正教"（established church）。在参加制宪会议的代表中超过 70% 是新教徒，② 这一事实便足可以证明这一点。到美国立宪建国之时，同样基本上不存在不同的宗教而只有基督教不同教派之间的差别和争斗。因此，虽然从殖民地时代起在北美一直存在某种程度的宗教信仰自由——即使在有"名门正教"的殖民地如弗吉尼亚也是如此，但是，这种自由基本上只限于基督教不同派别之间。譬如殖民地时期的马里兰在 1649 年通过一项信仰自由法令（《宽容法》）宣布："任何声称信仰耶稣基督的人，在自由地进行宗教活动的时候，都不应当受到干扰。"至于非基督教，尤其是北美原住民印第安人的宗教则被视为异教而受到排斥，甚至应该予以消灭。在殖民者看来，"印第安人是已经堕落在愚昧和异教深渊之中的野蛮种族。他们没有宗教信仰和正当的道德——如果他们侥幸不会因此而被消灭，或许尚可从其错误中得到改造。他们注定要屈从于优等的禀赋天成的欧洲人，并且必须放弃其野蛮和低劣的习俗，而学会文明、皈依基督教；据认为他们虽然会因此受苦和牺牲，却可以收获更多［——得到救赎］"③。从欧洲移民立足北美之时起，基督教文化一直是北美殖民地文化的主流，同样也是美国政治文化的核心部分，其对殖民地政治法律制度的影响，自然而然地也延伸到了新生的美利坚共和国。

---

① Joseph Story, *Commentaries on the Constitution of the United States* (1833), book I, Chapter 1, section 1, http://www.lonang.com/exlibris/story/sto-201.htm#fn3d.

② 参与制定美国宪法的 55 名代表中，39 人是新教教徒。见 Founding Fathers of the United States, http://en.wikipedia.org/wiki/Founding_Fathers_of_the_United_States.

③ Joseph Story, *Commentaries on the Constitution of the United States* (1833), book I, Chapter 1, section 5, http://www.lonang.com/exlibris/story/sto-201.htm#fn3d.

"要想了解当代美国文化冲突的深度及其历史意义，当然要了解美国大众对生活的态度；但是，美国的大众的生活态度是各大教派的教徒精英们提供的，因此根子要到宗教信仰上去找。美国人民生活中的法律条文不是直接源自圣经，就是受到它的影响。"① 这个结论其实也可以用来描述美国建国时期的情形。宗教自由可以说是美国立国之本，但是宗教自由成为一项宪法原则却经历了曲折而漫长的过程；而在宪法成立以后的实践中的宗教自由，至今还远不像宪法所标榜的那样完全彻底。

在英属北美殖民地，宗教信仰可以说是头等大事。要不要像其母国英国那样确立官方宗教（state church），各殖民地在理论、立法和实践上都有所不同。各殖民地的政教关系，与殖民地的类型及其与母国的联系的紧密程度也有较大的相关度。

在实践中，主要是基督教不同教派之间的竞争、冲突和容忍，构成了美国以圣经为核心的宗教化的历史特色。尽管多数英属北美殖民地试图按照英国模式建立正统的政教结合的国教制度，但实际上是"一地政府一种宗教"②。出现这种情况既有政教关系的因素，也与各殖民地相互独立，互不统属有关，还有就是早期殖民地自然条件恶劣，人烟稀少，为了吸引移民，只好放宽宗教限制，导致一定程度的宗教宽容。制度化的异教迫害（如新英格兰、纽约和多数南部殖民地）的确存在，但总体上看，北美殖民地还是教派林立——宗教生活"混乱无序"。欧洲血淋淋的宗教冲突史，殖民地不同地域、不同程度的宗教迫害，都使美国立宪建国时迫切需要确立有利于实现宗教自由的政教分离原则。殖民地时代复杂的政教关系，亦可以为我们窥探基督教传统对立宪建国的影响提供一些有益的线索。

第二节　殖民地的政教关系模式

英属北美殖民地的政教关系相当复杂，为了简便起见，这里粗略地归纳为两种类型：一是政教分离，宗教基本自由；二是政教合一或相互依赖，宗教不自由或基本不自由。前一种情况只存在于罗德岛和宾夕法尼

① 潘小松：《美国"文化战争"的历史根源》，《博览群书》2001 年第 9 期。
② ［美］贝拉等：《心灵的习性》，翟宏彪等译，生活·读书·新知三联书店 1991 年版，第 331 页。

亚，其余各殖民地属于第二种情况。大体上，南部和中部各殖民地属于英国国教的天下，罗德岛以外的新英格兰则是清教的势力范围。

（一）第一种类型：政教分离和宗教基本自由

"美国宗教自由的故乡"① 罗德岛（正式名称为 the State of the Rhode Island and Providence），说起来拓殖者自创"家业"建成罗德岛殖民地在一定程度上还是宗教迫害促成的；且宗教自由作为政治法律原则能够在罗德岛确立本身也是因为宗教仇恨。② 17 世纪 30 年代，在马萨诸塞受到宗教迫害的一些移民在罗杰·威廉姆斯（Roger Wiliams）、安妮·哈钦森（Anne Hutchinson）、威廉·科丁顿（William Coddington）、约翰·克拉克（John Clarke）等人的率领下逃难到罗德岛，于 1636 年、1638 年先后从印第安人手中买下罗德岛和普罗维登斯，这之后他们建立了自治政府组织，但为了取得合法性，也为了不受马萨诸塞不时地侵犯，他们为建立自己的殖民地自治政府多次向英国申请特许状。③ 其中 1663 年 7 月从王室获得的特许状最终确立了罗德岛殖民地的地位。刚复辟不久的查理二世为之颁发的这个特许状中最引人注目的是其认可和保证宗教自由的条款。特许状特意引述了罗德岛居民在其请愿书中的陈情："他们从内心深处恳求（如果他们被恩准）一场鼓舞人心的实验：建立欣欣向荣的市民政府（civil state）并予以最佳维护，保证我们英国臣民中间宗教信仰的完全自由，奠基于福音原则之上的真正的虔诚，这必将最好和最充分地保障主权。"然后宣布："我们，愿意鼓励我们上述尽忠诚实之臣民的充满希望的事业，确保他们作为我们的忠实臣民自由行使和充分享有世俗和宗教权利，维护

① Anson Phelps Strokes and Lee Pfeffer, *Church and State in the United States*, New York, NY: Harper & Row, Publisher, 1964, p. 81.

② 查理二世在颁给罗德岛的特许状中"恩准"保证其宗教和信仰自由，并不是因为他崇尚宗教自由，而是因为宗教仇恨，为了给当时控制马萨诸塞殖民地的清教徒树敌。他对清教徒/英国新教徒的仇恨源于他父亲查理一世在英国内战中失败后被新教政府送上了断头台。见 Rickie Lazzerini, *The History of Rhode Island 2006*, http://www.kindredtrails.com/Rhode_Island_History-1.html. 实际上在查理二世统治时期，英国本土根本没有什么宗教自由或宽容，而宗教迫害却司空见惯。

③ 该拓殖地在罗杰·威廉姆斯的带领下，经过不断的努力争取，于 1643 年获得了沃威克伯爵（the Earl of Wrwick）颁发的特许状（1644 年英国议会予以批准），得到授权在不与英国法相违背的前提下，由自由民参与建立完全的自治政府（the absolute government of themselves）。由于该特许状没有涉及宗教问题，几个定居点根据该特许状建立的殖民地政府可以有较大的空间进行"宗教自由的实验"，这为后来赢得查理二世的"恩准"奠定了社会基础。

他们真正的基督教信仰和礼拜上帝的自由……我们，因之认为恰当并特此公布、批准、命令和宣告：我们愉快地诏告王室的意志：自此以后的任何时候，该殖民地的任何人不得因宗教事务上的异见而受到任何形式的干涉、惩罚、骚扰或诘问；相反，此后的随时和任何时候，在此申明的土地上，人人，每个人，所有人在宗教事务上拥有全权自由地享受自己的判断和信仰，［但是］，他们得和平、安定地行事，不得利用此等自由放荡形骸，亵渎圣灵，亦不得对他人进行民事伤害或侵犯。"对于该特许状诏示和鼓励的宗教自由，斯托里大法官给予了非常高的评价，并对照谴责了查理二世和北美殖民地的宗教迫害："这是一个崇高的宣示，值得任何统治自由人民的君主去践行。然而，就是这同一个君主，却在他荒淫无道的统治期间，授权在国内进行［宗教］迫害，这与宗教自由多么不相称啊！真是一想起来就令人悲哀。更让人悲愤的是，其他新英格兰殖民地竟没有任何一个在法律上或实践中对类似的宽容精神予以鼓励。"①

　　罗德岛是北美殖民地，也是近代以来世界上最早通过基本法确立宗教自由原则并实际贯彻得比较好的政治实体之一。它也因此吸引了众多的教派，其中不乏在其他殖民地受到迫害者。到 1739 年，罗得岛共有 33 个教堂和 1 座犹太会堂，代表浸礼会、教友会、公理会、英国国教会等六个不同的教派。② 在这里，宗教信仰充分个人化，即没有制度化的宗教，没有享受薪俸的专职牧师，也没有法定教堂。罗德岛议会曾经宣称："我们把思想自由盛赞为这个世界上可以拥有的最大幸福"，在历史上从未有过"这么小的一块地方，聚集了这么多的宗教"。③

　　罗德岛的宗教自由，同它的开创者威廉姆斯长期的努力和坚持分不开。他在各种场所，利用各种机会为"宗教自由"奔走呼号。1654 年，时任总督的他在《致普罗维登斯》的公开信中在阐发"信仰自由"原则时，把殖民地比喻为大海里的航船，浸礼会教徒、新教徒、犹太教徒等都

---

①　Joseph Story, *Commentaries on the Constitituion of the United States with a Prelimilary Review the Constitutional History of the Colonies and the States*, *Before the Adoption of the Constitution* (1833), Volume I., Book I., Ch. VIII, sec. 97, Boston, MA: Hilliard, Gray and Co. / Cambridge: Brown, Shattuck, and Co., 1833, p. 84-85.

②　William G. Mcloughllm, *Rhode Island: A Bicentennial History*, New York, NY: W. W. Norton & Company Inc., 1978, pp. 34-35.

③　Edwin Scoff Gaustad, *A Religious History of America*, San Francisco, CA: Harper & Row, 1990, p. 70.

可以是乘客，"船长无权干涉他们的信仰"①。

　　不过，罗德岛殖民地的宗教宽容和自由并没有超出基督教的不同教派之间——它必须奠基于"福音原则"之上。所以只能算是宗教基本自由，即基督教不同教派之间的宗教信仰自由和礼拜上帝的自由。这种局限也是美国建国前后整个北美宗教自由的共同特点，最多对自然神教等少数几种宗教有所"宽容"；无神论者（atheist）和其他"异教"实际上仍然是被排斥的——连"美国革命之父"托马斯·潘恩也因其《理性年代》批驳基督教教义而不为当时的整个美国的主流社会所包容，甚至受到了像约翰·亚当斯这样的革命领袖的严词批判甚至辱骂。②

　　宾夕法尼亚自始至终坚持宗教自由和政教分离，在行省（业主）殖民地中是独一无二的。该殖民地的建立者、教友会教徒威廉·宾（William Penn）1681 年从英王查理二世那里获得土地专有授权，他因此成了一片广袤土地的业主。他为纪念其父而名之宾夕法尼亚（Pennsylvania）。他广邀同道，把自己的领地殖民地作为英国、爱尔兰和其他殖民地受宗教迫害者的避难所，进行"宗教自由的神圣实验"。

　　宾获得授权建立殖民地后主持制定的首部基本法——1682 年《宾夕法尼亚大法》（The Great Law of Pennsylvania，1682）因其温和、明智、正当地保障人民的权利自由而超出了当时的一般精神。它除了强调法治之外，最引人注目的就是保障宗教自由：一切信奉万能的上帝的和平居民，不得因其宗教信仰，或者宗教礼拜活动而受到任何形式的干涉，也不得被

---

①　William G. Mcloughllm, *Rhode Island: A Bicentennial History*, New York: W. W. Norton & Company Inc., 1978, pp. 32-33.

②　亚当斯对他反对的东西总是非常尖酸刻薄，竭尽讽刺挖苦之能事，甚至恶言相加。他在 1805 年致本杰明·沃特豪斯（Benjamin Waterhouse, 1754—1846）的信中谴责托马斯·潘恩的《理性年代》："我强烈希望你将它称作轻浮年代；如果你这样命名——愚昧年代、邪恶年代、疯狂年代、狂暴年代、野蛮年代、泼妇年代、波拿巴年代、托马斯·潘恩年代，或者在无底深渊烧毁招牌的年代——我也不反对。总之叫什么都可以，就是不能叫作'理性年代'。我不在乎汤姆·潘恩对这个世界的居民或事务的影响比谁的都大。对这个年代不会有更严厉的讽刺。对于这样一个由野公猪和荡母狗苟合所生的猪狗之间的杂种来说，这个世界的任何年代都未曾遭受过一个以恶作剧为业的人类胆小鬼之害。所以就叫潘恩年代吧。他比献身巴黎神庙代表女神的高级妓女有价值得多，也正是汤姆以她的名字来命名这个年代。（不过），真正理性的人与这个年代、与妓女或者汤姆没有任何关系。"（Adams, "to Waterhouse, 29, Oct., 1805", in Worthington Chaucey Ford ed., *Statesman and Friend: Correspondence of John Adams and Benjamin Waterhouse*, 1784-1822, Boston, MA: Little Brown & Co., 1927, p. 31.）

强迫频繁或定期从事任何礼拜等宗教活动。①

自此以后，该殖民地虽然种族纷争不断，但宗教自由原则基本上始终得以坚持。不同教派如教友会、长老会、浸礼会、德国改革派教会、路德派、英国国教会、罗马天主教、犹太教等各种宗教教派，使宾夕法尼亚呈现多种教派杂处并存的局面。② 与罗德岛一样，这里的宗教自由也以"信奉万能的上帝"耶稣基督为前提，基本上只有教派的不同而没有宗教种类的差别。正如斯托里大法官所说："虽然特许状认可了信仰自由，但立法机构却以为它自己可以自由缩小保护的范围，即只有信奉三位一体（trinity）和圣经之灵启（the divine inspiration of the Scriptures）的人群才受保护。"③

将这种只"宽容"基督教不同教派归类为宗教基本自由，是相对于以官方宗教排斥其他一切教派的殖民地而言的。在"宗教基本自由"的殖民地，基督教各种不同的教派基本上可以和平共存，相互包容，这相对于当时的欧洲和不少北美殖民地来说，也算比较难得了。

（二）第二种类型：政教合一或相互依赖，宗教不自由或基本不自由

通过立法确定英国国教为官方宗教的有南部的五个殖民地——弗吉尼亚（1619）、马里兰（1702）、南卡罗来纳（1704）、北卡罗来纳（1715）、佐治亚（1758）和中部的纽约（1693）。弗吉尼亚"在早期的立法案中，英国国教被确定为唯一的真实宗教；其原则和教规得严格遵守。一切非英国国教徒皆得被驱赶出该殖民地；其迫害异教的严酷程度与最热衷于宗教迫害的清教徒相比也逊色不多。国教神职人员丰厚的俸禄来自教会附属地、什一税和其他资助。非常住居民被禁止［参加教会活动］，但教会税却被照样强制征收。法律确实非常优待教会，在该殖民地

---

① 该法宣布："任何政府，不管其结构怎样，只要由法律统治，并且人民是法律的一方当事人，其治下的人民就是自由的；超出了法治便是暴君政治、寡头政治或混乱政治。" Joseph Story, *Commentaries on the Constitution of the United States：With a Preliminary Review the Constitutional History of the Colonies and the States，Before the Adoption of the Constitution*，Volume I.，Book I.，Ch. XII，sec. 123，Boston：Hilliard，Gray and Co./Cambridge：Brown，Shattuck，and Co.，1833，pp. 111-112.

② 张红菊：《美国殖民地时期政教关系探析》，《美国研究》2002 年第 1 期。

③ Joseph Story, *Commentaries on the Constitution of the United States：With a Preliminary Review the Constitutional History of the Colonies and the States，Before the Adoption of the Constitution*，Volume I.，Book I.，Ch. XII，sec. 125，Boston，MA：Hilliard，Gray and Co./Cambridge：Brown，Shattuck，and Co.，1833，p. 114-115.

最初 50 年，神职人员在立法机构中一直占据要津。在查理一世的亲信威廉·伯克利爵士（Sir William Berkeley）任总督期间（1641—1652，1660—1677），国教甚至被当作禁锢人民的工具。他在 1671 年应召回伦敦述职回答贵族专员们（the Lords Commissioners）的质询时说："谢天谢地，我们没有学术、出版自由——我希望一百年以后也不要有，因为知识已经给这个世界带来了桀骜不驯（disobedience）、异端邪说和四分五裂，而出版物则将这些现象曝光，并诽谤最好的政府。"① 不过，为了吸引移民和发展的需要，在这些殖民地实际也存在一定程度的宗教宽容，就是在弗吉尼亚，其他宗教也有一定的生存空间。只不过立法来得很慢，直到威廉和玛丽加冕后的 1699 年才颁布宽容非国教教徒的法律。但即使有这项法律，英国国教的至上性还是持续到了美国革命时期。

马里兰几经周折后，也确立了英国国教的官方宗教地位。巴尔的摩勋爵卡尔弗特（Cecilius Calvert Lord Baltimore）及其追随者都是天主教徒，他建立殖民地就是为受迫害的天主教教友提供一个避难所。然而，英国国王颁发给他的特许状却要求按英国宗教法成立英国国教会。尽管如此，他从 1632 年开始还是试图将自己的行省殖民地建立在财产权和宗教自由的广泛基础之上……使基督教精神与古老的普通法相一致，不允许任何教派占有优势地位。为了避免宗教冲突，卡尔弗特勋爵推动马里兰议会于 1649 年 4 月通过《宗教法》（Act Concerning Religion），又称《宽容法》（Maryland Toleration Act），赋予所有基督徒自由礼拜基督的权利，但对任何否认基督神圣的人则要被处以死刑。② 卡尔弗特勋爵主政的马里兰殖民地在北美最早承认殖民者之间不可剥夺的信仰（基督的）权利，比白种人在罗德岛的殖民还早，这在北美树立了一个好榜样。然而，无论罗德岛还是马里兰，所谓"宗教自由"都是狭隘的，都没有携手走得更远，未能提倡和实行不同宗教之间的普遍的、充分的宗教自由。③

---

① 转引自 Joseph Story, *Commentaries on the Constitution of the United States*：*With a Preliminary Review the Constitutional History of the Colonies and the States*，*Before the Adoption of the Constitution*，Volume I.，Book I.，Ch. II，sec. 51，Boston：Hilliard，Gray and Co. /Cambridge：Brown，Shattuck，and Co.，1833，pp. 32–33。

② *Maryland Toleration Act*，http：//en. wikipedia. org/wiki/Maryland_ Toleration_ Act.

③ Joseph Story, *Commentaries on the Constitution of the United States*：*With a Preliminary Review the Constitutional History of the Colonies and the States*，*Before the Adoption of the Constitution*，Volume I.，Book I.，Ch. IX，sec. 106，Boston，MA：Hilliard，Gray and Co. /Cambridge：Brown，Shattuck，and Co.，1833，pp. 94–95.

1692—1715 年马里兰丧失业主身份成为皇家殖民地期间，《宽容法》被废除，议会 1702 年立法确立英国国教为官方宗教。1715 年马里兰恢复业主身份时，第四代巴尔的摩勋爵是英国国教教徒，英国国教的官方宗教地位得以维持和巩固。

纽约不但立法确定了英国国教为官方宗教，而且它的宗教压制甚至持续到了美国《独立宣言》发布之后。纽约在荷兰人统治时期虽以荷兰改革派教会为官方宗教（1629），但荷兰为了商业、经济利益，宗教政策较为宽松，路德派、教友会、长老会和天主教各路人马都来此地定居，很快形成了多宗教并存的局面。① 英荷长期争夺后，1664 年荷兰被迫将纽约拱手让给英国统治，英荷双方约定，英国保障荷兰居民的财产及继承权和宗教信仰自由。其后经过几易其手，到 1688 年光荣革命后，纽约正式成为英国皇家殖民地，1691 年，首位王室任命的总督到任后，即组建并召集议会（general assembly），通过了一系列重要的法案，其中一项类似于基本法的法案规定："……任何信仰耶稣基督的人——天主教徒除外，不得因宗教异见而受到干扰或诘问。"② 虽然这项法案在 1797 年才被威廉国王废止，但在 1693 年本杰明·弗莱彻（Benjamin Fletcher）总督就奉王室之命迫使议会通过了确立新教为官方宗教的法律，并通过征税予以支持。③

纽约与马萨诸塞一样，一直决意压制罗马教会（the Romish Church），18 世纪初它还通过了一项法案，规定耶稣会士（Jesuit）、天主教牧师（Popish Priest）若不在规定的期限内离境，将被判处终身监禁；若越狱或逃跑而被捕获，将被处以极刑。1777 年纽约宪法还要求，凡欲归化为纽约人者，必宣誓断绝对外国的效忠和臣服，不管是宗教的还是世俗的。这无疑是要排斥天主教徒享受归化之利。纽约宽容精神和信仰自由的缺失，实在不是什么值得夸耀之事。④ 纽约比其他殖民地更乐于移植和传承英国政治法律制度，在严守英国国教会正统教会地位方面也比别的殖民地走

---

① 张红菊：《美国殖民地时期政教关系探析》，《美国研究》2002 年第 1 期。

② Joseph Story, *Commentaries on the Constitution of the United States*, Volume I., Book I., Ch. X, sec. 114, Boston, MA：Hilliard, Gray and Co. /Cambridge：Brown, Shattuck, and Co., 1833, p. 102.

③ Sydeny E. Ahlstrorn, *A Religious History of the American People*, New Haven：Yale University Press, 1972, Vol. 1, p. 274.

④ Joseph Story, *Commentaries on the Constitution of the United States*, Volume I., Book I., Ch. X, sec. 114, Boston, MA：Hilliard, Gray and Co. /Cambridge：Brown, Shattuck, and Co., 1833, pp. 102-103.

得远。

此外，新泽西和特拉华两个殖民地，英国国教虽然没有被明定为官方宗教，但受到特别的优待；虽然诸种教派可以并存，但天主教徒还是一直受到压制和排斥。

罗德岛以外的新英格兰地区都以清教为官方宗教，并且依赖政府和税赋的支持。其中尤其以马萨诸塞和康涅狄格对非清教的排斥最为严厉。开拓并控制新英格兰殖民地的清教徒，其移民美洲的目的主要是逃避宗教迫害，追求信仰自由。清教作为英国国教（Anglican）的对立面在英国备受歧视、压制和迫害，到了新英格兰不但被奉为官方宗教，而且反过来压制和歧视其他宗教教派。其实，清教本不是一个单一的教派，尽管为了"净化"英国国教的共同目标而获得了统一的称号，但在怎样净化及净化的目标等具体问题上依旧分歧严重，其中主张实行长老制和公理制的居多。移居新英格兰的主要是清教中主张公理制原则的少数派，因此公理会便成为新英格兰的官方教会。其主要特点是：

第一，政教关系貌离神合。按照公理会的契约学说，教会不是由国家所创立，而是由"上帝的选民"（能够得救的人）通过与上帝订立契约、并在相互之间订立契约自愿组成。因此教会的权力属于会众而非国家，公理即"公众管理"。[①] 因此普利茅斯、马萨诸塞最初建立的公理会，就是由会众（合法的上帝选民）自我管理、相互独立、不相隶属的。但是清教徒同时又认为，为了将全体会众统一在"上帝的王国"，世俗政府有责任支持、加强教会，压制、惩罚异教及不去教堂的人。只有教会与政府结合，才能实现建立"上帝的王国"的目标。为此，马萨诸塞议会先后通过决议（1636）和法律（1638），规定教会之成立须经立法机关批准，[②] 全体居民须同时向政府和教会纳税[③]。这既确保公理会享有政治经济特权，又赋予世俗政府干预宗教事务的权力，使政教趋于合一。后来建立的康涅狄格和新罕布什尔殖民地，都模仿了马萨诸塞的制度，1693 年康涅狄格成立政府，制订法律规定：在宗教事务上确立国家权力，全社区都支持公理会。纽黑文最初建立的"圣经共和政体"，在政教结合上甚至比马

---

① 段琦：《美国宗教嬗变论》，今日中国出版社 1994 年版，第 125 页。

② Henry Kalloch Rowe, *The History of Religion in the United States*, Englewood Cliffs, NJ: Prentice-Hall, 1924, p. 26.

③ Keith W. Kavenagh ed., *Foundations of Colonial America: a Documentary History*, Vol. 1, New York, NY: Chelsea House Publishers, 1974, p. 421.

萨诸塞走得更远。①

第二，一切权力属于清教徒。清教徒明白，宗教目标的实现得依靠政治权力。以马萨诸塞为例，其首届议会（1631）即决定："除教会会员外，其他人不得被允许进入这个政治自由体。"② 从此，公理会会员垄断了该殖民地政治，独享自由民权利。更为关键的是，为了保证公理会的纯洁和虔诚，规定了非常严格的入会条件，从而将绝大多数居民排除在会众——"上帝的选民"之外，政治权力也因此也不可避免地落入少数会众之手。以 1640 年马萨诸塞为例，当时大约 3000 名清教徒控制着 15000 名无选举权的居民的命运。③

第三，宗教活动严格组织化、制度化。1648 年，新英格兰各地的牧师集会于马萨诸塞剑桥，专门制定规范宗教活动和教会运作的公理会宪章（the Constitution of the Congregational Churches），是为《剑桥宣言》（*The Cambridge Platform*），其主要内容不在教义及其原则，而在规定教会执事的等秩权限、产生方式；公理会会员资格及其确认；礼拜活动的仪制和对违反教规者的制裁等。1708 年，康涅狄格公理会为了遏制分裂和不守会规（non-conformist）的势头，在会众和牧师中恢复纪律，发布了强化教会集权管理的《赛义布鲁克宣言》（*Saybrook Platform*），除了吸纳《剑桥宣言》有关规制外，还赋予了教会执事更大的权力，使其管理体制类似于清教的另一派——长老会制。④ 教会运作的好坏取决于牧师的数量和素质。公理会为培养优秀牧师先后创办了哈佛学院（1636）和耶鲁学院（1701），向教会源源不断地输送优质牧师。殖民地时代新英格兰公理会1586 个牧师中，只有 79 个没有大学文凭。⑤ 与此同时，为了保证人人都能读懂《圣经》，基础教育也受到重视，每个市镇都依法建立英国式的语

① Henry Kalloch Rowe, *The History of Religion in the United States*, Englewood Cliffs, NJ: Prentice-Hall, 1924, pp. 35-36.

② Clifton E. Olmstead, *Religion in America*: *Past and Present*, Englewood Clitts, NJ: Prentice-Hall, 1961, p. 22.

③ ［美］卡罗尔·卡尔余斯：《美国社会史话》，王岱等译，人民出版社 1984 年版，第72 页。

④ *The Cambridge Platform 1648*, http://www.pragmatism.org/american/cambridge_platform.htm; *Saybrook Platform*, http://www.answers.com/topic/saybrook - platform or http://en.wikipedia.org/wiki/Saybrook_ Platform.

⑤ Hudson S. Winthrop, *Religion in America*, New York, NY: Macmillan Co., 1987, p. 42.

法学校。宗教目的促进了新英格兰文化教育的普及。[1]

第四，排斥、压制、迫害异教。清教在新英格兰被奉为"正教"之后，其会众也从迫害的对象转变成了迫害者。为了保证"清教社会"的同质与纯洁，清教殖民当局不但严格规范教会和会众的行为，而且严厉压制、排斥宗教上的异见和异教。1629 年一个英国国教牧师一到普利茅斯就遭驱逐，[2] 马萨诸塞早期主张信仰自由者如罗杰·威廉姆斯和安妮·哈钦森等人都遭无情流放。根据马萨诸塞议会 1637 年 5 月通过的一项法令，未经议会同意新移民不得在马萨诸塞永久定居。擅敢闯入的异教徒，不是罚款驱逐，就是遭到严刑峻法。[3] 普利茅斯、康涅狄格和纽黑文等殖民地，不但如马萨诸塞一样惩处异教徒，而且禁止印第安人举行宗教仪式。[4] 由于政教合一并严厉压制、惩罚异教，17 世纪的新英格兰成了公理会的一统天下，至革命前夕，它发展成了北美最大的教派。

综上所述，北美殖民地直到美国建国前后，宗教不宽容（religious intolerance）是普遍的现象。即使在罗德岛和宾夕法尼亚，非基督徒也是不受欢迎的——确切地说，是受到敌视的。在《独立宣言》发布后的差不多 30 年间，有 13 个州的宪法或基本法规定了歧视非基督徒和/或天主教徒的条款。[5] 所以很难说在美国建国前后"没有压制人民

---

① 张红菊：《美国殖民地时期政教关系探析》，《美国研究》2002 年第 1 期。

② Clifton E. Olmstead, *Religion in America: Past and Present*, Englewood Clitts, NJ: Prentice-Hall, 1961, p.21.

③ 如马萨诸塞从 1650 年到 1658 年通过一系列反贵格教徒的法律，其惩罚措施包括拘禁、罚款、烙印、鞭笞、割耳、穿舌直至死刑，以致有 4 名贵格教徒在波士顿被吊死。Richard Brandon Morris, *Encyclopedia of American History*, New York, NY: Harper & Row, 1976, p.44.

④ 张红菊：《美国殖民地时期政教关系探析》，《美国研究》2002 年第 1 期。

⑤ 美国《独立宣言》发布后在宪法（如其他文件则另行标明）上规定歧视、压制天主教徒和非基督教徒的州：特拉华（1776）第 22 条：非基督教徒不得担任公职；马里兰（1776）第 32、35 条：基督教徒受平等保护，征税支持基督教会，担任公职者须声明信仰基督教；马萨诸塞（1780）第 1、2 条：所有人都有权利和义务礼拜至上圣灵（the Supreme Being），当选州长和担任其他一切公职须声明信仰基督教；新罕布什尔（1784）第 1 条：立法机构授权各市镇制定适当法规保障新教教师和牧师之待遇、支持宗教和道德［建设］；新泽西（1776）第 19 条：任何新教徒不得被剥夺民事权利，新教徒不分教派得被选举或委任担任一切公职；纽约（1777）第 8 条：教友会众（quakers）要获得选举权必须宣誓；北卡罗来纳（1776）第 32 条：任何人不 （转下页）

的国教"① ——无论在法律上还是事实上，宗教压迫是相当普遍和严重的。也许正是这种宗教压迫和迫害，促使杰斐逊等革命领袖率先在弗吉尼亚通过了宗教自由法案，并且不遗余力促其在美国建国时成为一项重要的宪法原则。

　　然而，"宗教自由"其实是一个不可能成为现实的神话。无论是一个个人，还是一个社会，一旦信奉某一宗教，便被束缚住而不再有"信仰自由"了。"自由"地改变宗教信仰无论对个人，还是对他人或社会，都是极为困难的。美国立宪建国时，经历了基督教长期浸润的北美大地，圣经——无论是其传奇还是教义，不仅给已有的制度打上了深深的烙印，而且已经溶入人们的日常生活之中。在这样的背景下的立宪建国，其政治法律制度若不与基督教教义和原则沾亲带故，便不可能得到有效的贯彻实施，更不要说会有持久的生命力。正式的官方制定法若不与非正式的民间习惯法协调一致，是不会得到顺利实施的——一切社会皆然。从这个意义上说，美国的立宪建国，也是在某种程度上受基督教传统和教义控制的。

第三节 "国父们"的宗教信仰与美国立宪

　　在美国学术界和民间，对"国父们"中的一些重量级人物信不信教，信什么教，都存在严重的分歧。这是美国宗教文化多元化的现实在人们观念中的反应，同时也说明基督教在美国宗教文化中的主导地位。事实上，尽管在立宪期间很早就在政教分离原则上达成了共识，但由于基督教事实上的支配地位，"国父们"无论他们自己信什么教，都不可能脱离基督教

　　（接上页）信上帝或者新教教义、不相信旧约和新约，不得担任公职；《宾夕法尼亚权利宣言》（1776）第 2 条，宪法（1790）第 9 条：任何信仰上帝之人，不管他以什么方式礼拜，不得被剥夺作为公民之民事权利和担任公职的资格，《政府基本法》（*Frame of Government*，1776）第 10 条：担任议会两院议员须宣誓信仰上帝，承认旧约、新约为圣灵启示；南卡罗来纳（1778）：新教为正教（the established religion of this State），其他基督教派可得宽容（第 38 条），一切公职归于新教（第 3、12 条）；田纳西（1796）第 8 条：不信上帝，否认报应（a future state of rewards and punishments）之人无权担任公职；《佛蒙特权利宣言》（1777）第 3 条：凡新教徒不得被剥夺民权，《政府基本法》（1777）第 9 条：议员须宣誓信仰上帝、圣经和新教。

① ［美］戈登·S. 伍德：《美国革命的激进主义》，傅国英译，北京大学出版社 1997 年版，第 125 页。

环境而"自由"建国。

要厘清基督教传统对美国立宪建国的影响，我们可以从两个方面来把握：一是美国"国父们"的宗教信仰，二是美国建国最重要的三大文献：《独立宣言》《邦联条例》和美国宪法。而国父们对于宗教的态度，当然也会体现在这三大文献中。

基督教传统对美国立宪到底有什么影响，有多大的影响？首先得从美国的"国父们"的宗教信仰及其实践影响说起。

美国的国父多数是基督教徒，这是无疑问的。但对于其中的一些关键人物信不信教，到底信什么教，美国教俗两界都存在尖锐的分歧。比较有代表性的说法可以归纳为三种：

第一种说法如表 7-1 所示，所有的国父都信教，且基本上都是基督教。

表 7-1　　　　　　　　　　国父的宗教信仰

美国国父们的教派归属	人数	比例（%）
Episcopalian 圣公会/Anglican 英国国教（英国圣公会）	88	54.7
Presbyterian 长老会（原是苏格兰国教）	30	18.6
Congregationalist 公理会教友	27	16.8
Quaker 贵格会（教友会）	7	4.3
Dutch Reformed/German Reformed 荷兰/德国改革派	6	3.7
Lutheran 路德派	5	3.1
Catholic 天主教	3	1.9
Huguenot 胡格诺派	3	1.9
Unitarian 单一神教徒	3	1.9
Methodist 美以美教/卫理公会	2	1.2
Calvinist 卡尔文教派	1	0.6
总数	204	

资料来源：Religious Affiliation of the Founding Fathers of the United States of America，http：//www. adherents. com/gov/Founding_ Fathers_ Religion. html。

第二种说法是，大多数信仰基督教，尤其是新教/清教，但也有少数不信教或不清楚到底信什么教。譬如，1787 年参与费城制宪会议的代表中，只有少数几人没有明确的宗教信仰，另有 3 名罗马天主教徒（C.Carroll、D.Carroll 和 Fitzsimons），其余 49 人皆为新教徒（Protestants）。在新教中最多的是圣公会教徒（Episcopalian），达 28 人，其余的分布是：长老会教徒（Presbyterians）8 人，公理会教徒（Congregationalists）7 人，路德派（Lutherans）、何兰重建派（Dutch Reformed）、卫理公会教徒（Methodists）各 2 人。不过，一些更有名望的国父，如杰斐逊、华盛顿、亚当斯和富兰克林，确有反宗教（anti-clerical）倾向或在其言论中直言不讳地批评组织化、制度化的宗教活动。国父中也有一些自然神论者（deists）或持相似信仰者。[①]

第三种说法是，有相当多的国父不是虔诚的基督教教徒，或者根本不信基督教，不相信荒诞的旧约和新约——尽管他们中有些人可能对耶稣有好感。这种观点可以从这些领袖们的言论特别是书信中找到佐证。

托马斯·潘恩其实是自然神论者，根本不信仰基督教或其他任何宗教。他在《理性年代》（the Age of Reason）充满激情地写道："我不相信犹太教、希腊教、土耳其教、新教，以及任何其他我所知道的宗教鼓吹的教义……这些宗教彼此互相指责对方不可信。至于我本人，对它们全都不信。""一切的国家教会机构，不管是犹太教的、基督教的还是土耳其教的，在我看来都不过是人类创设出来恐吓、奴役人的思想，垄断权力和利益"。"圣经教导我们的是些什么？——强奸、残酷、谋杀。新约教导我们的是些什么？——相信万能的上帝诱奸一个已经订婚的女人，而相信诱奸竟被称为信仰。""我们每每阅读圣经中的淫秽故事，肉欲的诱奸，残酷和折磨人的刑罚，冷酷的复仇——圣经大半都充斥着这些，就不能不令我们称之为魔鬼的谎言而非上帝的箴言。"[②]

像潘恩这样尖刻和无所顾忌地批判圣经的，在国父中可能是绝无仅有的。其他领袖虽然也有持相同或相似观点的，却没有那样的激烈、公开，而相对比较温和、往往只限于个人交流和私人通信中。

华盛顿似乎更倾向于自然神教而非制度化的宗教（指基督教新教）的教义和形式。虽然他也常常在超人的、遥远的和绝对的意义上使用"神"（Providence）的概念，但从未宣称过他自己是基督教徒。华盛顿为之奋斗的是基于宗教宽容的自由事业。他认为，要维持社会的和平与安宁，就必须防止教派冲突，保证不同宗教教派的和平共存。他在军中曾经

---

①　*Founding Fathers of the United States*，http：//en. wikipedia. org/wiki/Founding_ Fathers_ of_ the_ United_ States.

②　Thomas Paine，*The Age of Reason*，Ch. I. ，II. ，III. ，http：//oll. libertyfund. org/？ option =com_ staticxt&staticfile = show. php%3Ftitle = 1083&chapter = 19207&layout = html&Itemid = 27.

不顾其他随军教士的反对而任命了宇宙神教徒莫雷（John Murray）为随军教士，在他死后也未以基督教仪式安葬。[1] 华盛顿在 1793 年的一篇公开演讲中宣称，"在我们这块土地上真理和理性之光战胜了固执和迷信，人人都可以按照他内心的信念膜拜上帝"[2]。"人类最不共戴天、最难消弭的，也是最应该避免的仇恨莫过于因宗教差异引起的仇恨。我真希望开明和自由的政策——这是当前的特点——能够至少使各基督教派释嫌，使教派冲突不至发展到危害社会和平的程度。"[3]

　　第二任总统约翰·亚当斯违背父意不做教士而学法律。他曾经写道，在法学家中他看到"高贵的气质和辉煌的业绩"，而在教士中则不乏"故作圣洁的低能之辈"（pretended sanctity of some absolute dunces）。[4] 亚当斯在致杰斐逊的一封信中绘声绘色地讲了一段他 12 岁时经历的故事：他的教区教士布里扬（Lemuel Bryant，一个活泼有趣的自由派学者和圣徒）和拉丁语学校校长克里弗利（Joseph Cleverly，一个彬彬有礼的学者，坚定的圣公会教徒）总为政教关系问题争论不休，而希克斯博士（Dr. Hicks）对其争执不参一言。一天校长兴致特别高也特别虔诚地宣称，"他要是个帝王，他的王国里便会只有一种宗教"。教士则冷冰冰讥讽道："克里弗利！你将是这世界上最好的人，如果你没有宗教。"接着他这样写道："在我后来的阅读生涯中，有 20 次我忆及此便忍不住惊呼，'这世界要是没有宗教该多好啊'！！！"接着他还对世界各地的人们为什么沦为宗教的顺民，甘愿承担捐税修建富丽堂皇的神庙、教堂、金字塔感到难以理解。[5] 在亚当斯当政期间，美国与的黎

---

[1]　Paul F. Boller Jr., *George Washington and Religion*, Southern Methodist University Press, Dallas TX, 1963, pp. 16, 87, 88, 108, 113, 121, 127.

[2]　Paul F. Boller Jr., *George Washington and Religion*, Dallas, TX: Southern Methodist University Press, 1963, p. 116.

[3]　George Washington, "Letter to Edward Newenham, October 20, 1792", In George Seldes ed., *The Great Quotations*, Secaucus, NJ: Citadel Press, 1983, p. 726.

[4]　Peter Shaw, *The Character of John Adams*, Chapel Hill, NC: North Carolina Press, 1976, p. 17.

[5]　J. Adams, "to T. Jefferson, April 19, 1817", In Lester J. Cappon ed., *The Adams–Jefferson Letters: The Complete Correspondence betweenThomas Jefferson and Abigail and John Adams*, The University of North Carolina Press, 1959. 这段话译得比较活，故将原文摘录："Twenty times in the course of my late reading, have I been upon the point of breaking out, 'this would be the best of all possible Worlds, if there were no religion in it'！！！！", http://nationalhumanitiescenter. org/pds/livingrev/religion/text3/adamsjeffersoncor. pdf.

波里签署的一项条约明确"在任何意义上美国政府都不是建立在基督教信仰基础之上的"①。他在致范德坎普的信中说："据我的理解，基督教过去是，现在仍然是圣灵启示。但是，它怎么会将成千上万的传说、童话、传奇与狄太教和基督教的灵启掺合在一起而使之成为有史以来最血腥的宗教呢？"②他在晚些时候写给杰斐逊的信中说："耶稣神圣之说不过是为了方便掩盖谬误。在圣徒们的教义、自白、忏悔、誓言和理念中我们找不到箴言，却可以在基督教教义中找到车载斗量的无聊废话。"③尽管这些说法与他早些时候，与他在某些公共场合的表态有所不同，但他对基督教的反感——至少在内心深处——是不容置疑的。

第三任总统杰斐逊在竞选总统时就被他的政敌攻击为"不信教的人"/异教徒（infidel）。他直斥圣约翰的《启示录》（the Apocalypse）是"疯子的胡话"（the ravings of a maniac）。④他还重新编定《福音书》，剔除基督神秘主义和传奇，只保留他认为正确的耶稣道德，这就是著名的《杰斐逊圣经》（The Jefferson Bible）。杰斐逊心目中也有一个造物主（Creator）或神（God），但他的神乃是自然之神（the Nature's God）而非耶稣基督。他所起草的《独立宣言》所倡导的独立自由的政治哲学固然与基督教的某些传统雷同，但他认为这些观念都来自洛克、休谟等欧洲政治哲学家而非出自圣经。他认为，一个人"没有信仰都比错误的信仰更接近真理"⑤。"在每一个国家，每一个时代，僧侣都敌视自由。他总是与专制

---

① Paul F. Boller Jr. , *George Washington and Religion*, Southern Methodist University Press, Dallas TX, 1963, pp. 16, 87, 88, 108, 113, 121, 127.

② John Adams, *Letter to FA Van der Kamp*, December 27, 1816, http：//www. positiveatheism. org/hist/quotes/adams. htm.

③ John Adams, "Letter to Thomas Jefferson 1818", *The Works of John Adams*, *Second President of the United States*, Vol. X （Letters 1811–1825） ［1854］, http：//oll. libertyfund. org/? option = com _ staticxt&staticfile = show. php% 3Ftitle = 2127&chapter = 193628&layout = html&Itemid = 27.

④ Thomas Jefferson, "Letter to General Alexander Smyth, Jan. 17, 1825", In Fawn M. Brodie ed. , *Thomas Jefferson*, *An Intimate History*, New York, NY：W. W. Norton & Co. Inc. , 1974, p. 453.

⑤ Jefferson, *Notes on the State of Virginia*, 1787, http：//xroads. virginia. edu/ ~ hyper/jefferson/ intro. html.

为伍……"① "耶稣本人并无意将自己作为上帝之子强加给人类。实在地说，在这个［神学］领域我更信服比我自己更有学问的人。"②

　　第四任总统詹姆斯·麦迪逊被誉为美国宪法之父。他虽在幼年时受教于长老会牧师，③ 成年后却对宗教事务没有兴趣。有历史学者发现他大学毕业后没有明显的宗教信仰，④ 也有学者暗示他信仰自然神，⑤ 当然也有学者坚持认为他具有基督教世界观⑥。然而，在很多场合，他对宗教／基督教的批判却不留情面的："宗教桎梏禁锢人的思想，弱化人的心智，使人人丧失高尚的进取之心。"⑦ "差不多 15 个世纪以来的将基督教定于一尊（法定宗教）的尝试，其结果是什么？差不多所有的地方，在教士中是傲慢与懒惰，在世俗中则是漫不经心与奴颜婢膝，僧俗皆迷信偏狭、迫害异己。"⑧ "基督徒传教士实际上对文明社会有什么影响？他们在许多情况下维护暴政。没有事例表明他们曾作为民众自由的保护人。希望剥夺公众自由的统治者发现有神职人员的辅助更加方便。一个正义的政府，被设立来获取和保卫自由，不需要神职人员。"⑨ "基督教在过去 15 个世纪中尝试了立法，结果如何呢？在所有地方，或多或少都存在神职人员的傲慢

---

① Jefferson, "Letter To Horatio G. Spafford; Monticello, March 17, 1814", in Albert Ellery Bergh ed. , *The Writings of Thomas Jefferson－Memorial Edition*, http：//history. liberatedtext. org/confounders/tj_ bergh/v14/18140317horatiospafford. html.

② Jefferson, "Letter to Story, Aug. 4, 1820", in Albert Ellery Bergh ed. , *The Writings of Thomas Jefferson － Memorial Edition* by, http：//history. liberatedtext. org/confounders/tj _ bergh/v14/18140317horatiospafford. html.

③ Peter Charles Hoffer, *The Brave New World*：*A History of Early America*, Baltimore, MD：Johns Hopkins University Press, 2006, p. 363.

④ James H. Hutson, *Forgotten Features of the Founding*：*The Recovery of Religious Themes in the Early American Republic*, Lanham, MD：Lexington Books, 2003, p. 156.

⑤ Bruce Miroff, et al. , *Debating Democracy*：*A Reader in American Politics*, Stamford, CT：Cengage Learning, 2011, p. 149；Michael Corbett and Julia Mitchell Corbwett, *Politics and Religion in the United States*, New York, NY：Routledge, 2013, p. 78.

⑥ Ralph Louis Ketcham, *James Madison*：*A Biography*, Charlottesville, VA：University of Virginia Press, 1990, p. 47.

⑦ Virginia Moore, *The Madisons*, New York, NY：McGraw－Hill Co. , 1979, p. 43.

⑧ Joseph Gardner ed. , *James Madison*, *a Biography in His Own Words*, New York, NY：Newsweek, 1974, p. 93.

⑨ 原文：In no on stance have they been seen as the guardians of liberty of the people. Rulers who wished to subvert public liberty have found in the clergy convenient auxiliaries. A just government, instituted to secure and perpetuate liberty, does not need the clergy.

和懒惰以及俗人的无知和奴性；两者都体现了迷信、顽固和迫害。"①

伊田·艾伦（Ethan Allen）指挥绿山童子军（the Green Mountain boys）占领提贡德罗加要塞（Fort Ticonderoga）鼓舞了邦联国会下定决心争取独立战争的胜利。他自认绝不是基督教徒，而是自然神论者，"耶稣·基督不是神，证据就在他自己的言论中"②。艾伦与布坎南（Fanny Buchanan）结婚时，当法官问他愿不愿意按照神之法与布坎南厮守终身时，他中止了婚礼，直到法官同意他的主张"神"是"自然之神"（God of Nature），法乃"写于自然巨著之法"（the great book of Nature），他才同意婚礼继续进行。③

本杰明·富兰克林也被史学家公认是自然神论者。他认为基督的道德体系及其宗教已经堕落，并怀疑基督之神圣。他表示自己没有研究过基督教也不想浪费时间去研究。④ 他偶然读到几本反自然神论的书，其中被引用作为批驳对象的观点比批驳本身要有力得多。所以很快"我便成了彻底的自然神论者"⑤。

国父中的一些关键人物都对基督教及其圣经提出了尖锐的批评。这是不争的事实。但是，他们的"反宗教的"（anti-clerical）言论很少发表在正式场合或公开演讲中，而多是在个人往来信函中，除了托马斯·潘恩的《理性年代》，甚至在他们生前都没有公开出版。此外，他们中的一些人反对的并不是宗教或其教义本身，而是制度化的宗教、宗教派别间的无休无止的争斗。这种现象正好说明，在当时的精英阶层中，自然神教的影响固然比较大，但还是远不能与基督教相抗衡。就是这些批判基督教的精英，也不是没有受过其影响——至少他们当中的不少人对圣经是相当熟悉的，不然如何批判？正如我们中国批评儒教者，几乎都是受过良好的儒家文化

---

① 原文：During almost fifteen centuries has the legal establishment of Christianity been on trial. What have been its fruits? More or less in all places, pride and indolence in the Clergy, ignorance and servility in the laity, in both, superstition, bigotry and persecution。

② G. Adolf Koch, *Religion of the American Enlightenment*, New York, NY: Thomas Crowell Co., 1968, p. 40.

③ American Heritage Press ed., *A Sense of History*, New York, NY: American Heritage Press Inc., 1985, p. 103.

④ Benjamin Franklin, "to Ezra Stiles, March 9, 1790", In John Bigelow ed., *the Complete Works of Benjamin Franklin*, Vol. X, New York, NY: 1787-1788, p. 194.

⑤ John Bigelow ed., *the Complete Works of Benjamin Franklin*, Vol. VII, New York, NY: 1787-1788, p. 75.

熏陶的学者，他们在不自觉或无意识中被儒家文化所牵引，也是常有的事。况且，在美国制宪的国父中间，基督教徒还是占绝对多数。所以基督教的某些原则在美国建国的文件中还是体现得比较充分。总之，国父们自己的宗教信仰是一回事，他们是否有意，如果有意，能否排除基督教对宪法及其相关制度的影响又是一回事。在他们"模糊"的地方，基督教徒会从基督教的角度去理解，当然非基督教徒也会从非基督教或者非宗教的角度去理解。这就是为什么至今还存在两派截然对立的观点：美国宪法完全奠基于基督教原则；美国宪法与基督教毫不沾边。其实，这两种看法都未免片面和偏颇。美国宪法既不能说奠基于基督教，也不能说它与基督教一点关系都没有，除非美国人从来没有接触过基督教。要进一步准确地认识和把握这一点，我们可以主要从《独立宣言》《邦联条例》、美国宪法三大建国文件的有关措辞来加以考察，再参考美国最高法院有关的司法判决。

美国学者已经注意到，理解美国宪法必须把它与《独立宣言》结合起来。《独立宣言》中三次使用与超级存在（superbeing）有关的概念，宣言所坚持的不证自明的真理"人人生而平等"，直译地话就是"人人造出来就平等"（all men are created equal）。那么那个至上的 Creator 是谁？按照当时多数人的思维习惯，他们自然会把它与基督教圣经中的上帝（God）联系起来——尽管杰斐逊具有反基督教的倾向，他心目中的 Creator 是指的自然神。然而，在当时的背景下，却需要人们把这里的 Creator 与圣经中的 God 这两者联系起来，以便产生更好的宣传效果。试想，杰斐逊如果完全按照他自己的宗教观来起草《独立宣言》，而不顾及当时多数人信仰耶稣基督的现实，《独立宣言》能起到那么好的宣传效果吗？所以，他不是以反宗教的笔调，而是用"模糊"处理的方式，用 Creator、Providence，来指代他心目中的自然神（Nature's God），而这些又恰恰都与圣经中指代上帝（God）的字眼相吻合。这样就不至于引起基督教徒对宣言的反感，反而会积极响应和支持宣言。同样，这也为后来人们从基督教的角度来理解宣言和美国的法律留下了空间。最高法院大法官乔西亚·布雷尔（Justice Josiah Brewer）就在一项判决中认定美国法的基础是基督教："我们的法律和我们的制度必须基于并且充分体现人类救世主（the Redeemer of mankind）的教诲。非如此不可；而且就这一点和这种程度说，我们的文明和我们的制度毫无疑问是基督教的。"①

---

① Church of the Holy Trinity v. United States, 143 U. S. 457 - 458, 465 - 471, 36 L ed 226 (1892).

1781 年《邦联条例》强调各邦结成邦联和永久性联盟乃上合天意之举："喜获宇宙至尊治者（the Great Governor of the World）之恩准，我等经各所在邦之同意和授权，在此国会中代表各自的邦立法机构批准上述邦联和永久联盟条款。"条例落款用的是"吾主纪年（the Year of our Lord）一千七百七十八年七月九日"①。这样的措辞，显然是出自虔诚的基督教徒之手笔并且得到了所有签字代表的认同。

再看宪法。尽管美国宪法禁止国会立法确立国教（established church）（在此期间的州宪法、基本法或权利法案多有规定国教的）并且至今仍然为绝大多数美国人所认同，但是，绝大多数美国人认为他们的国家是一个基督教国家，这也是不争的事实。著名宪法学者和最高法院大法官斯托里在其名著《美国宪法评注》中专章论及宗教自由。他说："现在想来，在通过宪法及其修正案时，在美国人的情感中，如果不是全体一致，也是相当普遍地希望在不违背个人宗教信仰自由和礼拜自由的前提下，基督教应当受到政府的鼓励。"新教/清教的理念和原则应该得到优先尊重并应该用以强化全国和各州的道德法。人们有信仰其他宗教的自由，但不得与基于基督教的道德法相冲突，必须服膺以基督教为基础的美国法。至于宪法第一条修正案禁止国会立法确立国教的本意，他认为只是为了避免基督教不同教派之间的冲突，消除宗教迫害，而不是为了鼓励回教、犹太教和无神论者。② 美国最高法院有不少这方面的司法判例，如摩门教的多妻制"信仰"及其实践，就被裁定非法。③ 在宪法文本中，虽然找不到上帝的字眼，但还是可以从中嗅到上帝的气息。譬如宪法规定，美国人担任所有国家机关的公职不受宗教信仰的限制，但又同时规定任何人就任公职都必须宣誓。④ 美国总统就任时要用右手按住圣经，跟着主誓者

---

① Benjamin Ginsberg et al., *We the People*, New York, NY: W. W. Norton & Co., 1997. 又见 http: //www. usconstitution. net/articles. html#Preamble.

② Joseph Story, *Commentaries on the Constitituion of the United States: With a Preliminary Review the Constitutional History of the Colonies and the States, Before the Adoption of the Constitution* (1833), Volume I., Book III., Ch. XLIV, sec. 1868 – 71, Boston, MA: Hilliard, Gray and Co. /Cambridge: Brown, Shattuck, and Co., 1833, pp. 726–730.

③ 在 Davis v. Beason（133 U. S. 333 1890）一案中，最高法院法官以 9：0 裁定摩门教徒（Mormons）以宗教信仰为理由坚持多妻制违法，强调"宗教"必须限于一个人自己对他与其造物主之间的关系的理解及履行被赋予的义务。这明显是用基督教的原理来解释宗教。

④ 宣誓源于宗教，是一种承诺和确认（oath/affirmation），在最高权威——"至上治者"面前表示决心遵守既定规则行使权力，履行义务。

首席大法官宣读法定誓词。这说明圣经权威在法律权威之上，"至上治者"是，至少在精神上是最高的统治者。宪法中的"星期日条款"是美国最高法院服膺基督教传统习惯的又一典型例证。①

此外，美国最重要的节日都与基督教相联系，这也显系政治决定所致——当然这更是民情使然。

华盛顿虽然对基督教不甚感兴趣，甚至对其教义和仪制有所怀疑和批评，但作为政治家，特别是作为总统，他还是对基督教表现出了职业上的或者说政治上的尊重。他就任美国首任总统的当年（1789）十月三日，便根据国会两院的决议宣布设立首个全国感念万能的上帝（the providence of Almighty God）的节日——感恩节（虽然感恩节的传统——相传模仿自印第安人——形成于殖民地初期，但到美国建国之时作为官方的法定节日并不普遍，更没有全美的感恩节）。华盛顿在一项相当具体而略嫌冗长的文告中，首先声明了设立感恩节的缘起——国会两院联合委员会的决议和要求，接着宣布 11 月 26 日星期四为当年的感恩庆祝祷告日，并详细说明了全体人民向伟大而光荣的上帝（the great and glorious Being）、所有国家的恩主和至上治者（the great Lord and Ruler of Nations）感恩的理由。② 此后，由总统宣布感恩节的具体日子几乎成了惯例，③ 直到 1941 年罗斯福总统签署国会通过的法案，将每年 11 月的第四个星期四定为感恩节——

---

① 美国宪法第一条第七款规定，国会两院通过的每一法案须送交总统签署方能生效；任何法案在送交总统后十日（星期天除外）内未经总统退回，即可生效，国会休会除外。当时扣除星期天不是为了保障人们的休息，而是因为基督教的安息日（星期六傍晚到星期天傍晚）只可做礼拜，不允许从事劳作和娱乐。

② "1789 Thanksgiving Proclamation by George Washington"，*George Washington Papers at Library of Congress*，Library of Congress，http://lcweb2. loc. gov/ammem/GW/gw004. html.

③ 发布声明宣布感恩节日子的总统：华盛顿：1789 年、1795 年；亚当斯：1798 年、1799 年；杰斐逊，无；麦迪逊：1814 年、1815 年；林肯在美国内战正酣的 1863 年 10 月 3 日发表长篇宣言宣布当年 11 月的最后一个星期四为感恩节，而林肯本人在发表盖特斯堡演说之前都对基督教嗤之以鼻；林肯以后的总统都遵循他所树立的传统宣布每年 11 月的最后一个星期四为感恩节，直到 1939 年富兰克林才打破这个传统，那一年的 11 月有五个星期四，他决定在第四个而不是第五个（最后下一个）庆祝感恩节，1940 年的 11 月只有四个星期四，但由于当时的美国仍然处于大萧条中，他决定倒数第二个，而不是最后一个星期四过节，以拉长感恩节至圣诞节之间的节日季节，促进消费，帮助国家尽快摆脱萧条。不过，由于总统宣布感恩节的声明没有法律约束力，只有 23 个州依照总统的建议在倒数第二个周四过节，22 个州依旧例在最后的周四过节，德克萨斯拿不定主意，便在最后两个周四都过节。http://en. wikipedia. org/wiki/Thanksgiving_ 。

这是首次由国家正式法律规定感恩节的日子。从此感恩节的日期便固定在了每年11月的第四个星期四。

法律上的美国政府是世俗的，习惯上的美国社会却是宗教的。这使得美国政治家无论是否信教，都不能不在公开场合顺应宗教的习惯。正如托克维尔所说："在美国，主权者必须表示信奉宗教，所以伪装信教的现象也普遍存在。"① 虽然宪法上明确了政教分离，但在实践中，政务和教务总是有着千丝万缕的联系。如果一个人同时在英美生活过，他就会明显地感受到：英国是一个政教结合（有法定的国教）的国家，却是一个相对世俗的社会；美国是个政教分离（宪法明确禁止国会立法确定国教）的国家，却是一个非常宗教的社会。这正好应了英国著名政治家和学者布赖斯的话："基督教取得凡俗权力最多的时候，其本身的权力正好是降至极低。因为它越和世务接近，离它自己的好处越远。教会本是想把世界基督化，结果反弄到把自己被世界凡俗化。"② 英国国教就是"想把世界基督化"而实际将自己"凡俗化"的典型。在英国，信教是政治化的，人民便渐生不屑之感；在美国，信教是人民自己的事，人民自然便倍感珍惜。

在美国无时无地不感受到浓厚的宗教氛围。这一传统是欧洲人移居北美带来的。虽然"英属美洲的大部分地区，是由一些先是反对教皇的权威而后又不承认宗教的至高无上的人开发的"③，但是，由于移民在当时极端困难的条件下无所依靠，只能期盼上帝的仁慈，因此对上帝的依恋虔诚更甚并且延续至今。正如布赖斯所说："美国成立时期人民的思想与情感就是以后政治性质的要点。"在美国建国之时"人民的宗教观念是非常强盛，无论什么地方都有同样的状况，但新英格兰区域更厉害。新英格兰人民对于义务已养成一种极为严厉几乎流于残忍的观念。这是美国本地人民思想与行为的特点，是与欧洲大陆各国革命的及社会主义的运动大不相同的。美国永未曾发生过'反耶稣教'或'反教士'的观念；但在法国、意大利、西班牙与墨西哥，这类观念却使政治与政党方面发生极激烈的冲突。""美国人对'自由'有一种极猛烈的热情，这个特点是起源于新英

---

① ［法］托克维尔：《论美国的民主》（上卷），董果良译，商务印书馆1997年版，第337页。

② ［英］詹姆斯·布赖斯：《现代民治政体》，张慰慈等译，吉林人民出版社2001年版，第91—92页。

③ ［法］托克维尔：《论美国的民主》（上卷），董果良译，商务印书馆1997年版，第333页。

格兰的清教徒区域，及弗吉尼亚、卡罗莱纳与宾夕法尼亚的苏格兰人、爱尔兰人，他们都是因为受到宗教方面的压迫才逃到新大陆来的。以后又与英王乔治三世争斗的结果，这种爱自由的热情更加剧烈了，他们差不多存在一种信仰，以为有了自由做先导，其他一切好的结果都可以得到了。在独立战争期间，凡有守旧观念的人物都看作自由的仇敌，所以或被驱逐，或被迫不能发言。这一次人民战胜了专制势力，更把'自由'与'人民'看得非常光荣。同时又自然而然地发生一种观念，以为'自由'总是得胜的，'人民'总是有智慧的。"① 应该说这是美国立宪时权利法案得以成为宪法的组织部分的最坚实的社会基础。没有民间的这种欲求和舆情支持，便不可能有权利法案入宪。

基督教传统及其哲学对美国立宪的影响到底有多深？这里不妨再参考一下詹姆斯·布赖斯的评论。

在谈到圣经与民主政治的关系时，布赖斯写道：

> 我想圣经中有四种思想是特别重要的。
>
> 第一，每个人都由上帝处得到一个不死的灵魂并且是上帝时时刻刻所眷念的。
>
> 第二，在上帝眼中，一切众生的灵魂都有同样的价值。一切众生都一样的需超度，并且将被超度的。"在基督心中，没有野蛮人，也没有文明人，没有被束缚的人，也没有自由人。"
>
> 第三，灵魂之内部生活是和上帝相通的，是有无上之价值的。"天国即在你自己心中。"
>
> 第四，一切上帝的众生都有互相亲爱的义务，没有服从人的义务，并且应该团结一个信奉者的团体。

他接着解释道："第一种思想是包含精神自由的，就是只有服从上帝（能直接向信仰者心中说话的）的义务，没有服从人的义务。这就是良心解放。""第二种思想是含有人格的平等；看人不以知识道德为标准，而以上帝的眼光为标准；并且还指示，一切人都有生命，自由，及幸福的营求诸种平等的权利。""第三种思想教人存纯洁的心灵，和上帝相通；第四种思想是含有创造基督社会的观念。这两种思想于人类对于现世生活的

---

① ［英］詹姆斯·布赖斯：《现代民治政体》，张慰慈等译，吉林人民出版社 2001 年版，第 512—513 页。

态度有两种影响。精神生活的注重必能养成一种个人主义，发生沉默玄妙的状态。总之，那亲善的思想能使人把共同的生活看得很重，而在信仰事务上也能互相将就，抑制自己的思想以服从公意。"

基督教有着明显的无政府倾向。基督教改良社会的方法是同情和良心，引导大家爱人如爱己；要求人与人友爱无隙，亲如兄弟（教徒之间多以兄弟姐妹相称），同甘共苦。"在这理想的基督教社会中，一切国家机关都可不要了，什么海陆军、法庭、警察等也都无用了，并且也用不着国家来救济贫穷，因为救济的事业已经由个人去办了。在这样的情形下国家自身也就变成一个赘疣了，除非办那公共利益的事实，如公共建筑卫生等。"①

美国人普遍认同政府是必要的恶，管得最少的政府就是最好的政府。不但《邦联条例》没有授予国会（没有行政部门）多少实质性的权力，就是联邦宪法授予全国政府的权力也相当有限，并且还引起了强烈的抵制。如前所述，许多"反联邦派"都大声疾呼，担心"权力广泛"的联邦政府会演变成压制人民的工具。

美国人对政府及其官吏的不信任根深蒂固，也可以从基督教中找到其观念之源。"基督教能养成一种精神自由的观念，这是于反抗物质的强力时很有用的。'服从上帝不服从人'这句话在各时代都有响应的；一个人的思想被干涉时很可能用这句话来壮胆。基督教又能养成平等的观念。大家都一样是罪人，可是都应被超度的。这种观念很可以打破崇拜势力的劣性。国王也和臣民一样是罪人；既是罪人，就可反抗的。如有必要也可加以放逐。"②

在美国，不但没有官本位意识，没有世俗的个人崇拜——这和基督教的"人人平等"的理念是一致的，而且在政制设计中还对政府及其官吏像防范盗贼一样严格设防，处处体现了对政府及其组织人员的不信任。其哲学至少部分来自基督教关于"原罪"的概念。美国人民服从政府并不是服从人，而是服从自己，因为他们确信政府必须建立在人民同意的基础之上。在美国，"与爱自由同时存在的，还有一种个人主义的自信与自助的精神，团体的行动也包括在内。……但他们对于官吏的治理与监督是仇恨的"。"在东部历史较长的各区域，人民对于依法组织的政府机关总是

---

① ［英］詹姆斯·布赖斯：《现代民治政体》，张慰慈等译，吉林人民出版社 2001 年版，第 88 页。

② 同上书，第 92 页。

尊敬的，但他们对于官吏个人，包括立法机关的民选议员，又免不了有一种怀疑的态度。在这一方面，清教徒与殖民地人民的个人主义特征就充分地表现出来了。凡有任何越权的事，人民是绝不肯放松的；所以人民选择出来执行职权的人员，非得严格地限制在一定范围以内行使职务。"①

自治制度与基督教的关联也是很明显的。殖民地时代的教区自治，教会各自独立，互不隶属。这直接影响到了政府的规模和形式。"从美国联邦政府及人口众多的几个大邦方面，我们可以看出民治制度大规模运用的情形；从几个人口较少的小邦及各州、各镇、各城方面，我们又能观察到小范围以内民治制度的运用状况，并且这类小区域又各有一种政府组织，差不多等于独立的小共和国。"② 这种来自圣经的传统保留到立宪建国之后，并且一直延续到今天。

美国是近现代契约建国的典型，而基督教一直保持着"约"（covenant）的传统。美国宪法中的这种联系也是很明显的。美国联邦政府行政官员、议员、法官等公职人员就任时必须依法宣誓（宪法第六条），各州及地方官员任职同样也要宣誓。誓（oath）是一种庄严的承诺，其实也具有"约"的性质，最初是对上帝或者超自然的存在的承诺。作为基督徒，宣了誓就意味着要得到"报应"（rewards and punishments），严格践行了誓言就有善报（rewards），违背了誓言就要遭恶报（punishments）。其实这种传统也源于英国。英国国王就被要求宣誓守法、护法、保护其人民等。美国的官员就任必依法宣誓，也非始自宪法。殖民地时期大多数地方的官员就职也要循守英国的旧例进行宣誓。

在美国建国时期，新英格兰为清教所支配，南部和纽约则以新教为"正教"（established church）。所以有学者断言，美国在本质上是一个基督教新国家，不仅它的法律和政治制度，而且它的对内对外政策，都受基督教意识形态的支配。③ 如果再继续追溯下去，那么美国的资本主义精神都是来自新教伦理。

综上所述，尽管美国不是法律上的基督教国家，立宪建国之时确立了政教分离的原则，但基督教传统、基督教文化、基督教哲学对美国宪法原则的确立，对美国宪政文化型塑，都是有影响的。美国学者有很多关于美

① ［英］詹姆斯·布赖斯：《现代民治政体》，张慰慈等译，吉林人民出版社 2001 年版，第 513 页。

② 同上书，第 509 页。

③ 潘小松：《美国"文化战争"的历史根源》，《博览群书》2001 年第 9 期。

国宪法源于基督教的论证，也有很多相反的证成。但不管哪种观点，都不能回避一个事实，美国建国时期的社会是一个基督教教派林立的社会，是一个以新教/清教占主导的社会。在国父们"制宪"之时，基督教的幽灵不只是在费城的上空徘徊，而且在全美的大街小巷、乡村田野游荡。在这样的社会背景下，任何法律都逃不脱基督教文化的影响，任何政治制度设计都不能不打上基督教传统的烙印。

第三篇
美国立宪的制度资源

美国革命领袖能够向前看，制定出不朽的宪法，首先是因为他们中不少人能够向后看，从人类历史的发展中，从政治文明的演变中吸取经验教训。西方政治学说史，在很大程度上可以说是政制学说史。如前所述，美国开国领袖中的思想家们、政治哲学家们、学者们对古希腊以降的欧洲政制的演变相当熟悉，对不同政制的优劣进行过认真的比较研究。费城制宪会议争论的看起来是各种现实问题，其实背后都有政制学说的支撑。美国立宪，既从古代政制的演变中吸取教训，也直接地、现实地从英国和殖民地自己的政制发展中吸取经验，甚至还从土著印第安人的民主联盟制中吸取养分。美国著名政治学家卢茨（Donald S. Lutz）对美国宪法的"设计"原则有独到的研究。他一方面强调"关于宪法设计的一个基本事实：没有可供选择的现成模式，没有一整套适合一国人民及其处境的包括制度在内的规则体系，没有紧凑稳定的或更优越的宪法制度"，另一方面他也认为，立宪时的北美已经有相当丰富的经验，有虽不连贯、运转未必"成功"（不管怎样定义）但存在于不同社会、政治和民族背景的宪政安排可资参考借鉴。[①] 美国宪法及其所据以建立的政府模式相对于欧洲诸国可以说是全新的。不过，美国立宪时从欧洲的历史中吸取了经验教训，也是不争的事实。

美国立宪的制度资源，可以上溯到到古希腊罗马。美国革命的一代，擅长从古典资源中吸取经验教训。这是共和制一开始就被选中的重要原因。英裔美洲人的根在英格兰和整个不列颠；他们在北美站稳脚跟以后，其与宗主国在政治、经济、文化和社会生活诸方面的联系始终未曾中断，即使在他们经过革命、经过战争挣脱母国的"暴政"统治而取得独立之后，也没有完全彻底地割断与其"故土"的脐带。英国政制的经验，自然成了美国立宪的最重要的制度资源。从17世纪初开始，殖民者按照英王特许状在美洲大西洋沿岸建立殖民定居点，后逐步发展为相对稳定的13个殖民地。经过一个半世纪的发展演变，在基本沿用英国政制的同时，也日渐积累了一些自己的"特色"——这是美国立宪最重要的本土资源。当然，如果从历史文化传统的角度看，英国的宪政传统和殖民地自己的政制演进的经验都可称为美国宪法的"本土资源"。此外，殖民者一踏上北美的土地，就与北美原住民或友或敌，或战或和，交往未断，相互也比较了解。所以美国人的邻居、敌人和朋友印第安人，特别是易洛魁联盟的政

---

① Donald S. Lutz, *Principles of Constitutional Design*, Cambridge, MA: Cambridge University Press, 2006, p. ix.

治创举，也对他们的立宪建国有着特别的启示。

北美各殖民地联合行动，经过独立战争取得主权和独立之后，"国父们"面对的首要问题便是如何建立新国家以巩固独立成果，防止平民百姓利用"民主"掌握主导权，控制国家的发展方向。北美殖民地在独立之前就有过多次建立松散联盟的尝试，但从来没有设想过建立统一的国家。在早年的清教徒公理会举行三年一度的大会修改祷告词时，主事者先是提出"天佑吾国"（"O Lord，Bless Our Nation"），却因"国"意味着认同统一的民族国家太敏感而遭到多数人的反对，只好改用"天佑众邦"（O Lord，Bless these United States）。①

当时的北美在独立过程中之所以没有尝试建立统一程度较高的"单一国家"（a single nation），而是协商建立了一个各邦主权独立的邦联（confederation），② 原因很多，首先是北美殖民地人民闲散惯了，连远在大洋彼岸的"英王暴政"③ 都无法忍受，当然不愿意再次将自己置于一个新的高一级政府的控制之下，因为谁也不能保证这个近在咫尺的政府不演变为暴戾的专制政府，不蜕变为奴役人民的政府。在这种背景下，邦联成了当时的不二选择。但是，各邦虽然保有了主权④和自由，却不能有效地防止内乱，消除外来的威胁；尤其是各自为政、各立海关的局面严重限制了富人们进行经济交往活动的空间，更不能防止平民百姓争取平等的权利。这就是为什么"国父们"策划了修改《邦联条例》的会议，而修改《邦联条例》的会议又被参加者偷梁换柱搞成了"制宪会议"。

从法治的观点来看，"制宪会议"本身没有合法性——参会的任何一个代表都没有获得邦联国会或所属邦的授权废除《邦联条例》，重新制定宪法。而且，在整个"制宪"过程中，除了实际到会的 55 名代表以外，

---

① James Bryce，*the American Commonwealth*，海南出版社 2001 年影印版，第 3 页。

② 在美国立宪前后，confederation、federation 和 union 是混用的，这三个词后来才有相对固定的含义：邦联、联邦和联盟。在正式文件中，邦联一词只在《邦联条例》及相关文献中出现；在宪法文本中"国父们"使用的既非邦联，也非联邦，而是联盟。这在当时或许是为了避免从称谓上引起不满。

③ 其实，《独立宣言》所列英王暴政，主要出于宣传，煽动人民支持独立。事实上，英王除了因英法在北美争夺地盘的战争掏空了国库，强制向殖民地增税外，并未对殖民地人民进行过于残酷统治——英王委派的总督多少要受殖民地人民自主选举的议会的制约。

④ 当时主权的概念是非常不明确的，事实上很多上层精英都不承认，不认为各邦拥有主权；而是认为大陆会议、邦联国会实际上行着整个北美的主权。也有人认为，对外的主权是由大陆会议、邦联国会在行使，而对内的主权是由殖民地/邦在行使。

谁也不知道他们在"制宪"。要是公众知道真相,这宪也绝对制不成。但最终由于"制宪者"中占据主导地位的"联邦派"(federalist)的不懈努力,也由于"反联邦派"(anti-federalist)① 的诚实守信,没有违背会议约定把"制宪阴谋"透露给媒体或者公众,对"制宪"根本不知情的北美人民不但没有追究他们的非法行径——其实北美人民的大多数根本就没有机会表示意见——反而由他们的"代表"最终批准了"宪法"。制宪者们的越权违法行为倒成就了一项无量功德,他们也因此被尊为"国父"(founders or framers)。这多少有点讽刺的意味。但也说明在当时的背景下,要搞民主就办不成大事。当然,制宪者"制定"出来的只是宪法草案,其成立还取决于各邦的批准宪法会议是否批准。但这制宪本身确如帕特里克·亨利所说,在国家形式和政府建构上引进了一场普通民众并不太关注的激进的革命,其意义绝不逊于北美独立革命本身。

---

① 所谓"联邦派"其实是"国家主义派"(nationalist);同样"反联邦派"并不反对建立联邦政府,而只是反对建立过于强大的联邦政府,所以也应该叫做"反国家主义派"。在到会的 55 名代表中,积极活动的约 40 人,绝大多数是"国家主义派",主张建立强大的联邦政府。在反国家主义派中,只有 3 人反对建立任何形式的全国性政府,其中来自纽约邦的两名反对派中途愤而退出了会议。但无论是留在会上的还是退出的反对派,都信守秘密"制宪"的约定,没有将"制宪阴谋"公之于众。

第八章　古希腊罗马政制的经验教训

北美殖民地的政治文化植根于欧洲。美国建国的一代更是这种文化传统的继承者和发扬者。直到 19 世纪，古代传统的影响在美国公共生活中仍然是一种重要的力量。美国最后一位受过良好的真正的古典教育的总统当属约翰·昆西·亚当斯。他曾经以修辞学和演讲学教授身份在哈佛大学教授过经典；1810 年他更将自己的讲义结集出版。约翰·昆西·亚当斯政府可以说是一个拐点——标志着古典影响的明显削弱甚至终结。杰克逊之后便不复有如亚当斯父子和杰斐逊辈的古典主义者总统了。

第一节　古希腊罗马政制的教训

古代欧洲政制的经验教训对美国立宪的影响，最莫过于希腊和罗马。虽然美国立宪没有采用照搬古希腊罗马的政制模式，国父们却发现了其中的弊端并尽量加以避免。

一　古希腊民主制的教训

在革命和建国时期，"国父们"大多读过翻译或原版的希腊和拉丁文著作。哲学家和历史学家如希罗多德（Herodotus）、修昔底斯（Thucydides）、柏拉图、亚里士多德、波里比阿、西塞罗、李维和普鲁塔克等的作品大受欢迎。从这些阅读中"国父们"知晓新生的北美共和国应该如何避免古代国家所犯过的政治错误。正如杰斐逊所说，"历史一般地说只告诉我们什么是坏政府"①。这同柏拉图、亚里士多德以降的政体研究者的观点如出一辙。杰斐逊这样说，是因为他对欧洲古代各种政体了

---

① Thomas Jeffferson, "To John Norvell Washington, June 14, 1807", *The Letters of Thomas Jef-fferson: 1743-1826*, http://www.let.rug.nl/usa/P/tj3/writings/brf/jefl176.htm.

然于胸。公元前六到公元前四世纪的古希腊城邦的宪制政府就没有成功的范例。城邦内部阶级斗争、家族矛盾和集团之间的内战乃常态而非例外。在公元前五世纪的最后 30 年，几乎所有城邦都卷入的伯罗奔尼撒战争，致使古希腊文明再也没有恢复元气。

美国制宪者们仔细研究过古希腊的政体，其中尤其是约翰·亚当斯的研究最深入、最全面。亚当斯研究过 12 个古代民主共和国，三个古代寡头共和国，三个古代君主共和国。经过把它们与北美 1776 年后新生的共和国（邦）进行比较，他发现北美的共和国优于古代的共和国。[①]詹姆斯·门罗（James Monroe）曾是美国革命的英雄，弗吉尼亚 1788 年批准宪法会议的代表，美国第五位总统。他详细描述过古希腊、斯巴达和迦太基的政体。他发现它们都有严重的缺陷，不值得美国人信赖和效法。《联邦党人文集》的作者汉密尔顿、麦迪逊和杰伊在为新宪法辩护时也一再提及古希腊的乱哄哄的民主（the turbulent democracies of ancient Greece）和其他不稳定与低效的政体，并且一致认为古希腊、罗马的政体不适合美国。

虽然 18 世纪的美国人崇拜梭伦，但梭伦为雅典设计的优良政体只延续了大约 30 年便为暴政所取代。所以说古希腊的政体只为美国开国领袖提供了反面的教训。不可否认，古希腊文化型铸了美国的教育，但其政治制度却不为美国建国者所欣赏和吸收。费城的制宪者们确信美国的宪法不能学古希腊的模式，古希腊的民主制糟得很，其共和制在"制宪者们"（the framers）看来也动荡不安。总之，古希腊的政制模式是被排斥的。

尽管"国父们"排斥古希腊凡事决定于多数、以"多数人统治"为特点的"纯粹民主"（pure democracy），也对那时"共和制"没有好感，但是他们还是从柏拉图和亚里士多德那里学到了不少东西。他们都研究过政府的起源和本质；君主制、寡头制、贵族制和民主制政体；研究过民主、暴政和王制。亚里士多德的结合了君主制、贵族制和民主制的有限民主和混合政体，其核心是土地所有者掌握政治权力，被认为是古希腊民主制的美梦。然而，却不适合新生的美利坚合众国。这是因为古希腊政治是小国寡民的城邦政治，其人口规模、土地面积都非常有限，不可与由 13 个邦结合而成的合众国相提并论。此外，古希腊民主——以全体男性公民

---

① John Adams, *A Defense of the Constitutions of the Government of the United States of America*, Vol. 1, https://en.wikisource.org/wiki/A_Defense_of_the_Constitutions_of_Government_of_the_United_States_of_America/Vol._1.

集会决策——在 1787 年北美广袤的土地上也不具有可行性。与北美任何
一"国"（state）相比，希腊的城邦不过弹丸之地。1787 年的北美虽不足
400 万人口，却已属西方最大国家之列，较之古希腊雅典城邦，更不可同
日而语。

如前所述，国父们排斥民主制，特别是古希腊式的"纯粹民主"，不
但是因为古希腊纯粹民主最终演变成了暴民政治，而且还因为他们本能地
将"多数人统治"等同于多数人暴政。

美国立宪虽然没有直接采用古希腊的政制形式，但古希腊政治及其文
化对美国立宪的重要影响却是显而易见的。诸如共和制、混合政体、法治
与限制政府权力，等等，其源头都可以追溯到古希腊。

二　古罗马共和制的教训

18 世纪 80 年代的美国精英对罗马共和国有着更严肃和透彻的理解，
在 18 世纪任何正规的学校都要教授罗马共和国的捍卫者西塞罗（Marcus
Tullius Cicero）的著述和生平。学生们也被要求阅读普鲁塔克的《最高贵
的古希腊人罗马人生活实录》（*Lives of the Most Noble Grecians and
Romans*），美国政治文化的词汇也反映了古罗马传统。英语中"宪法"这
个词就源于拉丁文 constitutio，意为由罗马皇帝制定的关于国家根本制度
的法律和敕令汇集。还有众多的政治词汇如总统（president—执政官）、
联邦制（federalism）、参议院（Senate—元老院）也根植于罗马历史——
虽然其具体含义不尽相同。汉密尔顿、杰伊和麦迪逊在《联邦党人文集》
中所用的署名（Publius）也是源于为罗马共和国辩护的卫士巴布里乌斯
（Publius Valerius Publicola）。美国人从罗马的经验中吸取的原则包括共和
制、政治美德和分权制衡。虽然从理论上说近代共和国可以被理解为君主
制以外的任何政体，但早年的美国人却有自己独到的看法：共和就是主权
在民的政府；这里的"民"当然不是指所有的居民，而只是拥有财产的
白人男性自由民。这也是以"我们合众国人民"的名义制宪的根本原因
所在。在当时的背景下，新英格兰的小镇或实行人民的直接统治，但在多
数情况下都不得不实行间接统治，即通过人民自由选举代表进行统治。这
在 18 世纪可谓相当激进，因为大多数对君主制习以为常的欧洲思想家都
认为共和制不过是愚蠢的和行不通的老古董。就是在北美，也有相当多的
人认为共和国只适合于古希腊城邦或者瑞士的公国，而不适合于任何稍微
大一些的国家，因为这种政体太不稳定。古罗马因腐败和失序而导致的内
部崩溃，以及最终演变为专制并导致古罗马的毁灭，再好不过地证明了这

种论点。实际上，到美国建国之时，几乎历史上存在过的所有共和国都因腐败而覆亡。当时一致的看法是，正如民主制毁灭了古希腊一样，共和制毁灭了古罗马。这就是"国父们"从欧洲古典政体中吸取的教训。

第二节　古希腊罗马政制的启示

古代雅典亡于民主，古代罗马毁于共和。但在美国制宪者们看来，其教训非常深刻，但经验更弥足珍贵；尤其是共和制，只要能够认清其局限，避免重复其错误，当是立宪建政的不二选择。

一　让古老的共和制重新焕发青春

如何让古老的共和制或民主制重新焕发青春？或者将二者结合起来以为美国建立新政的基础？这是美国"制宪者"们要面对和解决的紧迫问题。北美领袖们从亚里士多德那里得到启示，如果能够正确认识和成功地避免重复过去的错误，共和制便可以复兴并且能够保障自由。他们还认为，只要合理设计共和政府，鼓励公共道德，容忍"自私自利"同时抵制腐败，正义、秩序和自由的目标就能够实现。当时的美国精英对孟德斯鸠的《罗马盛衰之随想》（*Considerations on the Grandeur of the Romans and Their Decline*），哈林顿（James Harrington）的《大洋国》（*Oceana：an Imaginary Commonwealth*），戈登（Thomas Gordon）的《卡托来信》（*Cato's Letters*）及其所翻译的罗马史学家的著作，以及悉尼（Algernon Sidney）等人的著作都非常熟悉。这些作品的共同点就是突出了古希腊罗马亡于腐败，而最大的腐败则是权力腐败。因此避免国家衰亡的根本之道就是要设计出一种能够防止权力腐败的政体。

尽管斯巴达、罗马和威尼斯等著名的古代共和国都没有逃脱衰亡的命运，但它们的比较优势还是非常明显的。因此，国父们经过权衡，最终意识到，如果设计合理，预防措施得当，以共和制为基础，吸取各种政体的优点，避免各种政体的弊端，就能使共和的优良品质显现出来，避免重蹈古希腊罗马衰亡的覆辙。所以，国父们所要设计的共和，是要超越古典共和，不但要保证权力在不同人群及其代表之间的共享和分享，而且要结合各种政体的优良要素，使之不但在权力主体上，而且在政体的要素上，都是具有混合色彩的以德性为基础的共和。

华盛顿本人是共和制的最坚定的支持者。华盛顿终其一生，践行了共和的美德（republican virtue）。许多美国人都认为，华盛顿是一个真正的公仆，其诚实守信，表里如一，是其他政治人物望尘莫及的。如果他是一个小人，权欲熏心，或者爱慕虚荣，那么他定会利用其功绩和人气黄袍加身，或者像拿破仑那样做一个军事独裁者。所幸的是他以古罗马政治家、爱国者辛辛那提（Cincinnatus）[①] 为榜样，为革命赴汤蹈火，革命后却功成身退；当北美处于危急之时，他又毅然出山，主持制宪会议；当了两届总统以后不恋权位，宁愿复为平民，为后继者树立了好的先例。华盛顿为共和制的确立功不可没，为共和制的延续更是名垂青史；其意义更胜于他所率领的大陆军对英军的胜利。

在新生国家的政制选择和设计上，保皇派和迷恋君主制者为数不少。在北美殖民者中托利党人和保皇党人坚决反对独立，更反对以共和制取代君主制。他们强调，乔治三世不是亨利八世或者查理一世；君主专制主义在 1766 年已经成为过去；汉普顿和悉尼以来的英国宪法也发生了很大的变化。特别是克伦威尔的清教徒"共和政府"比任何国王都专制——践踏法治，只任用唯命是从的法官；肆无忌惮地蔑视《自由大宪章》和议会制政府；克伦威尔本人非常轻蔑地称大宪章为"大屁章"（magna farta）——更为他们提供了反对共和的理由。在托马斯·潘恩的《常识》已经家喻户晓的情况下，仍然有托利党人和保皇党人为英王辩护。他们声称，问题不在君主制，而在议会主权；罪不在国王，而在议会领袖，是他们剥夺了美洲人的权利，增加了美洲人的赋税。在美国宪法批准生效的 1789 年，法国革命所造成的罪孽和人间悲剧更甚于克伦威尔专制。这更使人确信，激进的共和制如不加以限制，必会沦为无政府主义或者暴政。罗伯斯比尔统治下的法国很快沦为极权民主制——世界上第一个这样的政府——随后便是拿破仑的独裁和帝制，至令欧洲陷入近二十年的战争和生灵涂炭。这使许多人确信，君主制未必坏，共和制未必好。事实上，像英

---

① Lucius Quinctius Cincinnatus（公元前 519—公元前 430?），古罗马传奇时代的大政治家，任过执政官并两度出任独裁者。第一次出任独裁者实属受命于危难之际，罗马人与埃魁人（Aequians）打仗被包围，元老院将他从农田里请出来任独裁者并出征疆场，大获全胜后，他即辞职回家继续种田养家，从受命到离职仅 16 天。第二次出山时他已年过 80。也是危机一过他便交还权杖。他因此被尊为罗马史上的英雄和爱国者、罗马美德和简朴的化身。Cincinnatus 的生涯指引了华盛顿和其他美国革命领袖为自由而战。美国革命之后，在华盛顿榜样的感召下，大陆军军官组建了辛辛那提协会（the Society of the Cincinnatus）以铭记和践行其美德。至今该协会仍然在活动，以彰显美国革命战士的爱国主义和共和美德与精神。

国、荷兰、瑞典等至今还保留着立宪君主制政府制度，它们都属于欧洲最自由、最稳定的国家之列。

但是，多数人坚持共和制。费城制宪会议的代表们对罗马共和国宪法制度中的分权与权力制衡最感兴趣。他们从波里比阿（Polybius，一个被放逐并长期居住在罗马的古希腊政治学家）的《历史》中得知，罗马由三大机构分别行使权力。这三大机构是双执政官（consul）、元老院（Senate，由担任过要职的权势者和富人组成）和人民院（由普通平民参与）。罗马"宪法"——当然是不成文的——还有条款防止任何一个阶级居于统治地位而支配其他的阶级，并确保共和制政府。这种政府模式，被波里比阿称赞为他所处的时代最好的政体。罗马的宪政制度得益于一套民法和"高级的古罗马美德"（the high old Roman virtue），即提倡义务优先和勇敢精神的罗马传统道德。尽管美国宪法所设计的具体的权力制衡模式不是直接来自古罗马，而是更多地来自英国的先例和殖民地的经验，但罗马共和政体影响的痕迹还是显而易见。罗马共和国的经验和教训常常出现在国父们和其他精英的论辩或著述之中以强化其政治权力制约与平衡的观念。总之，罗马共和国的历史为美国版的大共和国的确立和发展提供了良多的经验和启示。分权型联邦制是美国"国父们"吸取罗马教训的又一项制度创新。罗马共和国的失败还因为它一个世纪的长期内战，以至于被罗马帝国所取代。18 世纪末期的美国政治领袖对罗马共和制的失败、罗马文明的衰亡可是记忆犹新。罗马帝国政治集权的可怕后果使国父们确信，新生的美国必须实行联邦制而非中央集权制①——尽管有代表指出，古希腊式的分散可能导致美利坚合众国联盟脆弱不堪。古罗马激烈的阶级斗争也使国父们确信，美国必须通过自己的宪法结构安排保证不同阶级之间的和合——阶级间的合作与和平共存是古典共和主义的精髓。因此可以说，古罗马的政治和道德榜样为早期的美利坚合众国提供了谨慎而有益的教训和启迪。在美国革命期间出版的爱德华·杰本（Edward Gibbon）的巨著《罗马帝国的衰亡》（The Decline and Fall of the Roman Empire），其详尽的描述，对多数费城制宪会议代表坚定选择共和制也具有重要影响。

---

① 当然，要实行中央集权制也有现实的困难和阻力。当时的任何一个邦都不会将自己的权力相让于一个未知的、不确定的中央政府。

二 兼顾公共权威和个人自由

在美国立宪建国之时，欧洲大陆国家基本上都处于君主统治之下，尚不知宪法为何物。德国、意大利还处于诸侯（公国）割据时期，尚未建立统一的民族国家。虽然欧洲国家试验过邦联政府，但几乎所有的国家都实行中央集权，没有如同北美殖民地那样的地方自治传统，博丹《共和六论》（Les Six livres de la République，1576）所强调的国家主权不可分割、不受法律限制的观念在欧洲仍然占据支配地位。欧洲大陆虽然普遍实行罗马法，但国与国之间因为地方传统实践而有很大的差异，与英美的普通法制度则更为不同。大陆法与英语民族所期待的公民自由也格格不入，在欧洲大陆甚至连陪审团审判也不被认可。即使在这样的背景下，国父们还是坚定地选择了共和制。这是因为他们自信能够设计出既兼顾政府权威和个人自由，又结合古今优良政体要素的全新的共和制政府模式。

古代希腊的民主制（民主共和制）、古罗马的共和制（共和民主制）的影响是显而易见的，但同时也是有限的，因为它们在时间和空间上都太过遥远，所适用的历史、社会、政治背景完全不同。费城的制宪代表们的使命是在邦主权、地方自治和个人自由意愿非常强烈的背景下制定基本法，进而据以建立一个有效的联邦政府——它要足够强大以维持秩序，抵抗外侮，又不过于强大以至于侵夺邦的权力，损害个人自由。他们不可能在古代世界找到现成的模式来实现这一目标。关于这一点，美国历史上著名的政治哲学家欧莱斯特·布郎森（Orestes Brownson）在 1865 年出版的《美利坚合众国：宪法、趋势与使命》中已有中肯的论断。他认为，美国建国的使命乃是为共和国（the commonwealth）的概念注入新的活力，以"保证公共权威和个人自由——人民享有主权却没有社会专制，个人享有自由却不至于陷入无政府状态……希腊罗马共和国强化国家而损害个人自由；现代共和国既不依法炮制，也不会强化个人自由而损害国家。美利坚合众国受庇于天，以人人自由，普享权益为要务"①。这被认为是费城会议的代表所追求的目标——既追求古代共和之善，又尽量避免古代共和之恶。

美国在立宪之时，君主制虽然通行于世，但国父们几乎没有经过争论就排斥其在美国适用——这一重大的"革命"与启蒙运动不无关系。有

---

① Orestes Brownson, *The American Republic*: *Constitution*, *Tendencies*, *and Destiny* (1865), http：//terrenceberres. com/broame. html.

人主张华盛顿应该加冕称王，甚至有人说亚当斯和汉密尔顿都是坚定的君主主义者。不过，华盛顿却没有黄袍加身之意。尽管汉密尔顿等革命领袖对英国的立宪君主制颇为欣赏，甚至有所眷恋，但他们也颇识时务，认同多数精英的主张，因为他们大多认为美国社会没有英国式的贵族或者如同英国社会那样的阶级结构，所以不适合建立君主制。在费城制宪会议上，国父们一致同意建立带有混合政体色彩的共和制政府——虽然他们深知维护共和制非常难；共和制不加以限制也会沦为极权和专制政府。正如费城制宪会议结束时富兰克林被问及"你们都干了些什么"时所回答的那样"［建立了］一个共和国，如果你们能维护它"。

在共和主义传播和深入北美社会的过程中，无从知晓悉尼和洛克的著作到底发生了多大的影响，但当时受过良好教育的美国人都熟读他们的著作并开展了热烈的讨论。当然，为君主制辩护的也不少。17 世纪早期，詹姆斯一世出版了为君主制辩护的书，而最重要的要数罗伯特·裴尔默爵士（Sir Robert Filmer）的《父权制》（*Patriarcha*，1680），将国王的神圣统治追溯到了圣经，也就是借助圣经故事和宗教信条强化君权神授的理念。但悉尼和洛克都在他们的著作中驳斥了这种观点，而为之辩护的只有一个托利党人乔纳森·巴希尔（Jonathan Boucher）。不过，随着巴希尔及许多保皇党人在美国革命期间的离去，保皇情结也随之烟消云散。

第九章 英国宪制传统对美国立宪的影响

英国可以视为美国的"本土",一是因为这两个民族具有相当大的同质性,二是这两个国度在殖民地时代本是一家,在独立战争结束,《巴黎和平协议》签订后,特别是在 1812—1815 年美英战争之后,两国逐步恢复和保持着非同寻常的"特殊关系"。因此,有英国学者认为,"美国宪法是从东西两半球盎格鲁—萨克森(Anglo-Saxon)民族数百年的经验演进而来的,而这个经验之所以累积日富,则由于世界有更广大的观摩和国内外专家有许多深切的论评。"①

第一节 英国始于"大宪章"的宪制发展

美国立宪的主要观念和基本原则直接来源于英国宪政。"国父们"在起草宪法文本时首先从其宗主国英国政制中吸取营养。美国立宪建国时,英国实行有限政府和代议政治至少已历百年(如果只从 1688 年"光荣革命"议会上升为国家权力中心算起的话),甚至可以追溯到 1215 年的《自由大宪章》(*Magna Carta*)。这个里程碑似的文件确立了保障贵族(后来扩展到平民)的自由和限制国王(政府)权力的先例,有关规定至今仍然是一些欧美国家的宪法原则。譬如,任何自由民未经相同身份者组成的陪审团依法审判不得被限制自由、剥夺财产和法律保护或其他损害;国王不得出售或延搁自由民应享的权利或公正裁判;无全国公意许可不得征收任何免役税和贡金,额外征税须经贵族会议同意;贵族代表必要时得利用一切手段向国王施加压力,国王得承认其臣民有权抵制其错误,等等。大宪章终止了英国国王的绝对权力,其保障权利自由的条款虽然最初

---

① [美] J. A. 豪古德:《现代宪法新论》,龙大均译,中国政法大学出版社 2005 年版,第 17 页。

只适用于贵族，但它奠定了人权保护的宪法基础，最终惠及所有的英国国民，而且也是北美殖民地从草创、正式建立到整个发展过程中人民争取权利和自由的重要法律武器。

大宪章签署之后 400 年的 1628 年，英王查理一世接受并签署了《权利请愿书》（the Petition of Rights），其中规定禁止国王未经审判监禁其政治批评者——言论自由扩展到了批评王室，而更重要的是它宣布国王或女王必须服从国家的法律——"法在王上"也因此终于成了英国宪政的一项基本原则。1689 年，即"光荣革命"之后的第二年，英国议会又通过了《英国权利法案》（English Bill of Rights），进一步延伸了有限政府的内涵。其中重要的内容包括：（1）君主不得干预议会选举；（2）君主征税或维持军队须征得议会的同意；（3）君主的统治必须以人民在议会中的代表的同意为条件；（4）不得对人民处以残酷的或非常的刑罚，或科以过重的罚金。[1] 北美人民在独立之前作为英国国王的臣民，自然也适用这些条款。《英国权利法案》中的基本概念在北美得到普及并且也成为殖民地及后来美国各类政府制度的基础。譬如《马萨诸塞自由典则》《弗吉尼亚权利宣言》以及美国《独立宣言》都包括了上述内容。后者对美国《独立宣言》和美国宪法第一修正案（权利法案）具有直接的影响。

就政府建设的经验而言，英国的代表制政府也有悠久的历史。譬如英国的两院制议会在北美殖民地用得就很普遍，邦联时期各邦立宪，几乎都采用马萨诸塞宪法所确立的政制模式实行两院制议会。后来的美国联邦政府也沿用这种模式。在参议院议长人选的确定上，也从英国吸取了经验。由于参议院议员是代表各自的州，从议员中选出议长，当选者的代表权会成为问题。他/她继续代表他所在的州，就没有代表全国的中立者；他/她若站在中立的立场代表全国，他/她所在的州就会少一个代表权。在为难之际，副总统[2]的设置提了出来并很快敲定，但制宪者们只是想设置一个总统缺位时的替补者，并不打算赋予副总统任何实际权力。在参议院议长人选难以确定之时，制宪者们想到了副总统——无所事事的他正好可以安排代劳参议院议长的职责——它同样是个虚职，由他在参院投票发生僵持局面时来投决定性的一票。这同英国上院议长并非出自上院贵族如出一

---

[1]　See The English Bill of Rights 1689，https：//www.lawteacher.net/acts/bill-of-rights-1689.php.

[2]　应该说这是美国立宪者在政府机构设置上的一项创新，因为在那之前除了古希腊、罗马有过权力平等的双执政官的情况外，还没有设置副皇帝、副国王、副总督的先例。

辙。英国上院议长比较固定的人选是由首席大法官（Lord Chancellor）担任，但在以前也有由国王任命的人选出任的情况，他们都不一定是上院的贵族。

第二节　英国宪制对美国立宪的影响

英国的立宪君主制，在当时可谓最成功的样板；而且也确有汉密尔顿之辈对君主制赞美有加。然而，对于多数美国人来说，君主制就等同于英王的暴政，是绝对不可以接受的。尽管如此，英国政制对美国建国的影响仍然是全方位的。在 1787 年的北美、英美之间的战争才结束不久，美国建国时何以要模仿英国的原则和制度？这首先是因为建国时期的殖民者和他们的先辈一样，熟悉英国宪政及其特点，殖民地特许状直接源于英国宪法，邦联时期的各邦宪法也以英国宪法为模板——北美人民生来就习惯于英国的宪政制度和传统，作为殖民地居民，他们大多是英国臣民，读英国书、说英国话、习英国文化，享受"英国人的权利"——当他们不能享受"英国人的权利"时便起来造反谋求独立。总之，除了种族同宗、文化同源外，英国宪法和普通法在北美的适用几乎从来没有中断过。美国"国父们"大多对英国乃至欧洲的政制有着浓厚的兴趣，许多美国上层人士对英国宪政的历史及其在北美的实际作用都非常清楚。譬如，亚当斯所推崇的"三足鼎立"模式，表面看来似乎与英国政治无关，但在当时国王和上院都还有相当的实权，国王和上下两院三者之间，国王、议会和内阁之间确实存在着相互制约的"三足鼎立"关系。

当然，要说英伦或旧大陆有现成的模式可以供"国父们"套用或"拷贝"，那也是言过其实。另外，汉密尔顿对英国的君主制赞赏有加，认为没有哪个国家的政体比英国的更适合新生的美国。持这种特点的还不只汉密尔顿。迪金森代表在制宪会议上也多次热烈歌颂英国宪政，认为"受到限制的君主制，是世界上最好的政府形态之一"，而且"任何共和制的政府形态，都永远不会得到与此同等的祝福"。不过，虽然他们崇尚英国式的君主制，但也是"识时务者"，明知君主制在当时的北美没有社会基础，不为多数人所拥护的情况下，转而支持建立以法治为保障的共和制，也不失为明智的选择。

然而，由于"国父们"对英国宪法的熟悉及其偏爱，制宪会议制定的宪法在很大程度上、在一些关键的制度和原则上，仍然是对英国宪法的一个模仿。譬如，美国总统的设置即暗中以乔治三世为原型（虽然一开始设立君主制的主张在制宪会议上就被大多数代表否决了），故而权力极大，几似"无冕之王"，富兰林、杰斐逊都因此而称为"选举的国王"。也正是因为这一点，联邦党人不得不竭力辩解：拟议中的总统更像总督而不像国王。美国国会的两院制即以英国的上下两院为参照。代表们特意为参议员设置高额财产限制，目的就是保障只有富人才能当参议员，一如在英国只有贵族才能进入上院；设立参议院的一个重要目的，是保障财产权——这是它作为一项经济文献的核心内容之一。值得注意的是，"全国议会应由两院组成"这一原则未经辩论就几乎一致通过了。[①] 在制宪会议的辩论中，间接提及英国制度的有 24 次；直接提及的则多达 111 次。当时不仅反联邦派注意到了，就是宪法的支持者也承认，宪法对美国总统和行政机构的设计集中体现了美国政体的君主制而非民主制的特征。宪法给美国总统奠定了全新的权力基础——其权限相当于当时英国国王及其所领导的内阁的权力之和。虽然总统不由人民直接选举，而是由人民选举的选举团选举，但是也决定了总统的权威直接来自人民，而独立于议会——这是刻意使之有别于英国政制之处。

　　关于美国宪法对英国宪法的继受性，美国宪法学家詹姆斯·麦克莱伦阐述得很清楚："美国成文宪法大部分来自英国'不成文'宪法，或者确切地说来自 18 世纪后半期的英国宪法。英国宪法已经发展了若干个世纪，到 1774 年美国开始闹独立时，英国的基本法相对于 1215 年的大宪章已经有了很大的发展——虽然大宪章的基本精神一直在延续。好的宪法总能因应时势，与时俱进。恰如伟大的议会领袖埃德蒙·伯克（Edmund Burke）所说，'变革乃延续之道'。当然，好宪法也要包括许多不易之规，如各种法治原则。"[②] 美国宪法中的权利法案，也渊源于英国。"实际上，那些修正案是一种大杂烩，在很大程度上源自英国的普通法传统，源自遥远过去的宪法界碑（特别是《自由大宪章》），源自当时的美国立法者们的切

---

① 在制宪之前，关于两院制议会的争论相当激烈，约翰·亚当斯为两院议会观念的普及进行了不遗余力的鼓吹，使之几乎成全美的共识，所以在制宪会议上才没有就此展开争论。

② James McClellan, *Liberty, Order and Justice: An Introduction to the Constitutional Principles of American Government* [1989], from The Online Library of Liberty, http://oll. libertyfund. org/? option = com _ staticxt&staticfile = show. php% 3Ftitle = 679&chapter = 68298&layout=html&Itemid = 27.

身体验。"①

英美宪法，至少从字面上看，都追求自由、秩序和正义。这是不易实现但必须坚持的目标。此外，两国宪法在基本原则上至少还有以下共同点。

首先，稳定性和连续性。人民必须生活在确定的众所周知的法律之下，朝令夕改本身就会导致无序，既不能促进经济的繁荣、社会的安宁，也不能保障人民自由幸福地生活。没有稳定性和连续性，人们就会无所适从，就不知道如何安排现在，设想未来，追求理想。从宪法的修改程序看，英国宪法虽是"柔性"宪法，但800年来却变化缓慢，甚至没有明显改变；大凡基本制度、基本宪法原则一经确立，便经久不改，特别是涉及基本政制原则的习惯，其改变比修正白纸黑字的宪法条文要难得多。美国宪法更是刚性宪法，虽然最高法院可以通过"解释"弥补其柔性的不足，但它也很少涉及宪法基本原则和制度的改变；而且，从历史发展的趋势看，所有重大的原则和制度改变都是与时代的进步相适应的，如选举制度更加民主，人权的保护更加全面而有效，等等。

其次，政府权力有限并且必须受到制约。英美宪法都通过限权和分权来有效地防止政府摄取不属于它的权力。良宪须能防止政府的擅断和当权者的不义行为。英国虽然奉行议会主权和议会至上，但它的司法独立是有保障的；它虽然实行单一制，但实际上也有许多联邦制的特点——不但苏格兰、威尔士高度自治，而且英格兰的地方事务，除了司法和警务外，中央政府一般也较少过问；它虽然实行的是立宪君主制，但却坚持着共和制的精神和原则——起初是国王与贵族分享权力，后来资产阶级和普通人民也成了权力的主体。美国宪法在限制政府权力方面应该说规定得更加具体而明确。美国宪法不仅把分权制衡作为一项基本原则和制度，而且明确规定了一些政府不能行使权力的领域。前者表明每一个政府分支只能行使其法定职权，后者表明整个国家的权力都是有限的——对政府也设置了一些行使权力的禁区。凡宪法禁止国会立法规定的事项，都是对国家权力范围的限制，而且这种限制是绝对的，不可更改的。如宪法第一修正案（最初的十条修正案）大多都涉及限制政府，特别是联邦政府的权力。与此同时，国家还必须承担保障公民权利自由的义务。确保公共权力不被滥用，政府不会演变为暴政，是英美宪

---

① ［美］阿兰·罗森鲍姆编：《宪政的哲学之维》，郑戈等译，生活·读书·新知三联书店2001年版，第31页。

法的共同特点。

再次，民主是有限的，政治权利不必平等。良宪必须保证政府及其官员代表所统治的人民的权利和自由；但宪政不必完全彻底地民主，也不必实行"一人一票"的平等选举制度。这也是西方先贤的古训：不同地位的人享有平等的权利就是最大的不平等。美国立宪之时，多数"国父们"特别赞赏英国的宪政制度，尤其是对限制人民选举权的做法深以为然。所以，美国建国之时虽然承认了政府的组建必须以人民的同意为前提的原则，但是除了给予人民选举众议员的权利外，联邦政府其他机构的组建，人民便不能直接参与表示"同意"了。无怪乎当时就有人说英国的国王是世袭的，美国的"国王"是选举的，但不是人民直接选举的，拥有选举权的也只限于少数男性白人有产者（WPM/white propertied men）。

最后，责任政治原则。真正的宪政不允许任何个人拥有专断的权力；政府及其官员必须对人民负责。官员须受法院、立法机构和选民的制约，而不得有超越法律的特权。英美宪法都建立了较为有效的防范机制，以防止政府和官员滥用公权力损害公共利益、侵犯私人权利和自由。其中尤其值得称道的是司法独立，它为弱势的人民在强大的政府面前进行自我防卫提供了充分的法律武器，有更多的机会争取到正义。当然，由于人民的范围是在不断发展变化的，正如前面据说，美国建国期间，"我们人民"仅限于非常狭窄的白人男性有产者，但随着社会的发展，特别是黑人、妇女的长期斗争，至少在法律上人民已经扩展到除印第安人（因不纳税而不得享有公民权）之外的所有公民。

实际上，凡是能保证较高程度的自由、秩序和正义的宪法都具有上述特点。同样，美国人和英国人一样，在"制定"宪法时都避免或不指望推出"万能宪法""完美宪法"，而只重视宪制政府的基本原则。国事纷繁，民事冗杂。若事无巨细，都规定在宪法中，其必不为人熟知，更不为人尊重。宪法若不为人所熟知，不被官民所尊重，便不会有权威。所以，简约也是英美宪法的显著特点。

此外，成文宪法要尽可能避免与看不见的"宪法"——历史传统、政治习惯、民族情感和人民的基本信仰——相冲突。美国邦联时代各邦立宪的经验证明，凡激进的意欲打破传统的宪法，都受到了强烈的抵制或冷遇而效果不佳。同样，过于保守的宪法也不易为人民所接受而难以有所作为。国父们在制定宪法时，对于源自英国的政治传统了然于胸，因而他们尽可能使新宪法与人民习以为常的制度、原则、风俗保持一致。英美宪法都以自治传统为基础，以受过良好教育的人民的普遍认同为保证。

除了上述原则和精神的雷同之外，美国宪法在形式上，在关于政府机构的设置上，也与英国宪法有许多共同点。著名英国法学家亨利·梅因爵士在他的《人民政府》中断言"美国宪法很明显是英国式的"，就主要是从其制度设计上讲的；他引用弗里曼的论断说："它的立法会采取常规的两院制而非一院制、三院制或多院制，仅此一点便足以证明。"[1] 此外，在议会产生的方式上也有部分雷同，美国众议员和英国下院议员都由选民直接选举产生，并实行小选区制；两院皆由议长主持但议长须保持中立，不参加投票和辩论；民选的院都被视为"下院"且更接近人民；上院/参院的议长皆非其成员。再者，虽然现在的英国上院不可与美国的参议院同日而语，但在美国建国时，英国上院议员作为贵族代表与美国参议员作为州的代表（同时也是富人的代表）都是以制约民选代表下院议员为目的而设置。英国上院议员多为世袭（直到 1999 年布莱尔政府通过立法取消了上院议员的世袭特权），美国参院议员也有不由民选（直到 1913 年）的历史。英美都偏好两院制，其用意，一是使立法机构内部相互制衡，防止其被任一的利益集团或阶级所控制，二是防止立法的随意性，保证立法慎重稳妥。

在司法方面，美国的联邦司法制度也类似英国的——这不仅是它们同属一个法系，都坚持普通法传统，而且还在于相当严格的司法独立。英国虽然奉行议会至上，但司法独立是有保证的。美国实行三权分立，司法与立法和行政平行，立法和行政对司法的干预被限制到了最低限度；法官由行政首长提名经立法机构同意任命、无过错终生任职（非经弹劾不得罢免）；法官待遇优厚（任职期间不得减薪以防立法和行政操纵司法）；除极个别的特殊情形（如大赦），法院（法官）的裁决具有终极权威性。在所有这些方面英美两国基本上是一致的。

在其他很多方面，美国宪法都源于英国的实践和习惯。美国宪法和各州宪法保障的个人自由，包括政治自由和财产权，几乎都可以追溯到英国的制定法或习惯法；英国宪法性文件、习惯法和宪法惯例中的民权内容，在殖民地时期通行于北美，在殖民地"联合独立"后继续有效，在各邦制宪，美国建国时，大多又再现于各州宪法、美国宪法和权利法案之中。美国宪法中代表制政府，或美国人所谓的共和制

---

[1]　Henry Maine, *Popular Government*（1885），http：//www. archive. org/stream/populargovernmen035014mbp/populargovernmen035014mbp_ djvu. txt.

传统，也源于英国。① 美国革命领袖一般也视代表权为其最重要的宪法权利。"无代表权不纳税"，既是美国革命的理据，也是美国建国的原则。正如杰斐逊在一封信中所说，"我们在建立自己的政府时从英国宪法中学习了一些最好的东西；英国历史知识对美国政治家是很有用的"②。

第三节　美国立宪对宪政的发展与创新

美国立宪建国，不仅有对英国宪政的继承，也有对英国宪政的发展和创新。美国的有些重要制度，甚至还是从英国的反面教训中得来的。譬如司法独立的制度，就是由英国 17 世纪司法受政治控制所促成的。1683 年阿尔杰农·悉尼（Algernon Sidney）因《论政府》（the Discourses Concerning Government）手稿而被指控叛国罪。臭名昭著的首席法官乔治·杰佛莱（George Jeffreys）一味秉承圣意，竟采信道听途说和伪证判决其罪名成立并下令将他执行绞刑。在 17 世纪的大部分时期，英国的司法都沦为政治的奴仆。斯图亚特王朝排斥了所有的异见法官。在悉尼案审判中，正当程序和既定刑事诉讼规则遭到刻意破坏，唯一的"证据"不过是他的尚未发表的《论政府》手稿——期间不免鼓吹自由，称颂有限的"混合"政府，否定王权神圣，断言权力源于人民、国王须服从上帝之法。法庭将这些言论解释为阴谋加害查理二世国王，并由其精心挑选的陪审团裁定被告罪名成立。这是英国历史上最臭名昭著的文字狱。悉尼虽然被处决，但他的影响在北美却与日俱增，其《论政府》于 1698 年、1763 年和 1772 年三次在北美出版。该书的理论深度和论证的严谨虽不及洛克的《政府论》，但在激励殖民地领袖革命方面毫不逊色，在反对英王暴政方面或有过之，包括杰斐逊在内的许多革命领袖都从中获取论据。激进的辉格党人悉尼被奉为烈士和反抗暴政的典范而被许多爱国者所铭记。

---

① 英国形式上虽是立宪君主制，而实质上却具有共和制的所有基本特征，如定期选举、君主、贵族与平民代表分享权力；司法独立；自由、秩序与正义，等等，无不体现了共和制的基本精神。关于这一点。国内外学者多是认同的。如于文杰在《论休谟的共和思想及其意义》（《世界历史》2006 年第 3 期）中就肯定了英国政治的历史进程中的共和主义传统。李仅在《土地产权与宪政共和——英国宪政制度形成的产权视角》（《保定师范专科学校学报》2006 年第 4 期）也持同样的观点。

② Thomas Jefferson, "To John Norvell Washington, June, 14, 1807", *The Letters of Thomas Jefferson*, 1743-1826, http://www.let.rug.nl/usa/P/tj3/writings/brf/jefl176.htm.

在 1766 年，汉普顿和悉尼的声誉如日中天；在帕特里克·亨利和詹姆斯·麦迪逊等著名领袖的主导下，弗吉尼亚建立了汉普顿—悉尼学院，以志对他们的永久纪念。在美国革命和制宪过程中，悉尼案始终令国父们警觉：崇尚法治、司法独立和司法克制是多么的重要；司法应当是表达权的坚强保障。

此外，美国立宪对英国制度的某些改变也是源于两个民族之间的差异。英美宪法毕竟起源于不同的背景和时代，其差异也是显而易见的。英裔殖民者虽然与其母国人民同根同源，但是毕竟已离开故国上百年，而且其中有些还是因受迫害、逃难才背井离乡，其对母国的情感和记忆都只残存在血液中，而没有清晰的印象储存于大脑。所以，两地的人民事实上已经演变成了两个不同的民族。其差异必然要在包括政治的各个方面体现出来。就宪政上差别来看，首先，英国宪法遵循的是议会主权，其宪法在形式上也是君主钦定。而美国宪法体现的是人民主权，或者说最高主权在于宪法本身，宪法是由"我们人民"制定，保障"我们人民"的权利自由，为"我们人民"谋永世福祉。议会主权意味着议会至上，无论是国王还是法院都无权挑战议会的权威。最高法院没有像美国的那样具有司法审查权，议会的立法和决定合宪与否，完全取决于它自己的认识和判断，对于议会通过的决议和法案，除了它自己及其继任者外，没有任何别机构或个人可以否决。在美国，宪法宣称它自己是全美的最高法，一切政府机构和官吏的行为都必须合宪；如对国会立法或政府行为的合宪性有所置疑，既可以直接请求撤销，也可诉诸法院裁决。在美国宪政历程中，最高法院的裁决及其所修正的某些原则和自创的原则，如刑事被告的律师辩护权等，既丰富了宪政的内容，也影响着宪政的发展方向。这是与英国显著相异之处。

在分权制衡的问题上，两国也有所不同。英国实行的是议会制政府制度，而美国实行的是总统制政府制度。虽然它们的政府都由立法、行政和司法分支组成，但三者的关系是不一样的，英国实行议会至上和政治相容原则，议会具有至高无上的法律地位；受君主委托组建和领导政府的首相及其阁僚同时也是议会下院的核心和中坚；立法权实际上是由议会和内阁相结合行使的，且内阁在立法过程中居于主导地位，形成了议会受政府"领导"，政府需要什么法，议会就制定什么法的局面。美国的总统却可以独立于国会，国会议员也不可在行政系统任职——政府各分支是完全不相容的；虽然总统领导的政府对立法的影响日深，但不能像英国的内阁那样直接参与并主导立法，而只能在幕后进行游说和劝导，借助总统所在政党的议员贯彻政府的立法意图，但总的来说仍然是国会制定什么法，总统领导的政府就得执行什么法。

尽管有这些差异，但两国的共和主义传统却是一脉相承的。当然，作为现代"君主共和国"，英国的共和制确有自身的特点。除了君主作为国家的"符号"是世袭的，其贵族院的成员也不必经过选举产生，并且长期享有世袭特权①；传统上，国王、贵族与民选的议会及其所组建的政府共治，就是英国"共和制"的最大特点。但近现代以来，国王和作为上流社会的代表的上院议员的权限主要限于咨议，而不实际参与决策过程，共和精神主要是通过代表制来体现的；人民与国王和贵族的"共和"仅有形式的意义，而人民内部的"共和"（主要表现为两大政党和平竞争）才具有实质意义。在美国，立宪的原意是要设立参议院以代表贵族和富人，众议院代表平民，总统则在两者之间居间平衡。但随着美国社会的平民化，无论总统、参院还是众院，都由民选产生，②"共和"实际上体现在两党关系和复杂的政权组织及其运行之中。

从形式上看，英国宪法是"不成文"的，即由若干宪法性文件（如《自由大宪章》《权利法案》《王位继承法》《议会法》等等）、众多的宪法惯例（conventions）和司法判决所构成；有的宪法原则和人民的重要权利甚至源于普通法。美国宪法则是由单一的法典为主体，外加若干修正案和最高法院的司法判决所构成。

曾经四次出任英国首相的格拉斯通（Willian Ewart Gladstone）溢美"……美国宪法是在特定时刻人的大脑和意图所能制作出来的最奇妙的杰作"③，虽显夸张，美国宪法也非产生于人的大脑，但"杰作"却是不假。

应该说英美宪政制度堪称世界上成功宪政制度的典型，但也绝非尽善

①　英国上院长期由世袭贵族和少量任命的终身贵族组成。根据布莱尔执政期间通过的《上院改革法案》（the House of Lords Act 1999），世袭贵族只保留92名，其余全部为国王根据首相或上院任命委员会建议任命的终身贵族（其中26名为国教大主教或资深主教）。

②　为了防止"多数人暴政"，美国总统由各州选举人团选举产生，但最初选举人团由各州自行选举，直到1824年，大多数州的选举人团才由选民选举产生。联邦参议院议员最初由各州立法机构选举产生，直到1913年第十七宪法修正案生效，参议院议员才由民先产生。联邦众议院议员一直实行民选。所有选举，最初有选举权和被选举权的都只限于男性白人有产者自由民。

③　John Fiske, *The Critical Period of American History*, 1783-1789, Boston, MA: Little Brown & Co., 1888, p. 223.

尽美。对于美国宪法，从制定到批准，再到如今，都不乏批评者。然而，也应该看到，相对而言，美国宪法与英国宪法一样，对政府的限制，对民权的保护还是比较有效的，其公正、秩序和自由的宪政价值目标大体上还是能够实现。其经久的生命力就是最好的证明。因为人民才是历史的创造者和推动者，在任何一个国家，一部反人民的宪法、一套反人民的政制是不可能长盛不衰的。

英美宪制的成功，在世界宪政文明史上，具有世界意义。美国前总统乔治·布什在 2004 年国庆节演说中所说的一段话，可以有力地说明英美宪政文明的历史贡献："人类千万年的历史，最为珍贵的不是令人炫目的科技，不是浩瀚的大师们的经典著作，不是政客们天花乱坠的演讲，而是实现了对统治者的驯服，实现了把他们关在笼子的梦想。因为只有驯服了他们，把他们关起来，才不会害人。我现在就是站在笼子里向你们讲话。"

第十章　殖民地自治传统与立宪探索

美国在制宪过程中并非只从古典资源和英国传统中吸取营养和经验，国父们也很注意殖民地自身的政制及其运作的经验。一方面，北美在独立前的一个半世纪里，各殖民地远在霍布斯、洛克、卢梭契约论问世之前就建立了契约政府；另一方面，在革命前后，殖民地/邦普遍进行了立宪的探索和实验。《邦联条例》是各殖民地独立后契约建国的一种立宪尝试。美国立宪，可以说是此前立宪运动的集大成，是在总结经验，吸取教训的基础上，将当时国父们意识到的既有宪法和政制的长处汇集而成的。

第一节　殖民地的契约政府与自治传统

早年抛离故土，漂洋过海，到达美洲大陆的定居者，不是为着逃避宗教的或政治的迫害，就是为了追求一种新的生活；当然，梦想到新大陆淘金发大财的冒险者也不在少数。北美殖民地也是"文明人"最早依据契约建立政府的实验场。从自由订立契约建立自治组织（如根据船民们自由签订的《五月花号公约》建立的普利茅斯殖民地）到根据英王的特许状（Charter）建立"公司"或"业主"殖民地政府，都表明这里的人民有着"契约建国"的独特经历和自由传统。

一　北美第一个三权制殖民地政府的建立

15世纪初开始的近100年间，欧洲特别是葡萄牙在地中海周边和非洲海岸的殖民虽不算成功，却收获了不少经验。其中主要的有，他们学会了在异国他乡种植农作物和饲养牲畜，征服和剥削原住民，把被征服者转化为奴隶劳动力。

1493 年哥伦布在加勒比的"西班牙岛"建立首个殖民地定居点①后的 100 年间，欧洲国家在北美和非洲海岸的殖民地尝试，同样几乎没有成功的个案。期间英国官方有两次非常重要的远航探险和定居尝试，虽然都以失败告终，却获得了非常重要的相关知识和经验。哥伦布"发现"美洲大陆返回西班牙时，意大利热那亚（Genoa）航海家卡波特（John Capot）恰在西班牙。他看准英国急欲与亚洲国家直接贸易，便前往英国争取到了英王亨利七世（Henry VII）的支持和授权，于 1497 年 5 月下旬开始了探险航程。经过一个月的航行，于 6 月 24 日到达目的地，但到底是到了布雷顿岛（Cape Breton Iland）还是其他新陆地（Newfoundland），尚难确定。卡波特的这次探险虽然只是当时欧洲人众多远航之一，却是英国的首航，并且第一次把北美大陆北岸的情况带回了欧洲，② 为英国 100 年后的北美殖民有着开拓性价值。英国最早的殖民策划者既以西班牙殖民地为样板，也以其为争夺目标。16 世纪 80 年代，由沃尔特·拉里爵士（Sir Walter Raleigh）和他的异父兄长吉尔伯特爵士（Sir Humphery Gilbert）等人组成的一个小组推动了在北美建立前哨贸易据点和攻击"新西班牙"基地的计划。伊丽莎白一世授权他们在北美建立殖民地。吉尔伯特计划失败而死，拉里于 1587 年运送了 117 名殖民者到新发现地弗吉尼亚（Virginia，以处女女王伊丽莎白的名字命名），并尝试在现属北卡罗来纳（North Carolina）的劳诺克岛（Roanoke Island）建立定居点。拉里爵士的船长约翰·怀特（John White）驾补给船于 1590 年返回该岛，却只发现树上的"Croatoan"（附近的小海岛）字样，或以为他们有北移至切萨皮克湾（Chesapeake Bay）的迹象。其后便不知所踪。至此，英国的第一次北美沿海殖民尝试以失败告终。

1606 年，英王詹姆斯一世授权伦敦弗吉尼亚公司（The Virginia Company of London）和普利茅斯弗吉尼亚公司（the Virginia Company of Plymouth）——两公司合称弗吉尼亚公司——在北美海岸建立定居点。1607 年 4 月，英国政府派出由纽波特（Christopher Newport）船长率领的船队，

①　1492 年哥伦布"发现"北美大陆后，西班牙立即着手在美洲殖民。1493 年哥伦布率领的由 17 只船组成的船队满载 1200 人抵达加勒比的西班牙岛（Hispaniola），建立了以西班牙王后"伊莎贝拉"（Isabela）命名的定居点（现在的多米尼加共和国），这成了后来西班牙殖民者入侵美洲大陆及周边的跳板。

②　Mary Beth Norton et al., *A People and a Nation: a history of the unite states*, *Volume I: to 1877*, Boston, MA: Houghton Mifflin Co., 1998, p. 22.

载着一些农民到现今弗吉尼亚建立贸易据点。由于在卡纳里群岛（Canary Islands）和波多黎各（Puerdo Rico）等处停留，又在登陆后寻找合适定居点，直到四个月后才确定在詹姆斯敦（Jamestown）建立定居点。在航行过程中，船民选举另一位船长温裴尔德（Captain Edward Maria Wingfield）为政府委员会主席。这就是"伦敦弗吉尼亚公司"在北美建立的第一个英国殖民地。当时的英王向"投资"该殖民地的商人颁发了特许状，授予其"全权"为了定居者的"公益和福利"制定法律。詹姆斯敦的殖民者于是设立了经英王任命的总督和由总督提请英王任命的总督委员会，成立了一个代表大会（the Virginia House of Burgesses）①，这就为后来的殖民地在英国王权之下进行制度构建和成立自治政府树立了先例。② 因为"大饥荒"，1607—1623 年离开英格兰到达詹姆斯敦的 6000 人中，幸存者仅1200 来人。③ 从商业上说，公司损失惨重。但是，公司作为英国人在北美建立的首个殖民地，它开启了英国人移居北美并最终喧宾夺主（驱赶和残杀原住印第安人）进而又自立门户成为美国人的历程，其历史意义自然不可低估。1624 年，衰败的伦敦公司丧失了控制殖民地的特许权，其殖民地由英王任命总督治理，弗吉尼亚因此变身为皇家殖民地。1631 年，皇家总督、总督委员会和议会同意成立若干法院，依照英国普通法和《自由大宪章》的原则行使司法权。④ 至此，由总督、议会和法院组成的具有共和形式的三权制政府在殖民地基本确立。

二　《五月花号公约》及其历史意义

在新英格兰地区，第一个殖民地是由"五月花号"上的新教"分离

---

① 1619 年，弗吉尼亚建立了北美殖民地第一个民选议会（The House of Burgesses），最初有 22 名议员，直到 1632 年，举行会议的地点都在詹姆斯敦（Jamestown）教堂的乐房。1632—1656 年会议移到殖民地总督哈维爵士（Sir John Harvey）的宅邸举行。The House of Burgesses 作为弗吉尼亚立法机构的代表院，直到 1776 年弗吉尼独立为弗吉尼亚共和国（Commonwealth of Virginia），才被人民院（the House of Delegates）取代。

② Steffen W. Schmidt, Mack C. Shelley and Barbara A. Bardes ed., *American Government and Politics Today*, 2001-2002, Delmont, CA: Wadsworth/Thompson Learning, 2001, pp. 33-34.

③ Charles M. Andrews, *The Colony Period of American History*, Vol. 1, New Haven: CT. Yale University Press, 1934, p. 110.

④ David V. Edwards and Alessandra Lippucci, *Practicing American Politics: an Introduction to Government*, New York, NY: Worth Publishers, 1998, pp. 38-39.

主义者"建立的。这些自称"朝圣者"（pilgrims）的新教徒（protestants，这些英国本土比较极端新教徒到了北美后便自称清教徒，puritan）在上岸之前草拟了《五月花号公约》（the Mayflower Compact），并由全部44名男人——女人没有任何政治地位——中的41位于1620年11月11日（此为旧历，新历应该是21日）签字生效。起草并签署这个契约的原因其实也简单。"五月花号"上的船民获得的特许是限于在北纬41度以南（现纽约市以南）的弗吉尼亚而非马萨诸塞（Massachusetts）建立定居点，并要受伦敦弗吉尼亚公司的管辖。但因气候和风向，他们到达前已知偏离目的地很远，他们所要定居的地方（他们自己以英国港口城市普利茅斯 Plymouth 命名），在当时来说，遥远的弗吉尼亚公司是鞭长莫及的。"五月花号"的船民包括英格兰人、法兰西人和爱尔兰人。他们即将建立的殖民地孤悬海外，其当务之急是结束无国无君无秩序的状态。据"五月花号公约"的主要当事人之一、后来担任过马萨诸塞近30年总督的威廉·布莱福德（William Bradford）回忆，在靠岸之前，船上的"怪人"（船上除了清教徒外，还有少量淘金者，被 Pilgrims 称之为 Strangers）已经开始发泄不满，而且出言不逊。这些人声称，既然现在是到了新英格兰而非弗吉尼亚，弗吉尼亚公司就管不了他们，也没有任何人有权命令他们——他们彻底自由了。此外，在当时的形势下，就是那些清教徒们也需要一个更加有效的约束机制（a more sure patent）。[①] 这就是《五月花号公约》的现实背景。

《五月花号公约》的内容其实非常简单，只是强调为了建立一个公民政治体（a civil body politick），以维持良好秩序和存续，必须构建和框定公正平等之宪法律令、设置职官，以满足和方便实现殖民地之公益，并承诺服从和遵守此等宪法律令，而并未涉及如何制定及制定什么样的宪法律令。

从根本上说，《五月花号公约》旨在建立一个政府契约，其之所以具有历史意义，是因为它是殖民者自己建立基本政府制度的一系列协议中的第一个。[②] 斯特芬（Steffen）等美国学者认为，《五月花号公约》有两方面的意义：首先，它是由所有相关的个人同意的；其次，它为美国历史上

[①]　William Bradford, *Of Plymouth Plantation*. 又见潘绍中编《美国文化与文学选集 1607—1914》，商务印书馆 1998 年版，第 18 页。

[②]　John Canup, *Out of the Wilderness: the Emergence of an American Identity in Colonial New England*, Middleton, CT: Wesleya University Press, 1990, p. 6.

后来一系列类似契约树立了原型。① 正如哈佛大学著名历史学家莫里森所说："五月花号公约证明英国移民决心在法治下生活，并以人民的同意为基础。"②

《五月花号公约》的另一重大意义在于它完全是当事人自己倡议建立政府的尝试，而不是基于任何外在的命令或授权，并且为类似的殖民地政府的建立提供了参照。各殖民地之所以能够在很大程度上坚持自治，与《五月花号公约》所确立的传统密不可分。与此同时，这也为后来各殖民地的独立运动埋下了最早的伏笔，是各殖民地独立建国的正当性的重要来源之一。美国特别是新英格兰地区的乡镇至今还保留着殖民地时期的自治传统，也在一定程度上拜《五月花号公约》所赐。

三　殖民地自治政府类型

在大英帝国，所有土地都属于统治者。因此，英国在北美的势力范围内的所有殖民地物产，都通过皇家特许状授予或确认为以下四种类型：

一是领主或业主殖民地（proprietary colony），即英王为了偿还王室债务或因特殊关系而将土地赐予特定的个人由其自由建立殖民地。如英王查理父子就惯用这种方式拉拢、奖赏其盟友或亲信，查理一世（King Charles I）于 1632 年将马里兰"特许"给巴尔的摩勋爵卡尔弗特（Cecilius Calvert Lord Baltimore），查理二世（King Charles II）分别于 1664 年和 1681 年将新尼德兰（New Netherland）赐予其弟约克公爵（The Duke of York，此君将该地重新命名为纽约），将宾夕法尼亚和德拉维尔赐予宾威廉（William Penn）。这类殖民地初期，其领主尽管须对英国法律和英王负责，但享有完全的自治权，其治下的居民在政治上没有什么发言权，其他权利也没有保障。但是由于第一代领主隐退或王室施压，领主们也不得不同意成立议会，保障基本民权。

二是股份制公司殖民地（joint stock colony），由英王授权特定的公司在移民定居地组建政府全权负责殖民地的立法、治理、司法和民事，如弗吉尼亚、马萨诸塞、新罕布什尔、纽约、新泽西、佐治亚和南、北卡罗来

---

① Steffen W. Schmidt, Mack C. Shelley and Barbara A. Bardes ed., *American Government and Politics Today*, 2001-2002, Delmont, CA: Wadsworth/Thompson Learning, 2001, pp. 34-35.

② Samuel Eliot Morrison, "the Mayflower Compact", In Daniel J. Boorstin ed., *An American Primer*, Chicago, IL: University of Chicago Press, 1966, p. 18.

纳等，最初都是公司殖民地。对于这类殖民地，英王得随时收回特许状，使之转变为王室殖民地，如 1624 年詹姆斯国王（King James）便收回了伦敦弗吉尼亚公司的特许权，而将其改变为皇家殖民地。

三是自治殖民地或契约殖民地（covenant colony），由英王室直接将特许状颁给殖民者由他们自己建立政府，这种情况只发生在康涅狄格和罗德岛——实际上是殖民者已经在那里定居并建立了自治机构，自己提出具体要求呈报英国王室，得到认可后再以英王的名义颁布特许状。通过特许状的形式建立政府，在北美树立了以书面契约界定政府权力的成例。①依据《五月花号公约》所建立的政府就属于这种情况。

四是皇家殖民地（royal colony or crown colony），上述所有殖民地，都可能因其与王室关系的变化而被英王收回特许状而改变身份，成为皇家殖民地。如斯图亚特王朝复辟后，查理二世筹划、詹姆斯二世正式建立了新英格兰自治领（the Dominion of New England，1686—1689），也就是收回新英格兰地区（不含宾夕法尼亚）和大西洋湾中部各殖民地的特许状，而集中建立一个受皇室控制的皇家殖民地。弗吉尼亚、卡罗来纳等，都曾经被变身皇家殖民地。

布莱克斯通大法官（Justice Blackstone）对北美殖民地的类型曾作过另外的区分。他也将北美殖民地政府区分为三种：皇家行省的、业主的和特许的政府（Royal Provincial，Proprietary，and Charter Governments）。到了美国革命（1776）时，大体上只存在这三种形式的殖民地。皇家行省政府（Provincial Establishments）包括英王委派的总督及所任命的总督委员会（governor council）和民先的议院（assembly）三部分，民选的议会行使立法权，总督全权负责行政并有权召集议会，总督委员会则行使上议院的职权。民选的议院总是试图扩大自己的权限而限制总督及其委员会所代表的英王的权力，因此，所有立法都须经过议会或贸易委员会（the Board of Trade）核准。英国王朝复辟之后，英国政府对北美殖民地的直接干涉越来越多，1680 年时只有弗吉尼亚是皇家行省殖民地，到 1720 年半数以上都成了皇家殖民地，新罕布什尔、纽约、弗吉尼亚、南卡罗来纳、北卡罗来纳和佐治亚等，在革命前都落入了英国政府的掌控。佐治亚殖民地 1732 年建立时为业主殖民地（Trustees for the Establishment of the Colony of Georgia in America），1752 年变身为皇家殖民地。业主政府制度（Pro-

---

① Thomas R. Dye, *Politics in America*, 5ᵗʰ ed., Upper Saddle River, NJ: Prentice Hall, 2003, p. 58.

prietary Governments）具有封臣领地的性质（the nature of feudatory princi-palities），即英王将北美的土地赏赐给某些特别的个人，并授予他们在其"领地"上行使某些次级的王室特权和立法权。特许政府，按照布莱克斯通的描述，"就性质上说是市民团体，有权就内部管理制定不与英国法相抵触的次级法（by-laws）"①或地方法。

但是，无论哪种殖民地，政府结构政制运作都大同小异，总督作为英王的代表和行政首长，总督委员会作为总督的政务辅助机构，都要在一定程度上受民选议会的制约，法院虽然地位不是很高，却具有很大的独立性。

上述各种类型的殖民地的身份都不是固定的，其地位的改变往往反映殖民地与王室博弈的结果。在实践中，虽然业主殖民地和特许殖民地会丧失特许权而由英王任命和委派总督直接治理，但是，英王收回特许权也有不成功的个案。兹举一例：康涅狄格"橡树特许状事件"（the Charter Oak Affair）。英王詹姆斯二世不满其康涅狄格的臣民，便于1685年下令收回康涅狄格特许状，1687年又派埃德蒙·安德罗斯爵士（Sir Edmund Andros）前往哈特福德（Hartford）解散了政府，并强索特许状。但华兹华斯副巡长（Captain Joseph Wadsworth）却将其藏在了一棵橡树里，英王的钦差硬是没办法。1688年"光荣革命"之后，殖民者又将其取出作为该殖民地的基本法。后来的英国君主只得默许了该殖民地恢复权利的作为。这一事件再次强化了这样的理念：殖民地人民忠于其基本法甚过效忠君主，②同时也标志着北美殖民地居民对英王的依附转向了依靠宪法性法律保护。

总的来说，虽然这些殖民地在名义上都是英国的属地，其人民也是英王的臣民，但他们是高度自治的，真是"天高皇帝远"，英国政府除了征收税赋，别的就不怎么管——想管也管不了。越是到后来，这种趋势越明显。英王如果真的要对这些殖民地行使管辖权，任意提高税赋或者要改变主意收回特许状，就等于撕毁契约，就会遭到殖民地的坚决反抗。"美国革命"的导火索就是英国政府在殖民地加重税赋。

---

① Joseph L. Story, *Commentaries on the Constitution of the United States*（1833），Sec. 159–161, Ch. XVII, Book I, pp. 143–146, http：//www. lonang. com/exlibris/story/sto–201. htm#fn3d.

② Thomas R. Dye, *Politics in America*, 5ᵗʰ ed., Upper Saddle River, NJ: Prentice Hall, 2003, p. 58.

第二节　殖民地时期的立宪经验

这些殖民地先后都制定了基本法，以规范限制政府组织架构和实际运作，保障个人自由。殖民地之所以对英国本土居民具有吸引力，是因为殖民地人民的财产权、人身权、宗教自由权有更明确、更充分的保障。

一　康涅狄格殖民地成文宪法的制定及其意义

《康涅狄格基本法》（*the Fundamental Orders of Connecticut*，1639）被认为是北美殖民地最早的成文宪法。虽然此前 19 年的《五月花号公约》也具有成文宪法的特点，但是，它只是"共建"国家（政府）的契约，政府如何建立以及建立什么样的政府都没有明确。

康涅狄格殖民地肇始于 1635 年。一群清教徒和另外一些人不满圣公会教会改革的力度，便寻求建立一个只服从他们自己的法规的基督教社会。其时的马萨诸塞湾殖民地大议院（The Massachusetts General Court，如此称呼是因为它除了行使立法权外还具有上诉法院的职能）便特许他们沿康涅狄格河岸建立自己的定居点。不久便形成了三个镇：温沙（Windsor）、温塞菲尔德（Wethersfield）和哈特福德（Hartford）。由于这些定居点存在土地权属纠纷，马萨诸塞议会便成立了一个叫作"三月委员会"（the March Commission）的临时机构调解纠纷。该委员会履职到 1636 年，其间从上述三镇行政官员中任命 8 人负责执法。1638 年 5 月 29 日，曾任该委员会主席的陆德罗（Roger Ludlow）向马萨诸塞殖民地总督温斯罗普（Winthrop）提交报告，称上述三镇的殖民者要求建立"团结、和平、友爱的自治社会"。陆德罗等人因此受命为康涅狄格起草基本法，作为建立康涅狄格自治殖民地的基础。1639 年 1 月 14 日（旧历，新历为 24 日），该基本法经上述三镇人民会议（popular convention）表决通过。

该基本法除了 11 条正文外还有简短的序言和附则。主要内容包括议会（the General Assemblies 或称 the General Court）的产生方式及其会议制度，总督、裁判官和其他公职人员的产生方式和任期，政府的权限、边界及权力行使的规制，以普选权为核心的个人权利及政府保障这些权力的责任，等等。① 正文之外还规定了所有官员就职时应该宣读的誓词。该基本法依据的是胡克牧师（the Rev. Thomas Hooker）等人的政治理念。胡克牧师因不满马萨诸塞的政治宗教环境而率领同道前往哈特福德定居，并推动了沿康涅狄格河建立独立于马萨诸塞的殖民地（the Connecticut River Colony or River Colony）。他因此被誉为"康涅狄格之父"。他强烈主张清教徒的普选权，人民有权通过选举任命官员和裁判官，有权决定政府及官员的权力的边界和限度，政府必须向人民负责，对所有基督教派更大的包容性，② 等等。

该基本法要求当时构成康涅狄格殖民地的三个镇（Windsor, Hartford and Wethersfield）所选出的代表制定法律，规定该殖民地政府结构及其权限，政府官员的产生方式，其中关于总督和法官皆必须由民选产生的规定，事实上增加了男性殖民者的选举权，同时扩大了被选举权的范围。这个基本法具有成文宪法的特点，被认为是西方政制传统中最早的成文宪法；③ 康湿狄格也因此获得了"宪法邦"（the Constitution State）的别称。

1662 年，纽黑文殖民地（the New Haven Colony）和塞依布鲁克殖民地（the Saybrook Colony）并入康涅狄格，由统一的皇家特许状（Royal Charter）取代了原基本法。这几个殖民地接受"招安"后，身份也由公司殖民地变为皇家殖民地。但是，自治的传统依然保留，皇家特许状所包含的基本原则，特别是有限政府和普选权等民权保障的内容，则完全是源于该基本法。此"特许状"也因此被该殖民地人民珍

---

① 依据该基本法，殖民地议会由构成该殖民地的三个镇的自由民选出等额的代表组成，每年举行两次常会，四月第二个星期四开始的第一次会议（又称选举会：the Court of E-lection）选举总督副总督各一人，裁判官（magistrate）6 人和若干公职官员（public officer），九月第二个星期四开始的第二次会议的任务是立法、财政收支和政策制定。常会之外，总督或多数为官员认为必要，得召集议会特别会议。议会之所以又称为 the General Court，是因为它还有司法上诉功能。所有官员的任期皆为一年，总督不得连续两届任职。凡获准在该殖民地定居的自由民且具有清教徒会众资格者（该殖民地建立之初居民是清一色的清教徒）都有平等的选举权和被选举权。

② Stephe Goode，"Why religious persecution violates American values"，*Insight on the News* May 5, 1997, pp. 14-15.

③ Donald S. Lutz, Stephen L. Schechter and Richard B. Bernstein, *Roots of the Republic: American Founding Documents Interpreted*, Madison, WI: Madison House, 1990, p. 24.

视为宪法,① 其基本的政制原则,诸如有限政府、官员民选、人民自由和普选权等权利、行政司法分离,等等,对北美殖民地政治制度的形成、发展,对美国宪法制度的确立,都有不可轻视的影响,而且至今仍然是该州宪法的基础。

二 北美最早的"权利法案":《马萨诸塞自由典则》

1620 年,"五月花号"上的朝圣者们到达普利茅斯建立了马萨诸塞首个定居点,随着更多朝圣者的到来,1630 年马萨诸塞湾殖民地在波士顿地区建立。这个由中产阶级清教徒通过马萨诸塞湾公司向英王申请特许状建立的公司殖民地,从其正式名称(the Commonwealth of Massachusetts)看,它就是一个"共和国"。殖民者 1635 年要求制定"类似于《自由大宪章》"的成文法,经过几年的酝酿和争论,殖民地议会②最终于 1641年颁布了《马萨诸塞自由典则》(the Massachusetts Body of Liberties)。这个由清教牧师纳桑尼尔·华特(Nathaniel Ward)起草、马萨诸塞大议院颁布的法案,除了规定了大议院排他的立法权外,重点在保护个人自由或自然权利,因而被誉为北美殖民地第一个权利法案。

该法典与《自由大宪章》有颇多相似之处,其文包括序言、正文 98条和结语。序言强调剥夺或侵犯任何自由人的无论宗教的还是世俗的权利、自由、特权都会干扰甚至破坏殖民地教会乃至整个共同体的稳定与安全;制定颁布此法典旨在确认和保障殖民地全体人民永享此等权利自由。该法典正文首先规定了普遍的自由权利,接着分别规定了自由人、妇女、儿童、契约奴隶和外国人的自由,还规定了善待动物和十二种包括叛教、

---

① 1662 年,康涅狄格殖民地总督温斯罗普(John Winthrop)将草拟好的以基本法为基础的特许状带到伦敦奏请英王批准;查理二世基本上批准了该特许状,也就是认可了该殖民地非常高的自治权。1686 年,查理二世的继承人詹姆斯二世为了加强对新英格兰地区的控制,将新英格兰及附近地区合并建立新英格兰自治领(Dominion of New England,1686-1689)并任命安德罗斯爵士(Sir Edmund Andros)为总督。安德罗斯因此认为原来颁发给各殖民地的特许状作废,便不辞劳苦奔赴新英格兰各殖民地回收特许状。各殖民地自然不乐意交回特许状。安德罗斯总督 1687 年 10 月到达康涅狄格时同样遭到抵制,拒交回特许状,华兹华斯副巡长(Captain Joseph Wadsworth)将其藏在了哈特福德大橡树的洞里。这就是著名的橡树特许状(the Charter Oak)。英国光荣革命,新英格兰各殖民地恢复了自治权。

② 殖民地时期的议会名称 the General Court of Massachusetts 沿用至今,只是其上下两院的名称有变。殖民地时期由专为选举举行的 the Court of Election 和为立法召开的 the Generall Court 组成。

颠覆政府在内的适用死刑的犯罪。在自由权利保护方面，核心是保障公民和外国人一视同仁的保释权，即时审判和陪审团审判权，禁止酷刑和非常刑罚，政府不得征收房地产税，不得无偿征用征收私人财产。

其中，普遍的权利自由（第一至第十七条）主要包括：除非有明确的法律规定并依照法定程序，任何人的生命、荣誉、名誉、动产或不动产不得被剥夺或吊销，任何人的人身不得被逮捕、拘禁、驱逐或被剥夺（共同体）成员资格，或遭受任何刑罚；在法律存在缺失的情况下，死刑案件、剥夺成员资格案件或驱逐案件，得依上帝的教诲由大议院裁定；辖区居民无分本邦外邦，都享有上述权利并应受到公平对待；除非大议院准许或要求，任何人不得被要求宣读既定誓词；任何人，无分本邦外邦，自由人或非自由人，得自由参加任何公开法庭、委员会、镇民大会（towne meeting），并以口头或书面形式提出合法、合理的实质性问题，或者提出必要的动议、申诉、请愿、议案或信息，而不必顾及此等会议（场合）是否有裁定权，只要时间、方式合适并合乎程序。

司法中的权利和自由一共有 40 条（第十八至第五十七条）之多。主要内容包括：保释、假释制度，适当程序制度，公开审判制度，陪审团审判制度，辩护和对抗式诉讼制度，证人出庭制度，财产保全制度，大议院（殖民地唯一的立法机构）终审制度，等等。此外，还有若干保护被告诉讼权利的禁止性规定，譬如：禁止残酷刑罚，限制鞭、杖刑罚，禁止刑讯逼供或强迫嫌疑人自证其罪，任何人不得因同一罪名受到两次审判，无二人以上证人证词不得适用死刑，等等。对陪审员的选择及权利义务，也有保障性规定，如除了在陪审团成员（一年至少出任两次陪审员）外，任何自由人不得被强制要求一年内两次担任陪审员。

自由人的专属权利和自由（第五十八至第七十八条）：监督和保证教会宗教及世俗政府民事活动，世俗政府有权按照司法程序处理任何教徒的案件，审查不得降低或剥夺自由的人任何权利，在年度选举院（the Court of Election）选举和被选举为一般官员（the general officers）的权利，选举本乡镇、郡官员及派往大议院的代表的权利，公共开支的知情权或批准权，未经（自由人）多数同意，大议院不得被解散或推迟举行，凡自由人被邀请到议院、咨议会、法庭等发表意见，有权依据自己的判断自由表达意见，等等。

妇女的自由（第七十九条至第八十条）：未得到丈夫遗产或没有生活来源的寡妇，得享政府救济，已婚妇女不受丈夫凌辱或体罚，除非出于自卫。

儿童的自由（第八十一至八十四条）：长子有双分继承权，除非大议院有另外的裁决；父母去世后无男丁的女孩得享继承权，除非大议院另有裁决；父母干涉子女婚姻或加诸不合理劳役，子女得向权威机构申诉；未经法庭同意，任何亲属、朋友、遗嘱执行人、教堂、乡镇等，不得完全取消其父母在世时承诺的教育及服务。

仆役的自由（第八十五至第八十八条）：仆役逃离残酷的主人，得受同乡自由人之庇护直到适当的解救令下达；仆役不得被他人控制超过一年；仆役勤劳忠实服役满七年者，得获自由；仆役的眼睛或牙齿遭到主人伤害得获自由并由法庭裁定是否给予进一步补偿。

异邦人和陌生人的自由（第八十九至第九十一条）：外国基督教徒因受暴政或宗教迫害、战争、饥荒等必须或紧迫情形需予庇护者，得享上帝赋予本邦人民之同等自由；外国人船舶在我邦海岸搁浅，无分敌友，不得施以暴力或敌视，其人员应予庇护并在适当时放行，其货物应予妥善处置不得没收；除非在正义战争中捕获或自愿卖身者，不得迫使外邦人为奴。

大议院享有排他的立法权，但是其立法权本身也受限制，譬如对于自由典则，它只能修改人民基本权利自由之外的部分。

《马萨诸塞自由典则》继承了英国《自由大宪章》的传统，为北美殖民地宪制政府的建立提供了典范，其政府权力的规范，其对人民自由的司法保护，都是相当超前的；其基于"人生而不平等"的原则对人民自由的分类保护，在北美殖民地颇具首创性并被广泛仿效。更值得一提的是，这些内容及其人权保护原则在北美殖民地联合独立后注定要成为各邦的标准和样板；并且最终成为美国宪法的基本内容。

三　北美殖民地宪法政治的普及

从 1639 年《康涅狄格基本法》颁布到 1732 年佐治亚业主殖民地建立，经过近百年的实验，英属北美殖民地实现了宪制政府的普及。也就是说，在宣布独立前约 40 年，所有 13 个殖民地都出台了宪法性文件并建立了相应的政府制度。[①] 这种政府制度的主要特点是，基层自治［如在新英格兰地区，乡镇事务由全体居民参加的年度乡（镇）民大会决定——任何人都可参加讨论，但只有自由男性白人才有表决权］，自由男性白人普选权，分权制衡的政府架构，司法独立与人权保障，等等。

---

① Edward Sidlow and Benth Henschen, *America At Odds*, Belmont, CA: Thomson Wadsworth, 1998, p. 31.

在独立前夕，弗吉尼亚率先颁布了权利宣言，① 详细规定了公民的权利自由，政府建立的基础和目的、政府的责任等内容。该宣言直接影响了稍后的《独立宣言》和美国权利法案（the Bill of Rights）的起草。宾夕法尼亚政府大纲（Pennsylvania Frame of Government，1682）和"宾夕法尼亚权利宪章"（Pennsylvania Charter of Privileges，1701）等所确立的原则在后来的美国宪法和权利法案中也都有所反映。

通观北美殖民地的政治、法律的发展和演变史，可以看出，其突出特点就是，既受英国传统的影响，又不受制于英国制度；有限政府和个人自由相互保障；政治宽容与殖民地的成长互相促进。毫无疑问，殖民地的政治模式的形成和演变，对合众国政治建构设计是有直接影响的。保留殖民地时代的基本社会、经济和政治制度，对于保持社会的稳定——这对新生的合众国非常必要——也有重要意义。可以说，美国宪法所确立的政制是北美殖民地政制发展的逻辑结果。

第三节 "联合独立"后制定成文宪法的探索

特别值得一提的是，《独立宣言》发布后，邦联国会呼吁各邦制定宪法，建立共和制政府，一时间，各邦制宪，成了时尚。1776—1780 年，"共和主义者成了一股主要的政治力量"，"这期间所有各邦都采用成文宪法，其中十一个邦的宪法是重新制定的，只有两个邦——康涅狄格和罗德岛——的宪法是在皇家特许状的基础上略加修改而成"②。"从 1776 年到

① 1776 年 6 月，第五次弗吉尼亚制宪会议（the Fifth Virginia Convention）建立了共和政府以取代它此前建立的革命政府，并于 12 日通过了权利宣言（the Virginia Declaration of Rights of 1776），和 29 日通过宪法（the Constitution of Virginia）。1830 年，权利宣言作为第一条并入宪法，后来稍有修正，至今仍然有效。

② Steffen W. Schmidt at al., *American Government and Politics Today*：2001－2002 ed.，Belmont, CA.：Wadworth Thomson Learning, 2001, p. 30. 另据 James McClellan 的说法，New Hampshire、South Carolina、Virginia and 和 Jersey 在独立前夕或半年内制定了宪法以取代特许状；Rhode Island 和 Connecticut 只是将特许状略加修改，麻省经过投票暂时保留特许状，并与其余六邦 New York、Pennsylvania、Delaware、Maryland、North Carolina、Georgia 在《独立宣言》发布后响应邦联国会的呼吁制定宪法。参见 James McClellan, *Liberty*，*Order*，*and Justice*：*An Introduction to the Constitutional Principles of American Government* ［1989］，from The Online Library of Liberty，http：//oll. libertyfund. org/？option＝com_ staticxt&staticfile＝show. php%3Ftitle＝679&chapter＝68298&layout＝html&Itemid＝27.

1798 年，各邦一共制定过 29 部宪法，其中只有两部被邦立法机构否决。同时有数千种小册子和报纸辩论这些宪法的意义。那些由激进派（如北卡罗来纳）和保守派（如马里兰和纽约）控制的邦，其宪法的实际效果不如温和派（如弗吉尼亚）掌权的邦。"① 邦联时期的普遍立宪，可以说是美国立宪的预演，许多费城制宪会议的代表都曾经参与过邦宪法的制定。

　　如前已经提到，美国革命是保守的，"革命"后的制度在很多方面基本照旧。"虽然在革命中许多人牺牲了生命，但是革命本身基本上是一次保守的运动，它没有急剧改变殖民者的生活方式，其首要目的不过是要恢复他们如同英国臣民所应享有的权利。" "美洲殖民者认为，他们没有必要彻底改变其社会、经济和政治。他们 '不是被压迫的民族，他们没有枷锁需要打碎'。革命的结果并没有制造会导致社会分裂的阶级冲突。殖民地领袖们确信他们需要被统治者的同意；这为新生的美国提供了一个至关重要的稳定因素——这正是当时的国家所必需的。"②

---

① 　David V. Edwards and Alessandra Lippucci, *Practicing American Politics: an Introduction to Government*, New York, NY: Worth Publishers, 1998, p. 46.

② 　George C. Edwards Ⅲ., Martin P. Wattenberg and Robert L. Lineberry, *Government in America: People, Politics and Policy*, 9th ed., New York, NY: Longman, 2000, p. 37.

第十一章　易洛魁联盟政制对
美国立宪的贡献

北美原住民联盟政治和民主实践，对美国联邦制国家的形成及其宪法的制定也有不可低估的影响。然而，这种"本土资源"对美国立宪建国的影响却长期被美国人有意忽略或刻意回避，直到 20 世纪 80 年代纪念美国宪法 200 周年期间，美国原住民对美国政治文明的发展和贡献才成为美国学界的热点话题之一，官方也在各方的敦促下予以正式承认。

第一节　易洛魁人的民主联盟政治

早在美国宪法制定之前，甚至在英国殖民者到达北美之前，在北美大地上的居民中就存在民主（当然是原始民主）程度很高的共和制政府和联盟形态的政治共同体，其中尤以易洛魁联盟最为典型。易洛魁联盟（the Iroquois Confederacy）① 以《和平大法》（Ne Gayaneshagowa/the Great Law of Peace）为根本法，实行集体领导（combined leadership），决策由各部之氏族酋长组成的人民会议（Haudenosaunee /People of the

---

① 有关易洛魁的术语有三个：Iroquoian 意为易洛魁语言和所有易洛魁人氏族，而不分政治联系和地域；Iroquois，不管作为形容词还是名词，都仅指易洛魁联盟的成员部落；Iroquoia，则是易洛魁联盟各部落家园的便称。所以 Iroquois Confederacy（美国参议院 1987年一项关于印第安人的决议称易洛魁联盟为 the Iroquois Confederacy of Nations）或 Iroquois League 或 Iroquois 应译作"易洛魁联盟"而不宜译作"易洛魁人联盟"（因为还有很多易洛魁人没有加入这个联盟）。另外，由于印第安人没有文字，一切的历史、制度、法令都是一代代口头传递，所有殖民者都用他们自己的文字来拼写印第安人的人名、地名和各种文化法律制度的名词术语。同一种语言，因时代、地域的不同，甚至不同的个人也有差异。如易洛魁联盟，除了上述说法外，近年来还有"United Nations of the Iroquois"。

Longhouse）做出。这种方法是由传说中的易洛魁联盟缔造者①发明的。各部落（nation/tribe）代表（一般由部落内的氏族酋长充任）都坐在一间"长屋"（longhouse）②里开会，以体现亲如一家。"长屋"的西门由塞内卡人（Seneca）负责警卫，东门则由摩霍克人（Mohawk）看守，以象征各部落平等地同处一室。③

易洛魁联盟由共同的氏族组成，以各部落的平等、独立为基础，各部落内部事务完全自主、自决。据摩尔根考证，"联盟开始创立之时，即设立了五十名常任首领（Sachems），并授以名号，规定永久分属于各指定的氏族"。这些首领职位虽然不是平均分配给五个部落，但并不表示部落之间不平等。由于首届"首领大会"（the Grand Council of Sachems）的五十名成员中，两位联盟缔造者——阿约温达哈和达加诺韦达就任时以只任一届为条件，任后他们的位子便永久空缺，只保留名号，开会也视他们本人在场，以示对他们为建立联盟所做的特殊贡献的崇敬和纪念。所以实际只有 48 位首领及其名号连任或继任不绝——缺位均由各氏族自主补充，

---

① 根据易洛魁联盟的口传历史，两个先知（prophet）阿约温达哈 [Ayonwentah 或 Aion-wantha，也就是朗费罗著名诗篇中的夏瓦塔（*Hiawatha*）] 和达加诺韦达（Dekanawi-dah），又称伟大的和平缔造者（the Great Peacemaker）召集五个易洛魁人部落的首领开会，要求他们停止战争，和平共处。达加诺韦达根据阿约温达哈的意愿向他们口授了《和平大法》（*Ne Gayaneshagowa/ the Great Law of Peace*），这被后来的研究者称为"易洛魁宪法"。从此这五个部落——摩霍克（Mohawk）、鄂奈达（Oneida）、鄂农达加（Onondage）、卡尤加（Cayuga）和塞内卡（Seneca）（1720 年前后图斯卡罗腊 Tuscarora 部加入）——结成了永久的联盟。具体时间有各种不同的说法，大多数人类学家认为他们的结盟发生在 14 世纪中期至 15 世纪初期，鼎盛于 17、18 世纪，而摩尔根则认为"他们的联盟大约是在公元 1400—1450 年组成的"，但"按照大卫·库西克（一个图斯卡罗腊部人）所写的历史中的首领世系推算，联盟的成立还要更古一些"（参见 [美] 路易斯·亨利·摩尔根《古代社会》，杨东莼等译，商务印书馆 1977 年版，第 124、143 页）。但据特莱多大学 Barbara Mann 和 Jerry Fields 结合文献、日食记载和易洛魁人口述历史的考证，易洛魁结盟的《和平大法》的最后通过日期是 1142 年 8 月 31 日。见 Bruce E. Johansen, *Dating the Iroquois Confederacy*, Akwesasne Notes（New Series），Fall, 1995, pp. 62-63. 但所有这些说法都没有得到普遍认可。

② Haudenosaunee 中的 longhouse 在杨东纯等译的《古代社会》（商务印书馆 1977 版）被译为"长宫"。这是不准确的。因为"宫"是王权的物化，印第安人没有王权和王权意识，当然也不会有"宫"的概念。再者，氏族社会的印第安人也没有修建宫殿的物质条件。事实上，长屋不过是棚屋（hut-house）。

③ Black，"Framers Took Some Cues From Iroquois System"，Minneapolis，MN：Star-Tribune, June 1, 1987, pp. 1-A-14-A.

但需要得到"悼念大会"的确认。① 联盟的首领当然也是各部落、各氏族的首领。首领大会讨论所有的问题都公开，为了讨论问题，还邀请能说会道者参加，但决定由大会独立做出，且任何涉及公共利益的立法和决定都必须所有部落一致同意（以部落为单位表决，美国邦联国会实行每邦一票，宪法通过后的国会参议院中各州权力平等，皆可从这里发现源头）。联盟没有行政长官（美国邦联亦如此），首领大会也没有主席或专门的会议召集人。任何部落有事都可以提出召开首领大会。战争必需的将军由两位权力相等的人担任，以防止权力集中。在联盟内部，无论部落之间、氏族之间还是个人之间、性别之间都是平等的，女性尤其据有优势，首领大会的首领皆由氏族的母亲们提名和罢免。

"易洛魁人的联盟基本上是民主制的；一则是因为它是由许多氏族组成的，而每一个氏族都是按共同的民主原则组织起来的，这不是民主制最高型范，而是民主制的原始型范；再则因为各部落仍保持自治之权。""他们所组成的联盟应该视为英明智慧的伟大结晶。组成联盟的一个公开目的就是维持和平；先将他们的部落联合于一个政府之下以消除战衅，然后结合其他同名同系的部落以扩大联盟的组织。""对于最高级的政治问题具有这样的见识，其智慧殊堪钦佩。他们的人数并不多，但他们把大批有能力的人选上了显赫的地位。这一点也证明了他们是人类中的优秀分子。"② 移居北美的欧洲人，不论是先前的殖民者还是后来的"美国人"，都自视为"文明人"，而看不起当地易洛魁人等"野蛮人"；摩尔根却能在 1877 年出版的《古代社会》这部巨著中，对易洛魁人及其联盟给予如此中肯的评价和高度的赞扬，不仅需要独具慧眼，更需要不凡的勇气。

第二节　易洛魁人对美国立宪建国的贡献

自欧洲向北美殖民至今，虽有像摩尔根这样对北美"土著人"持客

---

① 悼念大会（Condoling Council or Mourning Council）也是易洛魁联盟的一个重要的机构，负责主持悼念逝去的首领和确认新首领。参见［美］路易斯·亨利·摩尔根《古代社会》，杨东莼等译，商务印书馆 1977 版，第 126—129 页。

② ［美］路易斯·亨利·摩尔根：《古代社会》，杨东莼等译，商务印书馆 1977 版，第 144 页。

观态度者，但几乎所有的政客和主流学术圈都对北美原住民有偏见，尤其对易洛魁联盟的制度对美国政治构建的影响讳莫如深；即使是曾经与易洛魁联盟的领袖有过直接交往，甚至过从甚密的"国父"如富兰克林、麦迪逊等，他们在"建国"后的日记或回忆录中都很少提及易洛魁人的制度对他们设计美国政治制度的影响——这也成为至今否定"影响论"（influence thesis）的主要托词。不过，在美国一直有人在关注原住民，尤其是易洛魁的制度对殖民地的政治、合众国的诞生及其宪政制度的建立和发展的影响。在摩尔根之前，费城的贵格会教徒约瑟夫·桑生（Joseph Sansom）在《论易洛魁联盟》（1817 写就，1820 年发表于伦敦）中，就生动地描述过易洛魁联盟的基本制度和"宪法"，并指出，这种联盟形式也为后来者所承袭，并空前地、最大限度地为"文明人"增添了活力。他因此进一步指出，"这个土著人的联盟应该受到比美国历史所承认的更多的尊敬；然而，这个巨大而迟来的正义只能由我们未来的诗人和历史学家来完成（但愿不要太晚以至于兴趣不再、无法追溯其准确的特点！）"[①]。

桑生的愿望没有落空。他之后的摩尔根在《古代社会》中曾经指出："早在 1755 年的时候，易洛魁人便向我们的祖先建议，把一些殖民地联合起来，就像他们自己组成的联盟那样。这件事很值得我们回忆一下。"[②]摩尔根在 1851 年写成的《易洛魁联盟》（League of the Iroquois）这部很有影响的著作中详细而准确地描述了这个美洲原住民政府的运作情况："他们反对将权力集中在任何单一的个人手中，坚持全部决策权力都在一定数目的平等者中间分享。"这个政府依赖人民，对人民进行统治但统治程度微不足道。[③]摩尔根坚信，易洛魁联盟已经包含了"现代议会、国会、立法机构的萌芽"。[④]据布鲁斯·约翰逊统计，自 1851 年以来，20 多位学者在研究其他问题时提出了印第安人，尤其是易洛魁联盟对美国意识形态特别是在 18 世纪的意境中关于联邦制、治理中的舆论、政府在保障公民幸

①　Joseph Sansom, *On the League of the Iroquois, or Five Nations*, http：//faculty. marianopolis. edu/c. belanger/QuebecHistory/encyclopedia/TheLeagueoftheIroquoisFiveNations. htm.

②　[美] 路易斯·亨利·摩尔根：《古代社会》，杨东莼等译，商务印书馆 1977 版，第 129—130 页。

③　Maryk, *The Iroquois, Six Nations, Part 1, For Facear*, http：//www. zou114. com/cd/study/list558952777985. html.

④　Bruce E. Johansen, *Forgotten Founders：HowAmerican Indian Helped Shape Democracy*, London, UK：Harvard Common Press, 1982, p. 3.

福中的作用等观念的影响问题。① 在 1901 年出版摩尔根的两卷本经典
《易洛魁联盟》时，编辑赫伯特·M. 劳埃德（Herbert M. Lloyd）在其第
二卷加了如下说明："易洛魁人在其古老的联盟中为我们提供了一种联邦
共和国模式；在这种制度之下，在首领大会的篝火周围，人民才能够和平
而自由地生活。……我们国家的人民来自旧世界的各国，我们的语言和自
由制度来自英国，我们的文明和艺术来自古希腊和罗马，我们的宗教信仰
来自犹太人。然而，为我们的国家大厦奠定了某些关键基石的却是这些丛
林中的红种人。"②

　　这之后，"影响论"——易洛魁联盟及其政治模式影响美国建国及其
民主化进程的论断——常见诸书报期刊和学术讲坛。到 1952 年，欧裔美
国学者研究"影响论"已逾百年。这一年，著名法学家科亨（Felix
Cohen）发表了一篇很有影响的文章《使白人美国化》（*Americanizing the
White Man*）。他写道：在欧裔美国人争先恐后"美国化"印第安人之时，
不要忘了他们自己曾经受到印第安人的思想和行为的影响。在科亨看来，
印第安人的性格中有一种强烈的不屈的个体意识，同时又有一种置整个氏
族、部落或国家（nation）福利于个人利益之上的群体意识。科亨写道，
正是因为印第安人丰富的民主传统，才产生了独具美国理想的政治生活：
我们称为联邦制的国中之国，将首领视为人民的仆人而非主人的习惯，至
少部分源自印第安人。科亨进一步指出，我们始终坚持的尊重人的多样性
和人的梦想的多样性，都是哥伦布登陆之前的美洲生活的一部分。"在政
治上，15、16 世纪欧洲的帝国和王国没有什么堪与易洛魁联盟的民主宪
法相媲美；这部宪法规定了人民倡议、全民公决和罢免、男女平等的普选
权。"科亨断言，印第安人观念的影响也扩散到了欧洲。在美国革命中有
过重大影响的欧洲学者，诸如莫尔、洛克、孟德斯鸠、伏尔泰、卢梭，等
等，都将其观察到的印第安人的经验包装成理论，然后出口到美洲，就像
商人在美洲获取原材料，生产成商品后又返销到美洲一样。③

　　到 1987 年纪念美国宪法 200 周年前后，围绕"影响论"的争论也达
到了高潮。著作、论文、报告、书信、研讨会的信息频传。仅 1996 年 10

---

① Bruce E. Johansen, *Forgotten Founders*: *HowAmerican Indian Helped Shape Democracy*, Lon-
don, UK: Harvard Common Press, 1982, p. 3.

② Lewis Henry Morgan, *League of the Ho-de-no-sau-nee, or Iroquois* (1851), New York,
NY: Burt Franklin, 1901, p. 148.

③ Felix Cohen, "*Americanizing the White Man*", *American Scholar*, 1952 (21: 2), p. 181.

月 16 日一天就"影响论"发表的书籍、论文、评论、报告、书信等就多达 667 项。① 美国内布拉斯加大学（奥哈玛）传播学和土著人学教授布鲁斯·E. 约翰森（Bruce E. Johansen）20 世纪七八十年代在学界崭露头角时就是"影响论"的积极鼓吹者。他的博士论文《被忘却的国父们》（*Forgotten Founders*）一出版就引起了轰动，其后与唐纳德·A. 小格林特（Donald A. Grinde，Jr）合著的《自由的榜样》（*Exemplar of Liberty*），同样引人瞩目。有学者评论他们"在印第安人史领域做着开拓性的工作，矫正了某些殖民史学家和人类学者的误导。他们也因此在理解美国历史和政治方面拓展一种新视野和新主题"②。这两本书的引用率都非常高，也是研究易洛魁政治及其对美国建国影响的必备参考书。约翰森从 1992 年起一直坚持做"影响论"及其争论的文献索引并附加说明。他在前言中指出，"影响论"已经渗入众多的学术领域，成了许多人在学术刊物讨论的话题。许多人兴趣浓厚，同时也有不少的坚持"政治正确"的保守派评论家深感恐怖。"我发现许多有思想的人——从历史学家、律师、法官、政治学家到艺术家、音乐家和工程师——用易洛魁人的民主思想来解决当代的问题。"③

从这里可以看出，所谓"影响论"主要是指易洛魁联盟和其他土著人联盟对美国建国的积极影响，后来又扩展到了更加广泛的领域。就政治领域来说，影响论主要涉及两点：一是易洛魁人等原住民的"宪法体系"和政治结构对北美殖民地走向联合、建立联邦制国家的影响；二是对美国宪政体制的完善和美国政治民主化的影响。

关于对殖民地走向联合，最终建国的影响，可以追溯到殖民地的早期。1965 年，布兰敦（William Brandon）发文指出，1643 年的新英格兰联盟（the New England Confederation of 1643）"不仅是皮科特战争（Pequot War）的结果，而且很可能模仿了许多印第安人的联盟"；英属殖民地在新英格兰之外的奥尔巴尼（1684）举行的第一次正式会议，就是

---

① Bruce E. Johansen，*Native American Political Systems and the Evolution of Democracy*：*An Annotated Bibliography*，http：//www. ratical. org/many_ worlds/6Nations/NAPSnEoD-DDD. html.

② Wilbur Jacobs，"The American Indian Legacy of Freedom and Liberty"，*American Indian Culture & Research Journal*，1992（16：4），pp. 185-193.

③ Bruce E. Johansen，*Native American Political Systems and the Evolution of Democracy*：*An Annotated Bibliography*，http：//www. ratical. org/many_ worlds/6Nations/NAPSnEoD - DDD. html.

易洛魁人促成的，并且易洛魅人的代表也出席了会议。①

特别重要的是，很多学者都提到鄂农达加部落的酋长卡纳萨特戈（Cannassatego）建议北美殖民者联合起来的故事。1744 年夏在宾夕法尼亚兰开斯特举行的和平大会上②，卡纳萨特戈代表易洛魁联盟出席了会议，期间他建议殖民者按照易洛魁联盟的模式联合起来以应对各种挑战："我们衷心建议你们——我们的英国兄弟——签订一个好协议联合起来……我们英明的先辈在我们五个部落（Five Nations）之间建立了联盟，使得我们战无不胜，也使我们在比邻部落中的分量和威信大增。我们是一个强大的联盟；而且，如同你们所见，用我们先辈的方法，你们也会获得力量和强大。"③ 这番话对富兰克林触动很深。④ 他因此一直致力于推动殖民地的联合。当时他作为印刷商出版了兰开斯特和会（the Lancaster Treaty Conference）的全部资料。他在 1751 年写给他的印刷合伙人詹姆斯·帕克（James Parker）的信中说："既然六个野蛮的易洛魁部落能够结成看起来如此牢不可破的联盟，并且运转良好，世代相传；像这样一个联盟如果在十来个英国殖民地当中行不通，岂非咄咄怪事！"⑤ 自那之后，富兰克林在各种场合都在宣扬他的殖民地联合的想法，他在 1754 年奥尔

---

① William Brandon, *American Indians and American History*, American West 13, 1965, p. 24.

② 易洛魁联盟和北美定居者之间的战争，导致弗吉尼亚的代表康拉德·韦塞（Conrad weiser）于 1743 年出使鄂农达加部落悼念战死者，消除仇恨，并邀请六部落到兰开斯特举行和会。于是成立了正式的和平会议（Lancaster Council of Treaty, 1744/06/22-1744/04/07），并达成了和平条约。这次和会和条约所确定的原则也成为以后类似谈判的先例。兰开斯特会议后来也定期举行，并成为解决相互间的问题或保持定期联系的重要机制。正是在这次会议上 Cannassatego 建议殖民者参照他们联盟的模式联合起来。参见 Fenton William N., *The Great Law and The Longhouse*, Ch. 27, Norman, OK: University of Oklahoma Press, 1998, pp. 416-433.

③ Bruce E. Johansen, *Native American Political Systems and the Evolution of Democracy: An Annotated Bibliography*, http://www.ratical.org/many_worlds/6Nations/NAPSnEoD-DDD.html.

④ 有人说富兰克林在场并做了记录（参见 Ronald Wright, *Stolen Continents: The Americas Through Indian Eyes Since* 1492, Boston, MA: Houghton-Mifflin, 1992, pp. 115-116）；也有人说他 1750 年才去参加兰开斯特和会。但不管他在不在场，他对会议的内容却很熟悉，因为他印刷了全部会议资料。而且，他对殖民地联合起来的建议的确很感兴趣，他的联合建国的思想就深受易洛魁联盟政治模式的影响。

⑤ Benjamin Franklin, *Makes Analogy between a Proposed Union of the Colonies and the Iroquois League*, http://courses.pasleybrothers.com/texts/franklin_indians.htm.

巴尼大会①上提出的《奥尔巴尼联盟方案》（*Albany Plan of Union*）就是拷贝易洛魁联盟的《和平大法》设计出来的。② 同年富兰克林设计的卡通宣传画"不合则亡"（join, or die）以一条被切成断截的蛇形象地说明不联合即灭亡的道理。这个与奥尔巴尼和会的标志很相似的卡通画也成了众所周知的推动殖民地联合的象征。

图 11-1 富兰克林：不合则亡——
《宾夕法尼亚日报》，1754 年 5 月 9 日

富兰克林意识到，易洛魁人不仅为殖民地提供了建立联盟的机会，而且提供了怎样建立联盟的榜样。③ 与富兰克林一样，杰斐逊、亚当斯，甚至华盛顿都非常熟悉易洛魁联盟的政体及其运作。他们都清楚易洛魁人社会没有压迫、没有阶级分化，这些都是殖民者没有做到的。④ 其他早期领袖，包括潘恩、亨利等，也都认真研究过易洛魁联盟的法律和组织形态，即使没有直接拷贝其制度，至少也从中得到过启发。正因为如此，才有美

---

① 这次大约半数殖民地代表参加的会议被称为"Albany conference"、"Albany Council"或"Albany Congress"。

② Stan Steiner, *The Vanishing White Man*, New York, NY: Harper & Row, 1976, pp. 149 - 151; Evelyn Wolfson, *The Iroquois: People of the Northeast*, Brookfield, CT: Millbrook Press, 1992, p. 43.

③ Arthur Quinn, *New World: An Epic of Colonial America from the Founding of Jamestown to the Fall of Quebec*, Boston, MA: Faber & Faber, 1994, p. 450.

④ Bruce E. Johansen, *Forgotten Founders: How American Indian Helped Shape Democracy*, London, UK: Harvard Common Press, 1982, p. 11.

国宪法序言"拷贝"自易洛魁联盟法这一事实的发生。① 美国 1787 年制宪会议的细节委员会（the Committee of Detail）在开会期间每日一聚。委员会主席约翰·卢特里奇（John Rutledge）一直崇拜易洛魁印第安人，尤其是他们的法律制度——既为了战争的目的联合起来，又保留各部落在内部事务上的自治。在首次碰头会上，卢特里奇用易洛魁《和平大法》的序言作为开场白："我们人民，为了结成联盟，建立和平，确保平等和秩序……"米查理（Charley L. Mee），当然还有许多其他知名学者，因此得出结论："他［卢特里奇］向他的同事推荐了他的措辞，因此，新宪法的序言至少部分地以早在白人定居者到达之前就存在于东海岸的这片土地上的法律为基础。"②

不可否认，"许多欧裔美洲人如富兰克林、威尔逊（John Wilson）都想要构建一种保留'自然权利'的社会和政府，就像他们在土著美洲人中所亲历亲闻的。在最基本的方面，美国人和易洛魁人都坚信人民只应该服从一套确定的法律。据他们的推论，英国式的不成文宪法是基于政府本善，但他们自己的经验告诉他们要对君主和政府的权力持怀疑态度。因此美国人遵循的是这样一种哲学：政府是潜在的压迫者，需要对其权力明确界定和限制"③。

在"制宪会议"期间，亚当斯、威尔逊、卢特里奇等都敦促与会代表研究印第安人的政治制度。亚当斯在他的《捍卫美利坚合众国政府之宪法》中指出，印第安人提供了绝妙的三权分立的政府模式。他因此敦促 1787 年制宪会议的代表进一步研究印第安人的政府体制。制宪会议的辩论和威尔逊的建议都要求回顾印第安人的主权和统一的概念。会议简报（editorial notes）也敦促采用部分易洛魁联盟的宪法。④

为了证明这种影响确实存在，许多学者做了大量的考证，并对易洛魁

---

① John Denvir, "A Book for the Bork Debate, Review of Mee, Genius of the People", *Los Angeles Times*［Book Review］, September 20, 1987, p. 16. 易洛魁《和平大法》: "We, the people, to form a union, to establish peace, equity, and order..."; 美国宪法序言: "We the people of the united states, in order to form a more perfect union, establish justice, insure domestic tranquility…"

② Charles L Mee Jr. , *The Genius of the People*, New York, NY: Harper & Row, 1987, p. 237.

③ Grinde and Johansen, *Exemplars of Liberty: Native America and the Evolution of Democracy*［1990］, Introduction, https://ratical.org/many_ worlds/6Nations/EoL/.

④ Ibid.

联盟的制度与《邦联条例》、美国宪法进行了对比，以突出其相似之处。布里安·库克（Brian Cook）在 2000 年完成的一项研究报告中列举了《和平大法》（*Ne Gayaneshagowa*）与美国宪法的相同点：联盟制，成员在全国政府权力之下保留主权；建立联盟政府的原初意图都是为了促进整体内部的和平与和谐；代表制、辩论、制衡；领袖服务而非统治人民、政府职位重于占据职位的人、政府治理依靠说服而非强制。这些都是这两种政府形态共有的特征。① 美国政治传统中政府的建立须以理性和人民同意而非强迫为基础（《奥尔巴尼联盟方案》和美国《邦联条例》），生命、自由和追求幸福的权利（《独立宣言》），宗教宽容和禁止国教，分权制衡，联邦制，法律面前权利平等，建立一个能够管辖宽广地域的政府（美国宪法），等等，所有这些理念的形成，美洲土著人都起了实质性的［示范］作用。②

关于对美国政治民主化的影响，则要复杂得多。美国的“国父”当中确有不少人，如富兰克林、亚当斯、杰斐逊等曾经赞扬过易洛魁联盟的民主，肯定过他们的平等。杰斐逊也许是美国历史上典型的自由主义者。他在制宪会议期间曾经从巴黎致信卢特里奇，在信中他以崇拜的笔调写道：“地球上唯一能与我们的制度相比的就是印第安人的；而且他们的法律比我们的还少。”③ 他在致卡林顿的信中强调了出版自由的极端重要性，如果必须在报纸和政府之间选择，我宁愿选择报纸。④ 潘恩所谓“政府如同穿衣是失去本真的标记”，杰斐逊所谓“管得最少的政府就是最好的政府”，要么得自对土著美洲人社会的直接观察，要么借助欧洲哲学家如洛克、卢梭的眼睛所见。⑤ 这些都已经成为美国政治中重要的观念，对美国政治的发展至今仍然有重要的意义。

然而，这些开国元勋不是劳动者，而是寡头。除了极个别人外，他们

---

① Brian Cook, *Iroquois Confederacy and the Influence Thesis*, 2000, http：//www. campton. sau48. k12. nh. us/iroqconf. htm.

② Grinde and Johansen, *Exemplars of Liberty*：*Native America and the Evolution of Democracy* ［1990］, https：//ratical. org/many_ worlds/6Nations/EoL/.

③ Bruce E. Johansen, *Debating Democracy*：*Native American Legacy of Freedom*, Santa Fe, NM：Clear Light Publishers, 1998, p. 75.

④ Julian P. Boyd ed. , *The Papers of Thomas Jefferson*, Princeton, NJ：Princeton University Press, 1950, p. 49.

⑤ Grinde and Johansen, *Exemplars of Liberty*：*Native America and the Evolution of Democracy*, Los Angeles, CA：American Indian Studies Center, 1991, p. 13.

在建国之时对民主唯恐避之不及，对平等更是敬而远之。他们推动"立宪"建国的主要目的之一就是防止由占人口多数的平民支配国家。他们借鉴易洛魁联盟国家制度、分权和有限政府，但以旁观者的情怀欣赏其平等和民主，当然还包括简朴的生活。他们绝对不愿意白人男性有产者之外的人，如妇女、穷人和非自由人，享有民主权利，不愿意与穷人平等。这不仅有现实的考虑，还在于他们始终对原住民抱有偏见——羞于学习"野蛮人"，即使学了也不肯大大方方地承认。否则，今天的美国在这个问题上也不会有那么多的笔墨官司。凡有点美国历史常识的人都知道，"国父们""所追求的自由只是他们那个特权阶级的自由，而非所有人的自由"。

　　早期的美国民主既有近似于古希腊民主之处，如强调阶级结构、民主参与的财产限制甚至还包括奴隶制，① 也有不民主甚至反民主的成分，或者最多只是"为民做主"，因为在革命和建国时期的多数领袖看来，人民没有能力自己做主，也找不到国家正确的发展方向。但是，随着美国社会的发展，随着人民的觉醒，民主也逐渐普及，其中如前提到过的很多要素都可以在易洛魁联盟和其他土著人的制度中找到原型。譬如说，"美洲印第安人的理念坚持在宪法批准后建立更好的民主，诸如废除奴隶制，妇女权利，儿童权利，母亲权利，等等"。平等权、普选权、参与权，所有这些在易洛魁联盟中都是天经地义的，但在美利坚合众国，经历了 200 多年也还没有完全实现，对很多人来说还只是梦想。就像有的美国学者已经意识到的那样，"真正说起来，我们的民主尚不充分，易洛魁联盟和其他印第安人还有许多可以教导我们和我们的子孙后代"②。

　　美国宪法制度受易洛魁联盟影响的说法，得到了越来越多学者的认同，但仍不容于美国学界主流。有的不屑一顾，有的奋起"反击"甚至攻击谩骂，称"影响论"是"虚构"（George Will）、"蠢话"（Pat Buchanan）、"以多元文化之名鼓吹新马克思主义意识形态"（D'Nesh D'Souza）。③ 图克（Elisabeth Tooker）于 1988 年在一本很有影响的学术杂

---

① Brian Cook, *Iroquois Confederacy and the Influence Thesis*, 2000, http://www. campton. sau48. k12. nh. us/iroqconf. htm.

② Grinde and Johansen, *Exemplars of Liberty*: *Native America and the Evolution of Democracy*, *Introduction*, Los Angeles, CA: American Indian Studies Center, 1991, p. Ⅸ.

③ Johansen, *Debating Democracy*: *Native American Legacy of Freedom*, Santa Fe, NM: Clear Light Publishers, 1998, pp. 9-16.

志上发表长文批驳"影响论",尤其批驳"建国者"制定的宪法"拷贝"自易洛魁联盟的说法。她坚信"建国者"几乎毫不在意易洛魁联盟或其他土著人的政治制度,"直到路易斯·H. 摩尔根出版他的发现并使之成为一门学科之前,易洛魁联盟的政府形式都不为人所知"。她因此断言"影响论"只是一个"神话"。① 反对的论点还有很多,培恩(Samuel Payne)、李维(Philip Levy)都对"影响论"所依据的历史资料的准确性和可靠性提出了质疑,认为开国元勋们即使与易洛魁联盟领袖有些交往,也不会太深;即使熟悉他们的制度,也未必要学习、模仿他们的制度。②

事实上,"影响论"的支持者也承认有些证据和史料还不是很过硬,有些问题需要进一步研究。但是,除了上面提到的美国宪法制度中与易洛魁联盟制度雷同之处外,还有美国革命期间的一些事件和一些象征物也是模仿自易洛魁人。如 18 世纪 60 年代反对"印花税法案"过程中的"自由之子"(Sons of Liberty),"创意"就来自印第安人的"自由之树"(Trees of Liberty);反对茶叶税的茶叶党人扮成摩霍克人将英国人的茶叶倾倒入海,也不是殖民者的原创;美国国玺上的鹰和 13 支箭组成的箭束原本也是易洛魁联盟用的象征。③ 美国现在最重要的节日"感恩节"其实也模仿自印第安人;感恩节吃的主要食物,欧洲移民到达美洲之前连听都没听说过。

欧洲裔美国人拒绝承认易洛魁和其他印第安人的影响,源于欧洲中心论和他们对"野蛮人"的偏见,并因此往往置历史事实于不顾。里查德·戴尔加多(Richard Delgado)在评价哈佛大学教授德里克·贝尔(Derrick Bell)的著作时曾经写道:"他虽然赞赏了宪法,追寻了它的奇思妙想的源头,却根本疏于提及下述事实:构建我们政府的奇思妙想部分

① Elisabeth Tooker, "The United States Constitution and the Iroquois League", *Ethnohistory*, Fall, 1988 (35: 4), p. 311.

② Brian Cook, *Iroquois Confederacy and the Influence Thesis*, 2000, http://www. campton. sau48. k12. nh. us/iroqconf. htm.

③ 鹰、和平树和箭束至今还是易洛魁联盟的象征——鹰居于和平树之上,象征警觉和远见,五支箭握在鹰爪象征五大部落的统一。根据易洛魁人的传说,和平缔造者达加纳韦达在说服部落首领结束战争,缔结联盟时,发给每人一支箭,他折断了一支,而后将五支合起来,就怎么也折不断了,以此说服部落首领忘掉恩怨,结成联盟。在兰开斯特和会上,卡纳萨特加(Canasetoga)也曾以折箭做比喻敦促殖民者联合起来。美国沿用至今的国徽图案:鹰左爪 13 支箭及头顶的 13 颗星代表 13 个原始加盟的邦,鹰右爪握橄榄支象征和平。

源于易洛魁人。早在哥伦布'发现'美洲之前，五个易洛魁人国家就以被称为《和平大法》的文件为基础组建了宪政邦联制国家。"① 约翰森在做了大量的考证后指出："来自欧洲的移民经常借用土著人的知识，然后据为己有，然后忘其所宗。与此同时，普遍流行的'胜利者'的历史假设却指责土著美国人原始和野蛮。按照复杂的历史真实重建历史不可一蹴而就，因为它需要冲破强大的现成假设。"② 政治上也是一样。正如威廉姆斯（Richard Williams）所指出："大易洛魁联盟的政治结构为我们的国父们树立了一个民主的样板；他们在普写宪法时就是基于'我们人民'。这在欧洲的寡头制封建社会是闻所未闻的。事实上，在任何美洲印第安人的语言中都没有'我'这个词，而这曾经是我们的仔细研究过部落的习惯、政治和文化的国父们深以为傲的概念。"③

　　客观而论，这些争论是有价值的。不管易洛魁联盟的制度对美国建国及其政治发展有没有影响，有多大的影响，美国早期殖民者与印第安人的交往是很密切的，在革命前后，相互间既有战争和冲突，也有过很多和平互助协议或条约。美国革命的领袖和开国元勋中有相当一部分对易洛魁联盟的制度很熟悉。易洛魁联盟制度先于殖民地的联盟，美国的邦联、联邦而存在，美国的建国者在探讨如何建国的问题时，不可能只从遥远的古代希腊罗马探寻经验，只从大洋彼岸的欧洲吸取教训，而不注意就在身边的成例。从结果来看，两种政治模式之间确有不少相似之处。

　　美国政治结构和民主进展与易洛魁联盟的渊源关系，是难以否定的。正因为如此，在纪念美国宪法签署200周年期间，美国国会于1988年通过了76号决议，重申并确认易洛魁联盟等印第安人部落（民族）对美国立宪建国及宪政民主发展的贡献。决议名称就是："参议院一致决议（76）：感谢易洛魁联盟（the Iroquois Confederacy of Nations）对美国宪法发展的贡献并重申和继续实施已经确立于宪法的原则：印第安人部落与美利坚合众国为政府对政府的关系。"决议一开始就表示："国会承认易洛魁联盟和其他印第安民族开明的民主政制原则和独立印第安民族的自由联

① Richard Delgado, "Review Essay: Derrick Bell and the Ideology of Racial Reform: Will We Ever Be Saved", *Yale Law Journal*, 1988（97），p. 923. 这里所说的文件，其实只存在于易洛魁人的口述历史中，当然也是至今仍然有效的"文件"。

② Bruce E. Johansen, *Reaching the Grassroots: The World-wide Diffusion of Iroquois Democratic Traditions*, 2002, http://www.ratical.org/many_worlds/6Nations/grassroots.html.

③ Richard B. Williams, "*Natural Intelligence*", *Denver Post*, February 6, 2002, http://www.denverpost.com/.

合为美利坚合众国［的建立］树立了好榜样；美国需要偿还这笔历史欠债。"决议指出，"最初的宪法制定者，包括最著名的乔治·华盛顿和本杰明·富兰克林，都非常崇拜由六大部落组成的印第安联盟及其政治的概念、原则和实践"；美国联邦制模仿自由印第安联盟，美国宪法吸收了印第安人的民主政治原则。决议因此承诺，美国将始终恪守自建国以来与印第安部落签订的全部370多项条约，履行对美国公民的法律和道德义务，确保所有公民及其子孙后代永享合众国宪法所确认的神圣权利。① 特别值得注意的是，决议作为法律文件多次称易洛魁联盟的成员为"nations"——这也是印第安人长期努力的一个结果。②

2001年，众议院再次一致通过了类似的决议并要求学校承认土著美国人对美国历史、文化、教育的贡献，决定从当年起九月的第四个星期五为土著美国人节。③ 在这前后，亦有加利福尼亚、纽约等州在中学历史教学大纲中列入了土著美国人与美国宪政发展的内容。所有这些都说明，美国原住民在美国的宪政历程中的贡献日益获得了承认，尽管这种承认就整个社会来说还不够真诚。

---

① *The* 100^{*th*} *Congress*, *Second Session*, H. Con. Res. 331, in the Senate of United States, Oct. 5, 1988, http://www.oneidaindiannation.com/about/sovereignty/35808979.html.

② 杰斐逊在致易洛魁部落领袖的信中都称之为"nation"而不称"tribe"；但在美国的法律文件中称"nation"还是比较罕见。

③ http://www.xmission.com/~amauta/images/Record%20Resolution%2076.html.

结论　妥协是政治之魂

　　美国立宪，既是人为的创制，也是基于睿智的"发现"；既是西方政治文明演进的"自然"结果，也是其向更高阶段发展的开端。

　　北美殖民地"联合独立"之后，尝试"分散建国"，维持松散"邦联"格局，却面临诸多困局甚至危险——外有强敌，内有民暴。正是在这样的背景下，一些革命精英如麦迪逊、汉密尔顿辈，借商业合作会议之机，争取到了邦联国会的修改《邦联条例》的授权，企图以此加强邦联应对严峻局面的能力，因此后来被称为"制宪会议"的费城会议得以举行。此次"制宪会议"，并不敢大张旗鼓地公然"制宪"或"联合建国"。因此，所谓"制宪"，也只是由并未获得授权的一伙人以"修例"（修改《邦联条例》）的名义在极端保密的状态下进行。这是因为经过战争获得独立的北美人民"人心向散"，不思"建国"，宁愿过逍遥闲适的日子，不乐意受强大的国上之国——联邦政府的控制。所以，费城"修例"会议实际上是一次"政变"——废除《邦联条例》，制定了全新的宪法草案，以图用强有力的联邦取代松散的邦联。

　　美国制宪，虽然名不正，言不顺，却是人类历史上第一次，一群人聚在一起，通过开会、协商、同意的方式，共同制定宪法，因而具有开创性；仅从确定新宪法的方法上来讲，就堪称一次伟大的试验。美国宪法并不完美，"制宪者们"也没有追求完美，却尽了最大的努力，把一个群体的智慧发挥到了极致。所以，麦迪逊曾呼吁，大家要充分理解这种开创性的尝试，充分理解这种前无古人的努力，充分理解在制宪会议上遇到的困难和挑战。

　　制宪者们（the framers）经过漫长的马拉松式的争辩、妥协之后，最终形成了宪法草案，然后转入宪法批准的第二战场。代表工商业资本主义的"联邦党人"虽然人少势单，却财力雄厚且组织得非常好，而代表农业经济的反联邦派虽然人多势众，但极为分散，加之联邦派在"人权入宪"的问题上有所让步，宪法草案涉险侥幸通过。这个"非法"的"制宪会议"起草的宪法，竟然成就了美国的成长和繁荣，的确有值得称道之处。其中最根本的就在于它既是政制文明发展的历史继承，也代表了当时甚至后来政制文明发展的方向。

美国立宪成功的关键在于，参加"制宪"的是一群虽非选举产生，却有多种不同背景的人，其中没有任何个人或小团体具有支配性力量或绝对权力。会议主席华盛顿非常低调，除了"主持"会议外，未就任何实质性问题发表过意见。制宪代表们"争吵"不休，各种不同意见和诉求充分表达，从而做到了多种平衡与妥协兼顾，原则性与灵活性相结合，既有坚守，又有妥协，既追求政府的稳定性与活力，又保障社会的自由与秩序；实现了集权与分权、联邦与州、人民与政府、模糊与清晰等的平衡与兼顾，从而体现了立宪的"契约精神"。

坚守与妥协

美国立宪，是坚守与妥协并行的产物。坚守主要包括以"更加完善的联盟"取代邦联，实行普遍的共和制和人民主权原则（政府的建立必须以人民的同意为前提，而定期选举是人民表达同意的正规形式），追求秩序、自由、正义之间的平衡，大小邦法律地位平等，宪法和法律至上的法治原则，等等。而所有这些坚守，都是以必要的妥协为前提和条件的。

没有妥协，不可能有宪法。如果每个人、每个小团体、每派势力、每个州的代表，都坚持自己的看法、都自以为绝对正确、都坚持自己的诉求不让步，或将自己的利益置于拟建立的新联盟的整体利益之上，宪法便不可能制定出来，甚至连制宪会议也开不起来。所以，麦迪逊讲，我们都必须坚持一些原则的东西，但也要放弃一些重要的东西，我们肯定要妥协，肯定要放弃，否则的话，新宪法是制定不出来的。正如华盛顿在就宪法草案致函国会提请进入批准程序时所说：

> 在合众国联邦政府之中，使各州保留其独立主权之一切权利，又要保证全国之利益与安全，明显不切实际——个体之参加集体必须放弃一部分自由以保存其余。其牺牲之大小既应视情势与环境而定，亦应由其所要达目的而定。精确划分必须放弃之权利与必须保留之权利从来并非易事；而在目前情况下，由于各州情势、辖区大小、习惯与个别利益之差异，困难更行增大。
>
> 我等探讨此事，常以一切真正美国人之最大利益为念，即如何巩固吾侪之联盟，盖此实关系我国之繁荣、幸福、安全甚至我民族之生

存。由于认真铭记此一重要考虑，才使参加制宪会议之各州在次要问题上未如前所预料之坚持己见；我等现在呈送之宪法遂系友好与互相尊重忍让精神之结果，而此种精神实为我国独特之政治形势所不可或缺者。

或许不能期望各州对本宪法均能全部完整予以同意；但各州无疑将会考虑到，如仅以其一州利益为准，结果可能对他州甚为不利而难以接受；我等希冀并相信否定意见我等所预期之稀少；本宪法如能促进为吾人所如此珍惜之国家之永久福利并保障其自由与幸福。实为我等最热烈之希望。

大州与小州之间的妥协结果是，国会众议院议席按照人口比例分配，参议院席位依州平均分配。

南方（蓄奴州）和北方（非蓄奴州）妥协的结果是奴隶制问题作为特殊问题对待，既不废除，也不允许继续扩展；在众议院议席分配时奴隶既作为"财产"也按照"人"来对待，以 3/5 的比例计算人口，至少避免了在宪法批准期间奴隶是"人"还是"财产"的持续争论。对此，麦迪逊在《联邦党人文集》第 54 篇中有专门的解释。①

如果说政治的本质是利益的权威分配，那么政治的灵魂就是妥协。一定要针锋相对，拼个鱼死网破，那不是政治，那是战争（如果有人要说"战争是政治的继续"，那又另外的一个问题了）。妥协是美国宪法成功的关键。妥协不只是不同方案的妥协、大邦与小邦的妥协、南方与北方的妥协、农业邦与工商业邦的妥协、富人与穷人的妥协（虽然穷人没有机会参与制宪进程，但是在宪政发展进程中他们的声音还是有所表达，其诉求也得到了一定程度的满足）——这些主要是面上的。还有更为重要的内在的妥协，即理想与现实的妥协、原则与需要的妥协、追求完美与包容瑕疵的妥协，等等。

大妥协需要大智慧，需要大局意识和全局观念，需要高超的平衡眼前利益与长远发展的能力。当然，能够实现妥协的前提是没有支配的力量，各种不同利益诉求有充分表达的机会并得到尊重。共和须以妥协为前提；甚至共和本身也是妥协。妥协其实就是权力的分享和共享，是共和精神的集中体现。

---

① ［美］汉密尔顿、杰伊、麦迪逊：《联邦党人文集》，程逢如等译，商务印书馆 2007 年版，第 277—280 页。

理想与现实

尽管受时代和当时现实条件的局限，诸如保留和维护奴隶制、选举权局限于自由白人男性有产者，政治性公职人员以间接选举为主，等等，但是，通观当时的世界，美国通过立宪这一最高契约所建立的共和制国家，绝对属于最民主、最自由、最具有前瞻性的国家。

尽管它政权组织结构存在一定的内耗，但是总体上看还是能够将权力确确实实地关在制度的笼子里。这是人民得享自由的保证。

尽管它在某些方面、某些领域违反"天赋人权""主权在民""人人生而自由平等"之类的人权原则，但是它还是为人权状况的改善、为民主政治的发展预留了充分的空间。

美国立宪成功还在于它在追求自由、秩序和正义的价值时没有脱离现实。它努力使所建立的秩序为多数人所认同——哪怕牺牲一部分人的自由和正义也在所不惜；它不追求完美的秩序，这样便有很强的包容性，以至于强大的联邦政府、州主权、人权法案、奴隶制等相互冲突的东西可以在一定期限内并存。

在当时的历史条件下，如果要坚持建立如《独立宣言》所主张的理想共和国，便不可能有任何新联盟国家的建立。所以，制宪者们及其参与批准者们所完成的宪法，既是不同人群之间的最高契约，也是理想与现实之间的最高契约，是完美与缺陷并存的契约。

偶然与必然

美国立宪成功的必然性在于其政治文化中的经验主义传统。美国开国的一代虽不乏思想的巨人，但更多的是实用主义的大师。他们不追求好高骛远的理想，却注意牢牢把握现实，把制宪与国情、民情、社情紧密结合。作为一个领袖群体，他们善于总结、吸取各种政制的经验，千方百计地避免历史上曾经有过的坏制度。"法律的生命不在逻辑而在于经验。"[1]"宪法的条文……是从英语的土壤里生长起来的活的制度。"[2] 这正是美国宪法出生的写照。

---

[1]　Oliver Wendell Holmes, *The Common Law*, Boston, MA: Harvard University Press, 1963, p. 5.

[2]　Elizabeth Devine, *Thinkers of Twentieth Century*, St. James, IL: St. James Press, 1987, p. 352.

美国立宪成功也确有偶然性。

首先，参会的代表具有偶然性，各邦在选派代表时也没怎么当回事，相当随意；推举出来的代表多数不知道，也没有预见到去费城到底要干什么。

其次，一些有资格参会的不妥协者或没有与会，或中途退会，或对会议进程和结果漠不关心，也具有偶然性。

再次，少数提出了方案有备而来者，也不过是在碰运气，谁也没有把握能弄出个取代《邦联条例》的宪法来，更没有指望它能长命百岁。实际上，除了麦迪逊、汉密尔顿等十余位代表竭尽全力"拼凑"宪法外，其余多数与会代表都以旁观为主，只在事关本邦或本集团利益时才表达意见。

最后，美国宪法的最后批准也具有偶然性。具有民主倾向的"反联邦派"在宪法制定特别是批准过程中没有多少表达的机会，没有组织，不掌握媒体，更没有进行有效的动员。而联邦派却注重策略，善于利用媒体，每每能险胜对手。

正是这诸多偶然性，使神祇派宪法史家确信美国宪法乃神意的体现，是禀赋天成的国父们的杰作。

实际上，美国宪法，既不像有的西方政治家如格拉斯通或著名学者如神祇派代表人物班克罗夫、布尔斯廷所说的那样，是欧洲的理论著作加"国父们"的天才想象，也不是与"国父们"的博学和务实毫不相干。它是古代政治智慧和制度文明、欧洲自由思想、英国法治传统、北美殖民地政治经验和印第安人（易洛魁联盟）的政制创举与"国父们"的务实精神和政治远见相结合的产物。它汇聚了迄止彼时的人类政制文明的精华，展现了政治智慧和妥协技巧，体现了对秩序、自由和正义的价值追求。

正是这部充分体现共和与法治精神的宪法，这部为民主的逐步扩大奠定了法理基础的宪法，使一群"联合独立"、各自为政的邦国（state）结合成了"完善的联盟"，仅仅用了一个半世纪便发展成为谁也不可轻视的超级大国。

主要参考文献

［古希腊］柏拉图：《理想国》，吴献书译，商务印书馆 1957 年版。

［古希腊］柏拉图：《法律篇》，张智仁、何勤华译，上海人民出版社 2001 年版。

［古希腊］亚里士多德：《政治学》，吴寿彭译，商务印书馆 1965 年版。

［古罗马］西塞罗：《西塞罗文集》（政治学卷），王焕生译，中央编译出版社 2010 年版。

［古罗马］查士丁尼：《法学总论》，张企泰译，商务印书馆 1989 年版。

［英］福蒂斯丘：《论英格兰的法律与政制》，洛克伍德编，袁瑜琤译，北京大学出版社 2008 年版。

［意］托马斯·阿奎那：《阿奎那政治著作选》，马清槐译，商务印书馆 1997 年版。

［意］马基雅维里：《君主论》，李盈译，天津教育出版社 2004 年版。

［意］马基雅维里：《论李维》，冯克利译，上海人民出版社 2012 年版。

［法］托克维尔《论美国的民主》（上下卷），董果良译，商务印书馆 1997 年版。

［美］路易斯·亨利·摩尔根：《古代社会》，杨东莼、马雍、马巨译，商务印书馆 1977 年版。

［英］洛克：《政府论》（下篇），叶启芳译，商务印书馆 1982 年版。

［法］孟德斯鸠：《罗马盛衰原因论》，许明龙译，商务印书馆 1962 年版。

［法］卢梭：《社会契约论》，何兆武译，商务印书馆 1997 年版。

［英］大卫·休谟：《休谟政治论文选》，张若衡译，商务印书馆 1993 年版。

［法］伏尔泰：《风俗论》（中册），梁守锵等译，商务印书馆 1997 年版。

［荷］斯宾诺莎：《政治论》，冯炳昆译，商务印书馆 1999 年版。

［德］黑格尔：《哲学史讲演录》（第一卷），贺麟、王太庆译，商务印书馆 1959 年版。

［美］托马斯·潘恩：《潘恩选集》，马清槐译，商务印书馆 1982 年版。

［美］梅利尔·D. 彼得森编：《杰弗逊集》（上），刘祚昌、刘红风译，生活·读书·新知三联书店 1993 年版。

［美］列奥·施特劳斯、约瑟夫·克罗波西：《政治哲学史》，李洪润等译，法律出版社 2009 年版。

［美］威尔·杜兰：《世界文明史·希腊的生活》，幼狮文化公司译，东方出版社 1999 年版。

王世杰、钱端升：《比较宪法》，中国政法大学出版社 2004 年版。

［美］乔治·霍兰·萨拜因：《政治学说史》（上下册），盛葵阳、崔妙因译，商务印书馆 1986 年版。

［英］厄奈斯特·巴克：《希腊政治理论——柏拉图及其前人》，卢华萍译，吉林人民出版社 2003 年版。

［瑞士］布克哈特：《意大利文艺复兴时期的文化》，何新译，商务印书馆 1979 年版。

［美］哈维·曼斯菲尔德：《驯化君主》，冯克利译，译林出版社 2000 年版。

［美］路易斯·亨金：《宪政与民主》，邓正来译，生活·读书·新知三联书店 1997 年版。

［美］阿兰·罗森鲍姆编：《宪政的哲学之维》，郑戈等译，生活·读书·新知三联书店 2001 年版。

［美］哈罗德·J. 伯尔曼：《法律与革命——西方法律传统的形成》，中国大百科全书出版社 1993 年版。

［爱尔兰］J. M. 凯利：《西方法律思想简史》，王笑红译，法律出版社 2002 年版。

王希：《原则与妥协：美国宪法的精神与实践》（增订版），北京大学出版社 2000 年版。

［美］詹姆斯·特兰托、里奥纳多·里奥：《我主白宫：美国总统排行榜》，王升才、张耘、张爱东译，江苏美术出版社 2005 年版。

［美］卡罗尔·卡尔金斯：《美国社会史话》，王岱等译，人民出版社1984年版。

［英］詹姆斯·布赖斯：《现代民治政体》，张慰慈等译，吉林人民出版社2001年版。

［美］戈登·伍德：《美国革命的激进主义》，傅国英译，北京大学出版社1997年版。

任东来等：《美国宪政历程——影响美国的25个司法大案》，中国法制出版社2007年版。

程燎原、江山：《法治与政治权威》，清华大学出版社2001年版。

张千帆：《西方宪政体系》（上册·美国宪法），中国政法大学出版社2000年版。

段琦：《美国宗教嬗变论》，今日中国出版社1994年版。

Anson Phelps Strokes and Lee Pfeffer, *Church and State in the United States*, New York, NY: Harper & Row Publisher, 1964.

Arthur Quinn, *New World: An Epic of Colonial America from the Founding of Jamestown to the Fall of Quebec*, Boston, MA: Faber & Faber, 1994.

Benjamin F. Wright, *Consensus and Continuity, 1776 – 1787*, Boston, MA: Boston University Press, 1958.

Bernard Berlyn, *The Ideological Origins of the American Revolution*, Boston, MA: Harvard University Press, 1967.

Bruce E. Johansen, *Debating Democracy: Native American Legacy of Freedom*, Santa Fe, NM: Clear Light Publishers, 1998.

Bruce Miroff et al., *Debating Democracy: A Reader in American Politics*, Stamford, CT: Cengage Learning, 2011.

Charles A. Beard, *An Economic Interpretation of the Constitution of the United States*, New York, NY: Free Press, 1935.

Charles L Mee Jr., *The Genius of the People*, New York, NY: Harper & Row, 1987.

Christine Barbour and Gerald C. Wright, *Keeping the Republic–power and Citizenship in American Politics*, Boston, MA: Houghton Mofflin Company, 2001.

Richard Hofstadter, *Forward to the American Political Tradition and Men Who Made It*, New York, NY: Alfred Knopt, Inc., 1989.

Clinton Rossiter ed. , *The Federalist Papers*, New York, NY: Penguin Putnam, Inc. , 1961.

Clinton Rossiter, *1787: The Grand Convention*, New York, NY: Macmillan Co. , 1966.

Daniel J. Boorstin, *The Genius of American Politics*, Chicago: University of Chicago Press, 1953.

David V. Edwards and Alessandra Lippucci, *Practicing American Politics: an Introduction to Government*, New York, NY: Worth Publishers, 1998.

David Ramsay, *The History of the American Revolution*, Vol. II, Trenton, NJ: James J. Wilson, 1811.

David Stewart, *The Summer of 1787: The Men Who Invented the Constitution*, New York, NY: Simon & Schuster, 2007.

Donald S. Lutz, *Principles of Constitutional Design*, Cambridge, MA: Cambridge University Press, 2006.

Donald S. Lutz, Stephen L. Schechter and Richard B. Bernstein, *Roots of the Republic: American Founding Documents Interpreted*, Madison, WI: Madison House, 1990.

Edward Sidlow and Beth Henschen, *America at Odds*, Belmont, CA: West/Wadsworth, 1998.

Edwin Scoff Gaustad, *A Religious History of America*, San Francisco, CA: Harper & Row, 1990.

Elisabeth Tooker, "The United States Constitution and the Iroquois League", *Ethnohistory*, Fall, 1988.

Elizabeth Devine, *Thinkers of Twentieth Century*, St. James, IL: St. James Press, 1987.

Evelyn Wolfson, *The Iroquois: People of the Northeast*, Brookfield, CT: Millbrook Press, 1992.

Fawn M. Brodie, Thomas Jefferson, *An Intimate History*, New York, NY: W. W. Norton & Co. Inc. , 1974.

Fenton William N. , *The Great Law and The Longhouse*, Norman, OK: University of Oklahoma Press, 1998.

G. Adolf Koch, *Religion of the American Enlightenment*, New York, NY: Thomas Crowell Co. , 1968.

Garry Wills, *James Madison*, New York, NY: Henry Holt & Co., 2002.

George Bankroft, *History of the Formation of the Constitution of the United States of America*, New York, NY: D. Appleton and Co., 1882.

George Bancroft, *History of the United States: From the Discovery of the A-merican Continent*, Boston, MA: Little, Brown and Company, 1855.

George C Edwards III, et al., *Government in America: People, Politics and Policy*, *9th ed.*, New York, NY: Langman, 2000.

George C. Edwards III., Martin P. Wattenberg, and Robert L. Lineberry, *Government in America: People, Politics and Policy*, ninth ed., New York, NY: Longman, 2000.

Gerald N. Grob and George Athan Billias, *Interpretations of American History*, *Sixth Edition*, New York, NY: Free Press, 1991.

Gordon S. Wood, *The American Revolution: A History*, New York, NY: Modern Library, 2002.

Gordon S. Wood, *The Radicalism of the American Revolution*, New York, NY: Random House USA Inc., 1993.

Gordon Wood, *The Idea of America: Reflections on the Birth of the United States*, London: Penguin Publishing Group, 2011.

George Tickner Curtis, *Constitutional History of the United States From Their Declaration of Independence to the Close of Their Civil War*, Vol. I, New York, NY: Harper and Brothers, 1895.

Henry Kalloch Rowe, *The History of Religion in the United State*, Englewood Cliffs, NJ: Prentice-Hall, 1924.

Henry Steele Commager, *The American Mind: an Interpretation of American Thought and Character Since the 1880's*, New Haven, CT: Yale University Press, 1959.

Herbert Storing and Murray Dry, *The Complete Anti-Federalist (a Seven Volume Collection of Representative Antifederalist Writings With a Companion Monograph: What the Antifederalists Were For)*, Chicago, IL: University of Chicago Press, 1982.

Hudson S. Winthrop, *Religion in America*, New York, NY: Macmillan, pub., Co., 1987.

Jackson Turner Main, *The Anti-Federalists: Critics of the Constitution*, *Quadrangle* Chicago, 2nd ed., Chapel Hill, NC: University of Noth Carolina Press, 2004.

Jackson Turner Main, "Government by the people: the American Revolution and the Democratization of the Legislatures", *The William and Mary Quarterly*, 3rd ser. 23, July 1966.

James H. Hutson, *Forgotten Features of the Founding: The Recovery of Religious Themes in the Early American Republic*, Lanham, MD: Lexington Books, 2003.

Johansen, *Debating Democracy: Native American Legacy of Freedom*, Santa Fe, NM: Clear Light Publishers, 1998.

John A. Maxwelll and Jmaes J. Friedberg ed. , *Human Rights in Western ivilizatiion: 1600 - Present*, Dubuque, IA: Kendall/Hunt Publishing Co. , 1994.

John Adams, *Discourses on Davila: a Series of Papers on Political History*, *the Works of John Adams*, *Second President of the United States*, Vol. , Boston, MA: Little Brown & Co. , 1851.

John Adams, *The Political Writings of John Adams: Representative Selections*, New York: Liberty Arts Press, 1954.

John Adams, *A Defense of the Constitutions of Government of the United States of America*, London: Da Capo Press, 1787.

John Camp, *Out of the Wilderness: the Emergence of an American Identity in Colonial New England*, Middleton, Cnn. : Wesleya University Press, 1990.

John Fiske, *The Critical Period of American History*, *1783 - 1789*, Boston, MA: Little Brown, 1888.

John Fortescue, *On the Laws and Governance of England*, ed. By Shelley Lockwood, Cambridge: Cambridge University Press, 1997.

John Locke, *Two Treatises of Government*, ed. by Peter Laslett, Cambridge: Cambridge University Press, 1963.

John Marshall, *The Life of George Washington*, Vol. II , Philadelphia, PN: Crissy and Markley, 1840.

Joseph Ellis, *American Sphinx: The Character of Thomas Jefferson*, New York, NY: Vitage Books (A Division of Random House Inc.), 1996.

Joseph Gardner ed. , *James Madison*, *a Biography in His Own Words*, New York, NY: Newsweek, 1974.

Joseph J. Ellis, *Passionate Sage: The Character and Legacy of John*

Adams, New York, NY: WW Norton & Co. , 1993.

Joseph L. Story, *Commentaries on the Constitution of the United States* With a Prelimilary Review the Constitutional History of the Colonies and the States, Before the Adoption of the Constitution, Boston, MA: Hilliard, Gray and Co. , 1833.

J. P. Kenyon, *The Stuart Constitution*, *Documents and Commentary*, Cambridge: Cambridge University Press, 1980.

Joshua Kendall, *The Forgotten Founding Father*: *Noah Webster's Obsession and the Creation of an American Culture*, New York, NY: Putnam Adult, 2011.

Joyce Appleby, "The Radical Creation of American Republic", *William and Mary Quaterly*, 3rd series, Vol. LI, No. 4, October, 1994.

Julian P. Boyd ed. , *The Papers of Thomas Jefferson*, Princeton, NJ: Princeton University Press, 1950.

Keith W. Kavenagh ed. , *Foundations of Colonial America*: *a Documentary History*, New York, NY: Chelsea House Publishers, 1974.

Lewis Henry Morgan, *League of the Ho − de − no − sau − nee*, *or Iroquois* [1851], New York, NY: Burt Franklin, 1901.

Louis Hartz, *The Liberty Tradition in America*: *An Interpretation of American Political Thought since Revolution*, New York, NY: Harcourt, Brace, Jovanovich, 1955.

Mason Locke Weems, *The Life of Washington*, *A New Edition with Primary Documents and Introduction by Peter Onuf*, Armonk, NY: R. E. Sharpe, Inc. , 1966.

Max Farrand, *The Framing of the Constitution of the United States*, New Haven, CT: Yale University Press, 1913.

Max Farrand, *The Records of Federal Convention of* 1787, New Haven, CT: Yale University Press, 1987.

Merrill Peterson, *James Madison*: *A Biography in His Own Words* (*the Founding Fathers*), New York, NY: Newsweek, Inc. , 1974.

Merrill Peterson, *Thomas Jefferson and the New Nation*, New York, NY: Oxford University Press, 1970.

Mercy Otis Warren, *The History of the Rise*, *Progress*, *and Termination of the American Revolution*, Vol. Ⅲ, Boston: Manning and Loring, 1805.

Michael Corbett, *Politics and Religion in the United States*, New York, NY: Routledge, 2013.

Michael Kammen, *A Machine that Would Go of Itself: The Constitution in American Culture*, New York, NY: Alfred A. Knopf, 1987.

Morton Borden ed. , *The Antifederalist Papers (with an Introduction)*, East Lansing, MI: Michigan State University Press, 1965.

Murray Rothhard, *Conceived in Liberty*, *Volume IV: the Revolutionary War: 1775–1784*, Auburn, AL: Ludwig von Mises Institute, 1999.

Oliver Wendell Holmes, *The Common Law*, Cambridge, MA: Harvard University Press, 1963.

Orestes Augustus Brownson, *The American Republic: Constitution, Tendencies, and Destiny*, New York, NY: P. O'Shea, 1866.

Orestes Augustus Brownson, *The American Republic: Its Constitution, Tendencies, and Destiny*, New York, NY: Classics Publishing, 1866.

Paul F. Boller Jr. , *George Washington and Religion*, Dallas, TX: Southern Methodist University Press, 1963.

Peter Charles Hoffer, *The Brave New World: A History of Early America*, Baltimore: Johns Hopkins University Press, 2006.

Peter Shaw, *The Character of John Adams*, Chapel Hill, NC: North Carolina Press, 1976.

Philip S. Foner ed. , *The Complete Writings of Thomas Paine in Two Volumes*, New York: The Citadel Press, 1945.

Ralph Louis Ketcham, *James Madison: A Biography*, Charlottesville, VA: University of Virginia Press, 1990.

Richard B. Morris, *The Forging of the Union*, *1781–1789*, New York, NY: Harper and Row Publishers, 1987.

Richard C. Schroeder, *An Outline of American Government*, Nathan Glick, revised. , Washington D. C. : United States Information Agency, 1989.

Richard Hofstadter, *The American Political Tradition and the Men Who Made It*, New York, NY: Vantage Books, 1989.

Richard Labunski, *James Madison and the Struggle for the Bill of Rights*, Oxford: Oxford Univ Press, 2008.

Russell Kirk, *Conservative Mind: from Burke to Eliot*, NY: Basic Books, Inc. , 1953.

Russell Kirk, *The Conservative Mind*, *from Burke to Eliot*, Washington D. C.：Regnery Publishing, Inc. , 2001.

Robert Allen Rutland, *The Birth Of The Bill Of Rights*, *1976-1791*, 7th ed. , Boston, MA：Northeastern University Press, 1983.

Samuel Eliot Morrison, "The Mayflower Compact", in Daniel J. Boorstin ed. , *An American Primer*, Chicago, IL：University of Chicago Press, 1966.

Stan Steiner, *The Vanishing White Man*, New York, NY：Harper & Row, 1976.

Steffen W. Schmidt, Mack C. Shelley and Barbara A. Bardes ed. , *American Government and Politics Today*, 2001-2002, Delmont, CA：Wadsworth/Thompson Learning, 2001.

Steven R. Boyd, *The Politics of Opposition：Antifederalist and the Acceptance of the Constitution*, Millwood, NY：KTO Press, 1979.

Sydeny E. Ahlstrorn, *A Religious History of the American People*, New Haven, CT：Yale University Press, 1972.

Thomas R. Dye, *Politics in America*, 5th ed. , Upper Saddle River, NJ：Prentice-Hall, 2003.

Thomas Paine's, *Common Sense*, New York, NY：Barons Educational Series, Inc. , 1975.

Trevor Colbourn, *The Lamp of Experience：Whig History and the Intellectual Origins of the American Revolution*, Carmel, IN：Liberty Fund Inc. , 1998.

V. James Bryce, *The American Commonwealth*, 海南出版社 2001 年影印版。

Virginia Moore, *The Madisons*, New York, NY：McGraw - Hill Co. , 1979.

William Brandon, "American Indians and American History", American West 13, 1965.

William G. Mcloughllm, *Rhode Island：A Bicentennial History*, New York, NY：W. W Norton & Company Inc. , 1978.